Saneamento Básico

Saneamento Básico

ASPECTOS JURÍDICOS

2021

Fabio Luiz Gomes
Coordenador

ALMEDINA

SANEAMENTO BÁSICO
ASPECTOS JURÍDICOS

COORDENADOR: Fabio Luiz Gomes

DIRETOR ALMEDINA BRASIL: Rodrigo Mentz
EDITORA JURÍDICA: Manuella Santos de Castro
EDITOR DE DESENVOLVIMENTO: Aurélio Cesar Nogueira
ASSISTENTES EDITORIAIS: Isabela Leite e Larissa Nogueira

DIAGRAMAÇÃO: Almedina
DESIGN DE CAPA: FBA

ISBN: 9786556272108
Maio, 2021

Dados Internacionais de Catalogação na Publicação (CIP)
(Câmara Brasileira do Livro, SP, Brasil)

Saneamento básico : aspectos jurídicos /
Fábio Luiz Gomes coordenador. -- 1. ed. -- São Paulo : Almedina, 2021.
Vários autores.

Bibliografia.
ISBN 9786556272108

Índice:
1. Água - Abastecimento 2. Água potável 3. Desenvolvimento de recursos hídricos – Legislação - Brasil 4. Desenvolvimento social 5. Direito administrativo - Brasil 6. Direito de águas - Brasil 7. Pareceres jurídicos I. Gomes, Fábio Luiz.

21-58507 CDU-351.77(81)(094.98)

Índices para catálogo sistemático:

1. Saneamento básico : Pareceres jurídicos : Brasil : Direito administrativo 351.77(81)(094.98)

Maria Alice Ferreira - Bibliotecária - CRB-8/7964

Este livro segue as regras do novo Acordo Ortográfico da Língua Portuguesa (1990).

EDITORA: Almedina Brasil
Rua José Maria Lisboa, 860, Conj.131 e 132, Jardim Paulista | 01423-001 São Paulo | Brasil
editora@almedina.com.br
www.almedina.com.br

SOBRE O COORDENADOR

O Doutor Fábio Gomes, coordenador desta obra, e eu mesmo conhecemo-nos de há muito e temos estudado e trabalhado em conjunto. Assim, estas palavras de apresentação – de quem não precisa de ser apresentado – não têm de se limitar à descrição factual de um "curriculum vitae".

O Coordenador tem assumido uma posição coerente na sua vida pessoal, profissional e pública: é uma pessoa de valores que se designam por reconhecimento do outro como digno de respeito e de cuidado; pelo uso do seu saber em prol da sociedade; pelo sentimento de solidariedade com a comunidade.

É carateristicamente uma pessoa digna. Usando os seus valores e os seus conhecimentos a favor dos outros. Este seu modo de ser é intrínseco à sua vida profissional e pública. Os seus valores nunca são afastados do seu percurso: antes determinam este.

O seu sentido de solidariedade levou-o a trilhar abrangentemente o caminho do Direito Público, Tributário e Administrativo. Por serem áreas de promoção do bem comum. Ao escrever e trabalhar nestas áreas não usa a corrente técnica jurídica de cariz positivista: mas aplica a sua aprimorada técnica jurídica para atender à centralidade da pessoa na vida pública, prosseguindo os seus valores.

Honro-me da colaboração que tenho tido com o Coordenador.

Fico feliz com este ato de justiça, embora seja só uma pequena parte do muito reconhecimento que lhe devemos.

DIOGO LEITE DE CAMPOS

Professor Catedrático jubilado da Faculdade de Direito de Coimbra

Doutor em Direito (Coimbra e Paris 2)

Doutor em Politicas Económicas e sociais (Paris 9)

SOBRE OS AUTORES

Alciane Sara Bordin
Advogada.

Alina Braun de Andrade
Graduada em Direito pela Universidade do Estado do Rio de Janeiro (UERJ), com pós-graduação Lato Sensu em Direito Privado pela Universidade Gama Filho e pós-graduação Lato Sensu com Treinamento em Serviço (Residência Jurídica) pela UERJ. Já atuou na Defensoria Pública do Estado do Rio de Janeiro em cargo de cunho técnico e na área Cível da Companhia Estadual de Águas e Esgotos (CEDAE) como advogada. Atualmente, atua como Chefe de Departamento do Contencioso de Massa da área Trabalhista da referida Companhia.

Ana Carolina Baldin de Miranda Andrade
Advogada.

Andrea Ferreira Caputo
Pós-graduada em Processo Civil pela Universidade Veiga de Almeida. MBA em Novos Desafios dos Contenciosos e MBA em Gestão Empresarial, ambos pela Fundação Getúlio Vargas. Bacharel em Direito pela UFRJ. Advogada na área do saneamento básico desde 2010, concursada da Companhia Estadual de Águas e Esgotos do Estado do Rio de Janeiro.

Carlos André Coutinho Teles
Doutorando pela UFF. Mestre em Direito pelo PPGD-UVA. Especialista em Responsabilidade Civil e Direito do Consumidor (2006) pela UCAM e em Direito e Processo do Trabalho pelo IBMEC (2016). Advogado

Daniel Derenusson Kowarski
Mestrando em Direito da Regulação pela FGV-Rio. Pós-graduado em Direito Empresarial pela FGV-Rio. Bacharel em Direito pela PUC-Rio. Advogado na área do saneamento básico desde 2013, concursado da Companhia Estadual de Águas e Esgotos do Estado do Rio de Janeiro.

Daniel Freire e Almeida
Pós-Doutor em Direito Internacional pela Georgetown University, Law Center, em Washington DC.
Doutor e Mestre em Direito Internacional pela Faculdade de Direito da Universidade de Coimbra.
Professor Permanente do Programa de Pós-Graduação Stricto Sensu- Doutorado e Mestrado em Direito Internacional da Universidade Católica de Santos.
Advogado.

Edson Alvisi Neves
Doutor em *Ordenación Jurídica del Mercado pela Universidad de Vigo*. Doutor em História Social pela UFF. Mestre em Direito pela Universidade Gama Filho. Professor Titular de Direito Comercial da Universidade Federal Fluminense. Coordenador do Programa de Doutoramento em Direitos, Instituições e Negócios – PPGDIN. Advogado.

Eduardo Chow De Martino Tostes
Doutorando e Mestre pela UFF. Professor convidado da pós-graduação da UFF, da PUC-Rio e da UCAM. Defensor Público.

Fabio Luiz Gomes
Advogado tributarista. Mestre em Direito. Doutorando em Direito Tributário pela Universidade de Salamanca.

Fabiola Vianna Morais
Doutoranda e Mestre em Direito. Advogada.

Fernanda Justo Beserra
Pós-graduada em Direito Público e Privado pela EMERJ. Bacharel em Direito pela Universidade Cândido Mendes, Advogada na área do sanea-

mento básico desde 2012, concursada da Companhia Estadual de Águas e Esgotos do Estado do Rio de Janeiro,

Hélio Silvio Ourém Campos
Pós-Doutor pela Universidade de Lisboa
Doutor em Direito pela UFPE
Doutor em Direito pela Universidade de Lisboa
Mestre em Direito pela UFPE
Mestre em Direito Público pela Universidade de Lisboa.
Professor da Universidade Católica de Pernambuco – Unicap

Kyssya Teles Revoredo
Graduada em Direito com pós-graduação Lato Sensu em Direito do Trabalho e Processo do Trabalho pela UNESA, e pós-graduação Lato Sensu com Treinamento em Serviço (Residência Jurídica) pela UERJ, com desempenho na área trabalhista. Cursando MBA em Legislação & Auditoria Trabalhista com Foco no eSocial na BSSP. Exerceu cargo de gerente jurídico na Contábil Rio, e atuou como juíza leiga no Tribunal de Justiça do Estado do Rio de Janeiro. Atualmente atua como advogada de contencioso de massa trabalhista na Companhia Estadual de Águas e Esgotos (CEDAE).

Paulo Guilherme de Sousa Vendrami
Especialista em Gestão Pública e Controle Externo pela ECG do TCE/RJ.
Auditor Interno da Companhia Estadual de Águas e Esgotos do Rio de Janeiro.
Contador.

Rachel Ferreira Porto
Graduada em direito pela Universidade Federal do Rio de Janeiro (UFRJ).
Atuou como residente na Procuradoria Geral do Estado do Rio de Janeiro na Secretaria de Estado de Transportes (SETRANS) e Procuradoria Trabalhista (PG 10).
Atualmente é advogada da Companhia Estadual de Águas e Esgoto (CEDAE) no Contencioso de massa trabalhista.

Raphael Eyer Soares de Paiva
Mestre em Direito da Cidade pela UERJ.
Advogado.

Ricardo Martins do Carmo
Pós-graduado em Direito do Estado pela UERJ. Bacharel em Direito pela UNESA.
Advogado na área do saneamento básico desde 2013, concursado da Companhia Estadual de Águas e Esgotos do Estado do Rio de Janeiro.

Roberta Pellegrini Naice
MBA em Gestão Pública pela Anhanguera-Uniderp.
Advogada.

Rodrigo Santos Hosken
Membro Consultor da Comissão Especial de Saneamento, Recursos Hídricos e Sustentabilidade do Conselho Federal da Ordem dos Advogados do Brasil.
Membro da Comissão Especial de Saneamento, Recursos Hídricos e Gás Encanado do Conselho Seccional da OAB do Estado do Rio de Janeiro.
Coordenador Jurídico da Câmara Temática de Governança Corporativa e Jurídica da Associação Brasileira de Engenharia Sanitária (ABES).
Pós Graduado em Direito Tributário pela Universidade Cândido Mendes (UCAM).
Advogado consultivo da Companhia Estadual de Águas e Esgotos (Cedae).

Verônica Scriptore Freire e Almeida
Doutora e Mestre em Direito Econômico pela Faculdade de Direito da Universidade de Coimbra.
Residiu em Washington DC, EUA, em período de Pesquisa Acadêmica Doutoral (2015-2016) e Pós-Doutoral (2016-2017) na Georgetown University (Law Center).
Professora Permanente do Programa de Pós-Graduação *Stricto Sensu*, Mestrado em Direito da Saúde, da Universidade Santa Cecília.
Advogada.

APRESENTAÇÃO

As transformações por que passa o mundo, velhos problemas continuam em evidência. Dentro dos direitos humanos, o saneamento básico continua a ser um grande desafio. A titularidade da gestão da água e do esgotamento sanitário está no topo das discussões.

A recente lei sobre o Marco do Saneamento trouxe transformações no setor, como concorrência, universalização, regulação pela Agência Nacional de Águas. Neste sentido a obra coletiva sobre direito sanitário está atenta na busca de identificar problemas e soluções, tanto na gestão desses direitos pela iniciativa pública quanto pela iniciativa privada.

O livro pode ser utilizado por profissionais e estudantes de Direito que tenham interesse em conhecer as discussões atuais acerca do direito sanitário, mas também a todos aqueles que queiram se colocar a par nesta área do conhecimento.

FABIO LUIZ GOMES
FABIOLA VIANNA MORAIS

SUMÁRIO

1
Os Agentes Químicos, a Água Bruta, e o Ruído como Riscos Ocupacionais nas Estações de Tratamento e Elevatórias: Perspectiva Jurídica Brasileira

Alina Braun de Andrade
Kyssya Teles Revoredo
Rachel Ferreira Porto

1. Aspectos gerais

A publicação da Consolidação das Leis Trabalhistas – CLT em 1943 trouxe para o ordenamento jurídico pátrio um conjunto de garantias aos trabalhadores no Brasil, que visam assegurar condições adequadas de trabalho, preservando a sua saúde e qualidade de vida.

Entretanto, durante muito tempo, o aporte legal trabalhista tinha um delineamento corretivo, sem que houvesse a preocupação em definir ações que favorecessem a segurança e a saúde nos ambientes de trabalho. Até que, em 1977, com a publicação da Lei 6.514, o artigo 200 da CLT passou a estabelecer que caberia ao Ministério do Trabalho (hoje extinto, passando ao Ministério da Economia) estabelecer disposições complementares às normas de Segurança e Medicina do Trabalho (CAMISASSA, 2015).

Assim, em 1978, a Portaria 3.214 do Ministério do Trabalho aprovou as Normas Regulamentadoras – NR's, que passaram a normatizar padrões para o exercício das mais diversas atividades, determinando condições adequadas para que essas ocorram, considerando a saúde e a segurança dos trabalhadores que as executam. Atualmente são dezenas de normas, mas nenhuma delas trata em específico do trabalho realizado nas estações de tratamento de água ou elevatórias de água.

Prova disso é que, em recente relatório comandado pela Organização Internacional do Trabalho e com participação do Banco Mundial, Organização Mundial da Saúde e *Water Aid* (organização não governamental) afirmou-se que países em desenvolvimento ainda não contam com uma proteção adequada para os trabalhadores que desempenham suas atividades no setor de saneamento. Dentre as conclusões do relatório, observou-se a necessidade de criação de políticas e legislação para a profissionalização do trabalho no saneamento, e mitigação dos riscos ocupacionais. Sem dúvida, a atividade em saneamento demanda uma análise específica e apurada, vez que incontestável sua relevância.

Nesta linha, à míngua de uma normatização específica, o gerenciamento dos riscos existentes é realizado pelas empresas de saneamento, com base nos padrões já estabelecidos, de forma a garantir que os trabalhadores que nelas atuam possam desenvolver suas atividades de maneira segura, protegidos contra acidentes e doenças do trabalho. Nesse sentido Mattos; Masculo (2011 p. 76) aponta que:

> O processo de gerenciamento de riscos, como todo procedimento de tomada de decisões, começa com a identificação e a análise de um problema. No caso da gestão de riscos, o problema consiste, primeiramente, em se conhecer e analisar os riscos de perdas acidentais que ameaçam a organização. A identificação de riscos é, indubitavelmente, a mais importante das responsabilidades do gerente de riscos. É o processo por meio do qual, contínua e sistematicamente, são identificadas perdas potenciais (a pessoas, à propriedade e por responsabilidade da empresa), ou seja, situações de risco de acidentes que podem afetar a organização.

Os gestores utilizam-se de diversas estratégias com a finalidade de coletar informações e identificar os riscos existentes na organização, dentre eles: mapa de riscos, *checklists* e roteiros, inspeção de segurança, investigação de acidentes e fluxogramas.

A base de dados que norteou o estudo aqui apresentado teve como metodologia a leitura não apenas de livros e artigos publicados sobre o tema, como também de diversas decisões proferidas em reclamações trabalhistas, em sua maioria no TRT da 1ª Região, seus laudos técnicos e impugnações apresentadas, somados a vivência das autoras no contencioso trabalhista de empresa pública prestadora de serviços de saneamento, cujos principais aspectos jurídicos passarão a ser expostos.

2. Os agentes químicos, a água bruta e o ruído como riscos das Estações de Tratamento de Água e Elevatórias

A Estação de Tratamento de Água (ETA) é o local em que as águas provenientes dos mananciais, em seu estado bruto, são submetidas a um extenso processo de tratamento, para que possam se tornar adequadas ao consumo humano, em atendimento ao que preconiza o Anexo XX da Portaria de Consolidação nº. 05 do Ministério da Saúde.

As Estações Elevatórias de Água são responsáveis pelo recalque da água bruta captada até as ETA's ou até mesmo reservatórios de água bruta, ou pelo bombeamento de água tratada captada das ETA's até os reservatórios, onde serão distribuídas para consumo.

O processo em geral de captação, tratamento e distribuição de água submete os trabalhadores que nele atuam aos riscos decorrentes da atividade, dentre eles aos agentes químicos, à água bruta e ao ruído, que serão abordados nos próximos tópicos.

2.1. Água Bruta

A água bruta ou *in natura* é, em uma definição bem simples, uma água sem tratamento. Como tal, pode conter microrganismos e bactérias transmissoras de doenças.

Por esta razão, segundo estudos feitos pela Universidade Tecnológica Federal do Paraná-Curso de Tecnologia em Gestão Ambiental, Campo Mourão, os operadores de tratamento de água devem observar as seguintes recomendações e medidas de segurança:

- O operador em caso de contato com a água bruta deve sempre usar luvas;
- As roupas de serviço (jaleco, luvas, botas) devem ficar no trabalho e quando lavá-las devem ser separadas das roupas de uso familiar;
- Lavar sempre as mãos com sabão e desinfetá-las com álcool e nunca levá-la suja a boca;
- Não descuidar da higiene pessoal, as unhas devem estar sempre cortadas;
- Antes de acender um cigarro, comer qualquer alimento ou ir ao banheiro, é indispensável lavar e desinfetar as mãos;
- Após uso de ferramentas (pás, enxadas, rastelos), lavá-las com jatos de água;

- As instalações da estação (floculadores, decantadores, lagoa de recalque) não devem ser usadas pelo público como área de recreação, o operador deve fornecer informações ao público e visitantes que, embora água tenha um aspecto agradável, pode conter organismos patogênicos, cujo contato deve ser evitado;
- Evitar brincadeiras próximas instalações (floculadores, decantadores, lagoa de recalque), pois uma queda no interior dos mesmos pode vir a ser fatal.
- Ter sempre, junto à área das lagoas, corda e bóia salva-vidas;
- Manter sempre um estojo de primeiros socorros em local visível, para o caso de pequenos ferimentos.

Nesta conjuntura, o trabalho do operador de tratamento de água em uma estação de tratamento consiste em realizar o monitoramento de água bruta, coletando amostras de água diversas vezes ao dia para a verificação do controle de sua qualidade, com a utilização de agentes químicos para esta aferição. Para esta tarefa, costuma realizar testagens químicas com reagentes e utilização de outros produtos químicos para o tratamento da água. Outra tarefa que pertence à rotina de trabalho do operador, e que muitas vezes se torna objeto de discussão em juízo é a tarefa de limpeza do reservatório de água. Esta tarefa em específico costuma ser apontada como ponto de contato do empregado com a água bruta durante sua jornada.

No entanto, persiste discussão quanto à aferição desta exposição. É comum a alegação em juízo de que a água bruta expõe o empregado a micro-organismos patogênicos como bactérias e vírus. Alguns chegam a afirmar que esta exposição seria equivalente à exposição ao esgoto. Por certo, não se deve confundir a água bruta com a água que passou por toda a cadeia de tratamento da estação. Porém, a ilação de que toda água bruta possui microrganismos danosos ao trabalhador, pode gerar antecipada e equivocada conclusão. Não há de se confundir a potabilidade da água com sua balneabilidade. O fato de a água bruta não possuir potabilidade não pressupõe a ausência de balneabilidade, ou seja, o fato de que uma água não é própria para consumo humano não se confunde com o fato de que uma água é própria para banho ou atividades de lazer.

2.2. Agentes Químicos

O processo de tratamento da água bruta captada nas estações de tratamento é composto de sete etapas, como explicado pelo Conselho Regional de Química da IV Região:

1.Coagulação: Quando a água em seu estado natural (bruta) entra na ETA – Estação de Tratamento de Água – ela recebe uma quantidade de um determinado coagulante. Este produto tem a função de aglomerar partículas sólidas que se encontram na água, formando flocos. Essa etapa do processo ocorre sob agitação muito forte, chamada de mistura rápida. Nessa etapa, quando necessário, adiciona-se um alcalinizante para correção do pH.

2.Floculação: Nessa etapa do processo, com a água ainda em movimento mas em velocidade menor que a etapa anterior, as partículas sólidas se aglutinam em flocos maiores, ganhando peso, volume e consistência.

3.Decantação: A etapa de decantação ocorre por ação da gravidade. Os flocos formados com as impurezas se depositam e ficam sedimentados no fundo de tanques, chamados de decantadores, separando assim as impurezas inicialmente presentes na água.

4.Filtração: – Após a decantação a água ainda contém impurezas que não foram sedimentadas. Por isso, ela precisa passar por filtros constituídos por camadas de areia ou areia e antracito, suportadas por cascalho de diversos tamanhos. Nesta etapa, as impurezas de menor tamanho ficam retidas no filtro.

5.Desinfecção: A água já está limpa quando chega a esta etapa, mas ela recebe ainda mais uma substância: o cloro, ou em alguns casos, o ozônio, que além de desinfectante, funciona como um oxidante. Estas substâncias aplicadas na etapa de desinfecção têm a função de eliminar microrganismos causadores de doenças, garantindo também a qualidade da água nas redes de distribuição e nos reservatórios. Atualmente no Brasil, para atendimento às legislações, deve-se manter sempre um residual mínimo do desinfectante na rede de distribuição.

6.Correção de pH: Para proteger as canalizações das redes e das casas contra corrosão ou incrustação, a água recebe uma dosagem de alcalinizante. Normalmente é utilizado a cal, para corrigir seu pH.

7.Fluoretação: – Finalmente, a água é fluoretada, em atendimento à Portaria do Ministério da Saúde. Essa etapa consiste na aplicação de uma dosagem de um composto de flúor (ácido fluorsilícico). Esse composto reduz a incidência da cárie dentária, especialmente no período de formação dos dentes, que vai da gestação até a idade de 15 anos. A aplicação do ácido também previne a formação de cárie dentária em crianças.

Disponível em <https://www.crq4.org.br/quimicaviva_tratamento_agua>. Acesso em 05/09/2020.

De forma a cumprir as etapas, são utilizados diversos produtos químicos no tratamento da água, cujas finalidades são:

Oxidantes (cloro, ozônio, permanganato de potássio) – Oxidar metais (ferro e manganês) e matéria orgânica presentes na água bruta (sem tratamento).

Coagulantes (sulfato de ferro e alumínio, cloreto férrico): Desestabilizar as partículas de modo que elas se combinem com as partículas de "impurezas" e formem os coágulos.

Alcalinizantes (cal, carbonato de sódio) : Corrigir o pH das etapas do processo e da água final que será distribuída para a população, de modo que ela não mantenha características corrosivas ou incrustantes.

Desinfectantes (cloro, ozônio, hipoclorito de sódio, hipoclorito de cálcio): Eliminar microrganismos prejudiciais à saúde, que podem estar presentes na água.

Fluoretantes (ácido fluorsilícico): Reduzir e prevenir cáries dentárias. Disponível em <https://www.crq4.org.br/quimicaviva_tratamento_agua>. Acesso em 05/09/2020.

Os trabalhadores possuem funções diversas na estação de tratamento: operadores de tratamento, técnicos de laboratório, analistas de qualidade, etc. E cada um deles pode estar ou não exposto a substâncias capazes de causar danos físicos ou prejudiciais à saúde, e em níveis diferentes, e terão seus riscos analisados quando da elaboração do Programa de Prevenção de Riscos Ambientais (PPRA), de que trata a NR-9.

A exposição do trabalhador aos agentes nocivos é comprovada mediante o Perfil Profissiográfico Previdenciário, que é emitido pela empresa com base em laudo técnico de condições ambientais do trabalho (LTCAT) expedido por médico do trabalho ou engenheiro de segurança do trabalho.

O trabalho exposto a agentes químicos pode ser considerado labor em tempo especial. Quanto aos agentes químicos qualitativos, a simples presença deles no ambiente de trabalho, independentemente do nível de exposição, já reflete em contagem especial. Os principais agentes que se destacam são os comprovadamente cancerígenos: arsênico, benzenos, chumbo, cromo, fenóis, fósforo, hidrocarbonetos aromáticos, mercúrio e silicatos, relacionados no anexo 13 da NR-15.

No que se refere aos agentes químicos quantitativos, o enquadramento como tempo especial dependerá do nível de exposição e limite de tolerância para determinação da atividade especial, nos termos do Anexo 11 da NR-15. Nesse sentido:

> "EMENTA: PREVIDENCIÁRIO. APOSENTADORIA POR TEMPO DE CONTRIBUIÇÃO/SERVIÇO. APOSENTADORIA ESPECIAL. REQUISITOS. ATIVIDADE ESPECIAL. AGENTES NOCIVOS RUÍDO, CLORO E UMIDADE. EQUIPAMENTOS DE PROTEÇÃO INDIVIDUAL. PRESCRIÇÃO. 1. O reconhecimento da especialidade e o enquadramento da atividade exercida sob condições nocivas são disciplinados pela lei em vigor à época em que efetivamente exercidos, passando a integrar, como direito adquirido, o patrimônio jurídico do trabalhador. [...] 7. **A exposição a cloro e à umidade enseja o reconhecimento do tempo de serviço como especial**. [...]10. Comprovado o tempo de serviço/contribuição suficiente e implementada a carência mínima, é devida (a) a aposentadoria por tempo de serviço/contribuição proporcional, computado o tempo de serviço até a Emenda Constitucional n. 20, de 1998, ou até a data da edição da Lei do Fator Previdenciário; (b) a aposentadoria por tempo de contribuição integral na data do requerimento administrativo; ou, ainda, (c) a aposentadoria especial, também na DER, devendo a Autarquia realizar os cálculos e implantar o benefício que resultar mais vantajoso, a contar da data do requerimento administrativo, nos termos do art. 54 c/c art. 49, II, da Lei n. 8.213/91.[...]". (TRF4, AC 0019676-04.2013.404.9999, Sexta Turma, Relator Celso Kipper, D.E. 10/02/2015)

2.3. Ruído

O ruído pode ser entendido com uma "sensação subjetiva auditiva, originada por movimento vibratório e propagada através de meios sólidos, líquidos ou gasosos, com uma velocidade diferente, segundo o meio empregado em sua propagação; psicologicamente, entendemos por ruído uma sensação auditiva desagradável". (ALMEIDA, p. 16,1982)

Os trabalhadores expostos a excesso de ruído apresentam sintomas diversos, tais como o zumbido, a perda auditiva (PAIR – Perda Auditiva Induzida por Ruído), as dificuldades na compreensão da fala, e até mesmo sintomas extra-auditivos como alterações do sono, transtornos da comunicação, problemas neurológicos, vestibulares, digestivos, comportamentais, cardiovasculares e hormonais (RAMAZZINI, 2001).

O ruído é um agente nocivo à saúde do trabalhador que enseja o enquadramento da atividade desempenhada como atividade especial desde que a exposição ocorra acima dos limites previstos na legislação, podendo ensejar aposentadoria especial se a exposição for habitual e permanente.

Há efeitos auditivos e não auditivos provocados pelo ruído, sendo os auditivos mais conhecidos e classificados em deslocamento temporário ou permanente do limiar auditivo. O temporário traduz-se na surdez temporária reflexo da fadiga auditiva após uma exposição prolongada a níveis altos de ruído, recuperável após o período de descanso. Já o deslocamento permanente do limiar auditivo – surdez profissional – ocorre com a destruição dos órgãos ciliados de Corti.

Para avaliação do ambiente laboral e aplicação da NR-15 é necessário dividir o ruído em dois tipos: contínuo/intermitente, e de impacto. A NR-15 entende, para fins de aplicação dos limites de tolerância que dispõe, que ruído contínuo ou intermitente é aquele que não é de impacto. E define como ruído de impacto aquele que "apresenta picos de energia acústica de duração inferior a 1 (um) segundo, a intervalos superiores a 1 (um) segundo".

O ruído está presente nas estações de tratamento de água, mas é nas estações elevatórias, também chamadas de estação de recalque que o risco é mais intenso. As elevatórias são unidades técnicas que compreendem um conjunto de edifícios, máquinas e equipamentos, e aparelhos necessários para a elevação da água de um ponto para outro, com pressão e vazão adequadas (YASSUDA et al, 1966), com vistas a abrigar, proteger, controlar e manter motores e bombas que elevam a água.

Nas estações elevatórias, o labor desenvolvido em ambiente ruidoso tem como principal consequência a perda auditiva, mas estudos mostram que a exposição a elevados níveis de ruído também causa hipertensão, *stress*, doenças isquêmicas do coração, irritação e irritabilidade do sono, que refletem na sociedade.

O limite de exposição ao risco físico ruído para se definir o direito a contagem de tempo especial de contribuição junto a autarquia previdenciária variou ao longo dos últimos anos, ocorrendo atualmente quando os níveis de pressão sonora estiverem acima de 85 dB, conforme Decreto 4882/2003.

Em 04/12/2014, o Tribunal Pleno do Supremo Tribunal Federal firmou tese de que o direito à aposentadoria especial pressupõe a efetiva exposição do trabalhador a agente nocivo a sua saúde, entendendo que, se o EPI for capaz de neutralizar a nocividade, não terá direito o trabalhador à contagem do tempo de serviço como especial. Neste julgamento, quanto ao risco físico ruído, decidiu a referida corte que o trabalhador exposto a ruído acima dos limites de tolerância, e que apresente PPP declarando a eficácia do EPI utilizado pelo empregador, tem direito a contagem especial de tempo de serviço com vistas a percepção da aposentadoria especial:

> ARE 664.335. TRIBUNAL PLENO NA SESSÃO DO PLENÁRIO DE 4.12.2014 – Decisão: O Tribunal, por unanimidade, negou provimento ao recurso extraordinário. Reajustou o voto o Ministro Luiz Fux (Relator). O Tribunal, por maioria, vencido o Ministro Marco Aurélio, que só votou quanto ao desprovimento do recurso, assentou a tese segundo a qual o direito à aposentadoria especial pressupõe a efetiva exposição do trabalhador a agente nocivo a sua saúde, de modo que, se o Equipamento de Proteção Individual (EPI) for realmente capaz de neutralizar a nocividade, não haverá respaldo constitucional à aposentadoria especial. **O Tribunal, também por maioria, vencidos os Ministros Marco Aurélio e Teori Zavascki, assentou ainda a tese de que, na hipótese de exposição do trabalhador a ruído acima dos limites legais de tolerância, a declaração do empregador, no âmbito do Perfil Profissiográfico Previdenciário (PPP), da eficácia do Equipamento de Proteção Individual (EPI), não descaracteriza o tempo de serviço especial para aposentadoria.** Ausente, justificadamente, o Ministro Dias Toffoli. Presidiu o julgamento o Ministro Ricardo Lewandowski. Plenário, 04.12.2014 (STF, 2014).

3. Análises de riscos e a concessão de adicional de insalubridade

Após identificados os riscos, é realizada uma Análise Preliminar de Riscos (APR), em que os seguintes passos são recomendados

> [...] rever problemas conhecidos; revisar a missão; determinar os riscos principais; determinar os riscos iniciais e contribuintes; revisar os meios de eliminação ou controle de riscos; analisar os métodos de restrição de danos; indicar quem levará a cabo as ações corretivas. A Análise de Riscos deverá ser sucedida por análises mais detalhadas ou específicas, logo que forem possíveis (MATTOS; MASCULO, 2011, p.85)

Segundo o SESI (2007), os fatores de risco podem ser físicos, químicos, biológicos, ergonômicos, mecânicos ou de acidentes, e após reconhecidos e avaliados, devem ser controlados e minimizados, e, se possível, neutralizados. A Norma Regulamentadora – NR 9 – Programa de Prevenção de Riscos Ambientais (PPRA) – considera riscos ambientais os agentes físicos, químicos e biológicos existentes nos ambientes de trabalho que, em função de sua natureza, concentração ou intensidade e tempo de exposição, são capazes de causar danos à saúde do trabalhador.

Não sendo possível a tomada de medidas que permitam eliminar os riscos ambientais, o trabalhador deve fazer uso do equipamento de proteção individual (EPI), que é um produto de uso individual, que visa à proteção de sua saúde e segurança (NR-6).

Basta que o PPRA identifique a exposição ao risco biológico da água bruta, ao risco químico dos produtos químicos e substâncias utilizadas, e ao ruído para que o trabalhador tenha direito ao recebimento do adicional de insalubridade? Não.

Os princípios da Higiene Ocupacional, ciência que trata do reconhecimento, avaliação e controle dos riscos ocupacionais nos ambientes de trabalho, orientam que doenças profissionais dependem especialmente da natureza, intensidade e tempo de exposição aos agentes que apresentam riscos à saúde do trabalhador.

Nessa esteira de raciocínio, foram criados limites de tolerância de exposição através dos quais, acredita-se que os trabalhadores expostos em sua vida laboral, não serão acometidos por doença profissional.

Como já disposto, a regulamentação foi delegada ao extinto Ministério do Trabalho, hoje Ministério da Economia, no art. 190 da CLT, a quem cabe aprovar o quadro das atividades e operações insalubres, e elaborar as normas que regulamentam e os critérios de caracterização da insalubridade, os limites de tolerância aos agentes agressivos, os meios de proteção e os limites de tolerância. A caracterização da insalubridade se dá através da NR-15 da Portaria nº 3.214/1978.

Sobre a concessão da insalubridade, importante ainda destacar a Súmula nº 460 do Supremo Tribunal Federal: “Para efeito do adicional de insalubridade, a perícia judicial, em reclamação trabalhista, não dispensa o enquadramento da atividade entre as insalubres, que é ato da competência do Ministro do Trabalho e Previdência Social.”

No mesmo sentido é o entendimento jurisprudencial do TST consagrado na Súmula 448 do c. TST:

> "ATIVIDADE INSALUBRE. CARACTERIZAÇÃO. PREVISÃO NA NORMA REGULAMENTADORA Nº 15 DA PORTARIA DO MINISTÉRIO DO TRABALHO Nº 3.214/78. INSTALAÇÕES SANITÁRIAS. (conversão da Orientação Jurisprudencial nº 4 da SBDI-1 com nova redação do item II) – Res. 194/2014, DEJT divulgado em 21, 22 e 23.05.2014.
>
> I – Não basta a constatação da insalubridade por meio de laudo pericial para que o empregado tenha direito ao respectivo adicional, sendo necessária a classificação da atividade insalubre na relação oficial elaborada pelo Ministério do Trabalho.
>
> II – A higienização de instalações sanitárias de uso público ou coletivo de grande circulação, e a respectiva coleta de lixo, por não se equiparar à limpeza em residências e escritórios, enseja o pagamento de adicional de insalubridade em grau máximo, incidindo o disposto no Anexo 14 da NR-15 da Portaria do MTE nº 3.214/78 quanto à coleta e industrialização de lixo urbano.

Nos termos da NR-15 são consideradas atividades ou operações insalubres as que se desenvolvem:

> 15.1.1 Acima dos limites de tolerância previstos nos Anexos nº 1, 2, 3, 5, 11 e 12; 15.1.2 (Revogado pela Portaria MTE nº 3.751, de 23 de novembro de 1990)
>
> 15.1.3 Nas atividades mencionadas nos Anexos nº 6, 13 e 14;
>
> 15.1.4 Comprovadas através de laudo de inspeção do local de trabalho, constantes dos Anexos nº 7, 8, 9 e 10.

Os agentes químicos listados no anexo 11 têm avaliação quantitativa, e a concessão da insalubridade só ocorre se ultrapassados os limites de tolerância estabelecidos. Quanto aos agentes químicos listados no Anexo nº 13, a avaliação ocorre de forma qualitativa, ou seja, pela simples exposição, mas nas atividades e operações relacionadas.

O ruído apresenta seus limites no Anexo nº 1 (contínuo ou intermitente) e nº 2 (impacto), e portanto, a concessão da insalubridade passa por uma avaliação quantitativa.

Já a exposição à água bruta não está prevista na NR-15, o que não impede juízes e peritos de considerar a exposição a água bruta insalubre.

Em uma estação de tratamento, são avaliados os riscos biológicos de exposição do trabalhador, considerados estes como o eventual contato do trabalhador com parasitas, fungos, bactérias, protozoários, dentre outros microrganismos. A avaliação destes riscos é qualitativa, segundo o anexo XIV da NR 15. A referida NR lista as operações em que são consideradas exposições capazes de ensejar o recebimento de adicional de insalubridade pelo contato com agentes biológicos, frisando ainda que este contato deve ser permanente:

Relação das atividades que envolvem agentes biológicos, cuja insalubridade é caracterizada pela avaliação qualitativa. Insalubridade de grau máximo Trabalho ou operações, em contato permanente com:

- pacientes em isolamento por doenças infecto-contagiosas, bem como objetos de seu uso, não previamente esterilizados;
- carnes, glândulas, vísceras, sangue, ossos, couros, pêlos e dejeções de animais portadores de doenças infectocontagiosas (carbunculose, brucelose, tuberculose);
- esgotos (galerias e tanques); e
- lixo urbano (coleta e industrialização).

Insalubridade de grau médio Trabalhos e operações em contato permanente com pacientes, animais ou com material infecto-contagiante, em:

- hospitais, serviços de emergência, enfermarias, ambulatórios, postos de vacinação e outros estabelecimentos destinados aos cuidados da saúde humana (aplica-se unicamente ao pessoal que tenha contato com os pacientes, bem como aos que manuseiam objetos de uso desses pacientes, não previamente esterilizados);
- hospitais, ambulatórios, postos de vacinação e outros estabelecimentos destinados ao atendimento e tratamento de animais (aplica-se apenas ao pessoal que tenha contato com tais animais)
- contato em laboratórios, com animais destinados ao preparo de soro, vacinas e outros produtos;
- laboratórios de análise clínica e histopatologia (aplica-se tão-só ao pessoal técnico);
- gabinetes de autópsias, de anatomia e histoanatomopatologia (aplica-se somente ao pessoal técnico);
- cemitérios (exumação de corpos);

- estábulos e cavalariças; e
- resíduos de animais deteriorados.

Comumente, podemos observar este risco de forma mais contundente nas estações de tratamento de esgoto devido aos respingos destes efluentes. No entanto, será analisado como o risco biológico pode estar presente numa estação de tratamento de água quando o empregado possui contato direto com a água bruta.

Cabe salientar, contudo, que a verificação da rotina de trabalho e materiais utilizados durante a jornada dos empregados que realizam a função de operador de tratamento são imprescindíveis para a constatação da insalubridade.

Como se vê, a legislação brasileira traz limites para a concessão do adicional de insalubridade que devem ser seguidos pela engenharia e medicina do trabalho das empresas, bem como pelo perito judicial quando arguida em juízo, nos termos do § 2º do art. 195 da CLT.

4. O contencioso trabalhista e as perícias judiciais

O Tribunal Superior do Trabalho possui jurisprudência pacífica, determinando a necessidade da realização de perícia técnica para estabelecer se o ambiente de trabalho do empregado é insalubre ou periculoso. Neste passo, a perícia técnica somente é dispensada se não for possível sua realização. No entanto, cabe assinalar que há julgados esparsos que concluem que, em casos de não juntada pela reclamada de documentos básicos exigidos pelas normas regulamentadoras de segurança do trabalho, a perícia técnica não é exigida, relegando a questão ao ônus de distribuição da prova nos autos. A seguir dois julgados que demonstram a análise pelo TST destas duas questões:

> RECURSO ORDINÁRIO EM AÇÃO RESCISÓRIA AJUIZADA SOB A ÉGIDE DO CPC DE 2015. DECISÃO TRANSITADA EM JULGADO NA VIGÊNCIA DO CPC DE 1973. INVOCAÇÃO DE CAUSA DE RESCINDIBILIDADE DO CPC DE 2015. TRAMITAÇÃO EM SEGREDO DE JUSTIÇA CONSTANTE DA AUTUAÇÃO DO PROCESSO. INOCORRÊNCIA DAS HIPÓTESES LEGAIS. 1. Cuida-se de ação desconstitutiva intentada após o advento do CPC de 2015, com fundamento em causa de rescindibilidade prevista no referido diploma legal (artigo 966, V e VII), embora o trânsito em julgado do acórdão rescindendo tenha ocorrido sob a égide do CPC de 1973. 2. Transitando em julgado a decisão rescindenda na vigência do CPC de 1973,

a ação rescisória deve ser proposta com fundamento nas hipóteses de rescindibilidade listadas no aludido diploma legal. Afinal, como explica Celso Neves, " o juízo rescisório vincula-se às hipóteses previstas na lei vigente ao tempo do trânsito em julgado da sentença rescindenda ". 3. No caso, a indicação de hipótese de desconstituição da coisa julgada prevista no CPC de 2015 (artigo 966, V e VII) não compromete o exame da controvérsia, ante a existência de dispositivo legal correspondente no diploma de 1973 (artigo 485, V e VII). 4. Ademais, considerando a inexistência de requerimento das partes e a não ocorrência das hipóteses previstas nos arts. 93, IX, da CF, e 189, I a IV, do CPC de 2015, mostra-se incabível a manutenção do segredo de justiça dos autos. PRETENSÃO RESCISÓRIA CALCADA NO ARTIGO 485, V, DO CPC DE 1973. VIOLAÇÃO DO ARTIGO 195, §2ºE §3º, DA CLT. CONFIGURAÇÃO. EXISTÊNCIA DE PRONUNCIAMENTO EXPLÍCITO NO ACÓRDÃO RESCINDENDO QUANTO AO TEMA APRESENTADO NA EXORDIAL. AUSÊNCIA DE REALIZAÇÃO, NO PROCESSO MATRIZ, DE PERÍCIA TÉCNICA PARA CLASSIFICAÇÃO DO GRAU DE INSALUBRIDADE DAS ATIVIDADES DESENVOLVIDAS PELA TRABALHADORA. 1. Embora inexigível o prequestionamento na ação desconstitutiva, requisito típico dos recursos de natureza extraordinária, é indispensável que haja tese explícita sobre a matéria na decisão que se pretende rescindir, o que decorre da própria norma do inciso V do artigo 485 do CPC de 1973, segundo a qual somente se viabiliza a pretensão rescisória se houver se afronta à literalidade do preceito indicado como violado . Nesse sentido, esta Corte editou o item I da Súmula 298, segundo o qual " A conclusão acerca da ocorrência de violação literal a disposição de lei pressupõe pronunciamento explícito, na sentença rescindenda, sobre a matéria veiculada" . 3. No presente caso, diversamente da conclusão explicitada pela Corte Regional na decisão recorrida, observa-se que consta do acórdão rescindendo pronunciamento explícito quanto à tese veiculada na exordial da ação rescisória, qual seja a não realização de perícia para averiguação do grau de insalubridade das atividades desenvolvidas pela trabalhadora. 4. Ainda que não haja menção expressa no acórdão rescindendo ao art. 195 , caput , §§ 2º e 3º, da CLT, apontados como violados pela Autora, analisou-se a matéria tratada por esses dispositivos legais. Por essa razão, deve ser afastada a aplicação ao caso do óbice da Súmula 298, I, do TST, realizada pelo Regional ao julgar improcedente o pedido desconstitutivo. 5. Segundo a interpretação do art. 195, caput e § 2º, da CLT, para a configuração e classificação da insalubridade é imprescindível a realização de perícia. O magistrado, ao se deparar com pedido de insalubridade ou periculosidade, deverá determinar a realização da perícia técnica, independentemente de solicitação das partes (artigo 195, §3º, da CLT), excetuando-se apenas a hipótese de impossibilidade de realização da prova pericial, situação na qual o julgador poderá se utilizar de outros meios de prova. No mesmo sentido, a diretriz consagrada na Orientação Jurisprudencial 278 da SBDI-1 do TST. 6. Na ação matriz, a despeito de requerimento expresso da trabalhadora, não se realizou a prova pericial indispensável à comprovação do direito concernente ao percebimento do adicional de insalubridade no percentual máximo. 7. A jurisprudência pacífica desta Corte é uníssona em afirmar a obrigatoriedade da realização da perícia para configuração e classificação do grau de insalubridade, bem como o caráter cogente da norma veiculada pelo art. 195 da CLT. Precedentes. 8. Desse modo, negada, na ação originária, a possibilidade de produção da prova pericial para classificação do grau de insalubridade das atividades laborais da Autora, a despeito de requerimento expresso da parte, resta configurada a violação literal do art. 195, caput , §§ 2º e 3º, da CLT, o que autoriza o provimento do pedido de corte rescisório calcado no art. 485, V, do CPC de 1973. Recurso ordinário conhecido e provido. Processo: RO – 100515-35.2016.5.01.0000. Orgão Judicante: Subseção II Especializada em Dissídios Individuais. Relator: DOUGLAS ALENCAR RODRIGUES. Data de Julgamento: 11/02/2020. Data de Publicação: 21/02/2020. Acordão.

AGRAVO DE INSTRUMENTO EM RECURSO DE REVISTA. INSALUBRIDADE. AUSÊNCIA DE JUNTADA DOS DOCUMENTOS AMBIENTAIS DA EMPRESA. PRESUNÇÃO DE VERACIDADE DAS ALEGAÇÕES DA PETIÇÃO INICIAL A RESPEITO DO AMBIENTE DE TRABALHO. PERÍCIA TÉCNICA. DESNECESSIDADE. 1. Consta do acórdão do Tribunal Regional que “existem elementos suficientes para a solução do litígio, não havendo a necessidade de realização de perícia técnica de insalubridade, ressaltando que a prova não foi requerida pela reclamada em audiência” . Extrai-se do acórdão do Tribunal Regional tese de que, embora o reclamante tenha confessado o uso de equipamentos de proteção, a empregadora não cumpriu a obrigação prevista no artigo 359 do CPC/73 (“Art. 359. Ao decidir o pedido, o juiz admitirá como verdadeiros os fatos que, por meio do documento ou da coisa, a parte pretendia provar: I – se o requerido não efetuar a exibição, nem fizer qualquer declaração no prazo do art. 357; II – se a recusa for havida por ilegítima.”), pois não apresentou documentos ambientais (PCMSO, PPRA,

LTCAT) e fichas de controle de entrega dos equipamentos de proteção do reclamante. 2. A circunstância de não ter sido requerida a produção da prova pericial em audiência pela reclamada não afasta, por si só, a necessidade de o magistrado determinar a elaboração de perícia. Nada obstante, não há como reconhecer o cerceamento do direito de defesa da reclamada. 3. Os documentos ambientais, em geral, são obrigatórios para todo e qualquer tipo de empregador, independente do grau do risco oferecido pela atividade, e podem revelar a existência de trabalho em condições de insalubridade. Tanto assim que esta Corte compreende ser possível a comprovação do trabalho em ambiente insalubre apenas com base em tais documentos, sem necessidade da realização de perícia para a caracterização de insalubridade. 3. Nesse contexto, a negativa de entrega da documentação pelo empregador acarreta presunção de veracidade das alegações da petição inicial a respeito do ambiente de trabalho, na forma do art. 359 do CPC/73, permitindo o reconhecimento da insalubridade, caso as condições de trabalho indicadas na peça de ingresso possam ser caracterizadas como insalubres. 4 . No caso presente, portanto, tratando-se de atividade que pode expor o trabalhador ao contato com agentes insalubres, e não apresentados documentos pela empregadora a respeito do ambiente de trabalho do reclamante, a despeito de expressa determinação do Juízo, não há que se realizar perícia técnica. 5. Incólumes os artigos 5º, LV, da Constituição Federal e 195 da CLT. Processo:AIRR – 982-21.2015.5.08.0008. Orgão Judicante: 1ª Turma. Relator: HUGO CARLOS SCHEUERMANN. Julgamento: 04/03/2020. Publicação: 06/03/2020. Acórdão.

Para além de toda a discussão da responsabilidade pelo pagamento da perícia após as alterações legislativas na CLT perpetradas após a reforma de 2017, a perícia técnica deve ser efetuada por profissional com especialidade em segurança do trabalho, engenheiro ou médico, e permite ao magistrado a formação de seu convencimento, tendo em vista que o perito nomeado para a causa é de confiança do juízo, conforme preceituam os artigos do CPC sobre o tema. Na prática, os tribunais possuem banco de cadastros de peritos interessados, devendo o magistrado nomear perito pertencente a esta lista. Tal mecanismo, por óbvio, visa imprimir caráter impessoal à escolha destes profissionais, maior segurança às partes e também transparência.

Uma vez nomeado o perito e aceito o encargo, a legislação correlata determina que o *expert* apresente sua proposta de honorários periciais.

Entende-se que a indicação de um valor a título de honorários periciais passou por um planejamento e estudo do profissional que irá realizar a perícia, levando-se em consideração variáveis como: tempo médio gasto para a realização de diligências, complexidade da matéria, volume de documentação a ser analisada, equipamentos que serão utilizados na perícia, etc. A ausência deste detalhamento na apresentação da proposta de honorários pelo expert, dificulta, inclusive, eventual impugnação das partes aos honorários periciais, e consequente apreciação pelo magistrado da questão.

O desenvolvimento do trabalho técnico pericial de insalubridade e periculosidade demanda invariavelmente a visita ao local de trabalho do empregado, para verificação minuciosa das características ambientais. Tal conclusão se subsume da firme jurisprudência do Tribunal Superior do Trabalho que admite que as condições de trabalho insalubre ou perigoso serão comprovadas por outros meios de prova apenas se não for possível a realização da perícia, como, por exemplo, em locais de trabalho desativados.

Conclui-se, desta forma, que a inspeção ao local de trabalho é essencial para a aferição precisa da atividade realizada pelo empregado, e das condições de risco a que porventura esteja exposto. Logo, os laudos apresentados em juízo por peritos que tenham apenas entrevistado as partes e analisado documentos da empresa, sem qualquer visitação ao local insalubre ou periculoso, deveriam ser por ele rechaçados .

O conhecimento apresentado em um laudo pericial que pretende apurar a insalubridade ou periculosidade em um ambiente de trabalho não é um fim em si mesmo, interessando ao juiz da causa e também às partes que pretendem com a lide discutir o direito ao adicional da forma mais completa possível. A mera transcrição de informações já presentes nos documentos elaborados de forma unilateral pela empresa (PPRA's e PCMSO's), e sem o auxílio de assistentes técnicos, podem trazer informações equivocadas do ambiente de trabalho ou pouco precisas. Logo, constitui-se em direito da parte a elaboração de laudo pericial com avaliação quantitativa e qualitativa do ambiente de trabalho do empregado, para garantia da adequada discussão da realidade fática do labor do empregado e contraposição dos dados fornecidos pela reclamada.

É possível afirmar, por isso, que o laudo pericial, prova fundamental para o convencimento do juiz, elaborado com base em informações prestadas unilateralmente pela empresa, fere a imparcialidade e a isonomia no processo do trabalho. Assim como a condenação da empresa a pagar eventual insalubridade ou periculosidade, pelo simples fato de não ter entregue em juízo a documentação obrigatória prevista pelas Normas regulamentadoras do antigo Ministério do Trabalho não contribui para a busca das reais condições de trabalho do empregado e a busca de um processo justo.

Como bem assinalado pelo Dr. Marcelo Coutinho em seu artigo sobre as repercussões jurídicas dos laudos periciais produzidos em juízo "se a avaliação das condições de insalubridade e periculosidade no ambiente de trabalho e nas atividades laborais dependesse unicamente da interpretação de informações constantes no PPRA e no PCMSO, a partir da análise comparativa com os limites máximos de exposição aos elementos de riscos estabelecidos nas NR's 15 e 16 do Ministério do Trabalho, o perito técnico seria dispensável ao processo trabalhista."

Caso a constatação de insalubridade e periculosidade no ambiente de trabalho dependesse única e exclusivamente da verificação das informações constantes no PPRA e no PCMSO e do simples fornecimento de EPIs, essa análise poderia ser feita sem o parecer de um técnico com habilidades e conhecimentos específicos, porquanto análise de documentos é atividade elementar da advocacia e da magistratura.

Não é incomum encontrar diversos laudos periciais na Justiça do Trabalho inadequados à finalidade de avaliar a realidade fática dos elementos nocivos à saúde e integridade do trabalhador na atividade laboral e no ambiente de trabalho, que, entretanto, lastreiam decisões judiciais com implicações negativas na vida de trabalhadores desassistidos de assistente técnico. Por conseguinte, tem-se como consequência o descumprimento de preceitos fundamentais ligados ao direito a um processo justo e imparcial, tais como os princípios fundamentais do devido processo legal e do contraditório.

Ademais, constata-se que a ausência de visita técnica ao local de trabalho do empregado não permite a análise qualitativa ou quantitativa dos agentes insalubres e/ou periculosos. Também podem ser assinalados casos em que o perito não busca realizar a apreciação técnica, percorrendo todas as lotações que o empregado trabalhou ou trabalha, o que por certo não permite a aferição da real exposição a todos os riscos ocupacionais a que esteve ou pode estar sujeito o trabalhador.

Os empregados que permanecem expostos ao risco de ruído, por exemplo, devem passar por uma avaliação que leve em consideração a medição do ruído por aparelho adequado e durante toda ou boa parte de sua jornada diária de trabalho. Muitos peritos ainda utilizam o decibelímetro para suas medições, realizando uma medição pontual apenas, quando o dosímetro é o aparelho indicado para a medição ocupacional ao longo da jornada inteira de trabalho, recomendado conforme a metodologia de avaliação da NHO-01 da FUNDACENTRO.

Cabe ressaltar que a metodologia de avaliação da NHO-1 da FUNDACENTRO, possui previsão legal (decreto 4882/2003 e lei 9732/98, art. 239, IV, b):

> "Art. 239. A exposição ocupacional a ruído dará ensejo à aposentadoria especial quando os níveis de pressão sonora estiverem acima de oitenta dB (A), noventa dB (A) ou oitenta e cinco dB (A), conforme o caso, observado o seguinte:
>
> (...)
>
> IV – a partir de 19 de novembro de 2003, data da publicação do Decreto nº 4.882, de 18 de novembro de 2003, será efetuado o enquadramento quando o Nível de Exposição Normalizado – NEN se situar acima de oitenta e cinco dB (A) ou for ultrapassada a dose unitária, aplicando:
>
> a) os limites de tolerância definidos no Quadro Anexo I da NR-15 do MTE; e
>
> b) as metodologias e os procedimentos definidos nas NHO-01 da FUNDACENTRO."

No mesmo sentido é a Instrução Normativa nº 77 de 21/01/2015 do Ministério da Previdência Social/Instituto Nacional do Seguro Social:

> Art. 280. A exposição ocupacional a ruído dará ensejo a caracterização de atividade exercida em condições especiais quando os níveis de pressão sonora estiverem acima de oitenta dB (A),noventa dB (A) ou 85 (oitenta e cinco) dB (A), conforme o caso observado o seguinte:
>
> (...)
>
> IV – a partir de 01 de janeiro de 2004, será efetuado o enquadramento quando o Nível de Exposição Normalizado – NEN se situar acima de 85 (oitenta e cinco) dB (A) ou for ultrapassada a dose unitária, conforme NHO 1 da FUNDACENTRO, sendo facultado à empresa a sua utilização a partir de 19 de novembro de 2003, data da publicação do Decreto nº 4.882, de 2003, aplicando:
>
> a) os limites de tolerância definidos no Quadro do Anexo I da NR-15 do MTE; e

b) as metodologias e os procedimentos definidos nas NHO-01 da FUNDACENTRO.

Infelizmente, não só o ruído padece de medições nas perícias judiciais, o que pode prejudicar o trabalhador que busca ter reconhecido seu direito ao adicional de insalubridade, como se observa no trecho da sentença abaixo destacada:

> [...] No que concerne às demais substâncias mencionadas pelo perito, **cumpre notar que a perícia não observou o anexo 11 da NR-15, pois não fez comparação dos limites de tolerância, considerando-se a jornada cumprida pelo autor, com a quantidade a que ele era exposto por dia trabalhado. O perito sequer observou o item 6 daquele anexo, porquanto não procedeu à avaliação das concentrações dos agentes químicos através de métodos de amostragem instantânea, de leitura direta ou não, que deveria ser feita pelo menos em dez amostragens para cada ponto ao nível respiratório do autor, observando-se o intervalo de 20 minutos entre cada uma das amostragens. Assim, não é possível concluir-se pela existência de insalubridade com base apenas na convicção pessoal do perito, razão pela qual, com fulcro no art. 479 do CPC deixo de considerar as conclusões do laudo pericial** e concluo pela ausência de prova realmente técnica de labor em condições de insalubridade pelo autor, cujo ônus da prova a este competia, por se tratar de fato constitutivo do direito reivindicado. Assim, também o pedido de condenação da ré ao pagamento ao autor do adicional de rejeito insalubridade e seus reflexos.[...]" (sentença proferida pela MM. Juíza Danielle Soares Abeijon, juíza do trabalho titular da 27ª Vara do Trabalho do Rio de Janeiro, nos autos do processo nº 0100369-10.2016.5.01.0027.)

A exposição à água bruta é ainda mais emblemática. Abaixo destacamos quatro laudos periciais emitidos em processos distintos que concluem de forma diferente quanto ao direito à insalubridade:

> [...]9. Caso o expert entenda que há exposição do (a) Reclamante a riscos biológicos por contato com a água bruta do rio, favor informar: a) quais os agentes biológicos encontrados; b) qual a qualidade de balneabilidade da água encontrada se própria ou imprópria, conforme classificação do art. 2º da Resolução CONAMA nº 274 de 2000.

Resposta: O Reclamante não tem contato direto com água bruta, pois, quando necessário, tem a sua disposição os EPI's adequados (bota de PVC, luvas de látex e avental de PVC). **Além do mais, a exposição à água bruta não está tipificada como insalubre no Anexo 14 (Agentes Biológicos), que regulamenta o adicional de salário.**[...]" (trecho retirado do laudo pericial emitido nos autos do processo de nº 100706-72.2017.5.01.0541)

[...] **Saliento há o contato com microorganismos patogênicos (bactérias e outros na água bruta e na lavagem de decantadores)**, físicos (ruídos e umidade) e químicos (Produtos citados ao longo deste trabalho) , todos sem o uso adequado de EPIs ; Portanto ao meu ver , **pelo menos o percentual de 10%** deve ser fornecido aos funcionários , o que de maneira alguma exclui a necessidade de a empresa passar a fornecer os EPIs de maneira satisfatória e sistemática .[...]" (trecho retirado do laudo pericial emitido nos autos do processo de nº 0100234-64.2017.5.01.0511)

[...] 14) Cite os tipos de agentes que o reclamante mantém contato para receber adicional de insalubridade. Informe ainda, quanto tempo o reclamante fica exposto a esses agentes;

R: O Autor trabalha exposto a risco biológico cuja avaliação é **qualitativa de forma habitual e permanente visto que durante toda a jornada faz coletas de água bruta** que pode estar contaminada.[...]

Conclusão: Após realizar anamnese ocupacional, entrevista com empregados da Reclamada, visita técnica e avaliar os documentos apresentados, a Perita conclui que o Autor trabalhava exposto a risco biológico de modo habitual e permanente. **Há nexo causal e insalubridade em grau médio.** (trecho retirado do laudo pericial emitido nos autos do processo de nº 0101157-87.2017.5.01.0221)

[...] Com relação ao labor em exposição a agentes biológicos **informo que inspecionei o ponto de captação de águas brutas para o processo de tratamento.** A captação constitui-se de dois dutos – ver relatório fotográfico – localizados às margens do Rio Pomba. A captação localiza-se acerca de 300 metros do Valão Dantas que faz a coleta de esgoto, in natura, da cidade de Cambuci e descarrega no Rio Pomba. Não há como deixar de considerar, com segurança técnica, que a água bruta captada para o processo de tratamento não venha contaminada com esgoto sanitário urbano (residencial, comercial e industrial). Acresce-se, novamente, que quando há o entupimento dos dutos de captação, o reclamante tem que adentrar o rio para fazer o desentupimento sem a utilização de equipamento de proteção apto a neutralizar a exposição a agentes biológicos. **Neste sentido há enquadramento em insalubridade pela exposição a agentes biológicos em grau máximo – 40%,** conforme Portaria nº 3.214, de 8 de junho de 1978 – NR-15. (trecho retirado do laudo pericial emitido nos autos do processo de nº 0103219-63.2016.5.01.0471)

Fácil perceber pelas conclusões dos laudos acima em destaque o quanto é controvertida a matéria na esfera judicial.

Diante deste cenário, buscamos consultar jurisprudências que elucidassem se a água bruta em contato com a derme do empregado seria capaz de o deixar necessariamente exposto a agentes biológicos, e ensejasse o recebimento de eventual adicional de insalubridade.

Nos autos do processo de número 0102788-92.2017.5.01.0471 julgado no Tribunal Regional da 1ª Região o perito do juízo concluiu em seu laudo que:

> Avaliação da exposição a agentes biológicos –NR-15 –Anexo nº 14. Com relação ao labor em exposição a agentes biológicos esta se confirma em função da água bruta que chega à estação de tratamento ser captada no Rio Pomba. A captação de água bruta no Rio Pomba sujeita o reclamante a agentes de origem biológica presentes na água bruta em função do ponto de captação ser localizado em ponto onde há a descarga de efluentes de esgoto sanitário residencial, comercial e de outras origens. A análise da qualidade da água bruta é feita durante toda a jornada de trabalho.
>
> Conclusão: ambiente insalubre para exposição a agentes biológicos presentes na água bruta utilizada no processo de tratamento de água. Não fornecimento de EPI –Equipamentos de Proteção Individual aptos a controlar e neutralizar a exposição a agentes biológicos cuja avaliação se dá por avaliação qualitativa, não se podendo estabelecer parâmetros numéricos seguros para este tipo de exposição em função das características dos agentes. Para este tipo de exposição é devido o adicional de insalubridade (sic) de grau máximo –40%."

O laudo do perito foi impugnado com os seguintes argumentos:

> Primeiramente, necessário ressaltar que o Sr. Perito concluiu pela existência de insalubridade de forma totalmente equivocada, pois não havia exposi-

ção a agentes biológicos na água bruta captada no Rio Pomba. Tal afirmação é ratificada pelo Conselho Nacional do Meio Ambiente (CONAMA). O Rio Pomba é enquadrado na classe "2", que de acordo com a resolução nº 357/2005 da referida entidade ambiental, pode ter suas águas destinadas até mesmo à recreação de contato primário, tais como natação, esqui aquático, e mergulho, bem como à irrigação de hortaliças, plantas frutíferas e de parques, jardins, campos de esporte e lazer, com os quais o público possa vir a ter contato direto. Dessa forma, completamente inadmissível a conclusão pericial de que o Reclamante estava exposto a agentes biológicos por contato com a água bruta do Rio Pomba, sem sequer ter sido feita uma análise da qualidade desta água pelo expert por ocasião da perícia. Nesse sentido, pode-se concluir que por mais que o Reclamante tivesse contato direto e manuseio com esta água, jamais estaria em contato com agente insalubre biológico, sendo indevido o adicional de insalubridade.

A impugnação do réu não foi enviada ao perito para resposta tendo o juízo considerado que *"Ainda que impugnado pela reclamada (ID 56e8f4c), observo que os quesitos formulados foram todos respondidos devidamente, remetendo-se o perito às descrições feitas previamente, sem qualquer lapso a merecer acolhida da oposição."*

Alegada a nulidade da perícia entre outras questões, a decisão do recurso ordinário limitou-se a afirmar que *"A duas, porque dependente que é o julgador do conhecimento técnico especializado em pedidos como o presente, somente em casos excepcionais, em que, por exemplo, a prova técnica diverge do conjunto probatório dos autos, autoriza-se o julgamento em sentido contrário, o que não se vislumbrou no presente caso, até porque, no período de intervenção, passou-se a pagar o referido adicional por devido."*

O acórdão manteve a condenação da sentença em insalubridade em grau máximo. Chamamos atenção para o fato de o laudo pericial ter afirmado que o Rio Pomba recebe efluentes de esgoto de cidades próximas sem, no entanto, ter apresentado nenhum dado técnico que confirmasse o alegado. Também cabe notar que a conclusão é de que a água bruta apresenta agentes biológicos e que estes não seriam mensuráveis quantitativamente. Por fim, a exposição é considerada passível de recebimento de adicional de insalubridade em grau máximo (40%) sem a menção a respectiva norma regulamentadora.

Em processo diverso de 2018 (autos do processo de número 0102639-96.2017.5.01.0471) que versa sobre a mesma questão o perito de confiança do juízo assim se manifestou em relação a água bruta:

> Com relação ao labor em exposição a agentes biológicos informo que há contato com água bruta contaminada por esgoto. Os agentes biológicos estão capitulados na Portaria nº 3.214, de 8 de julho de 1978, anexo nº 14. Não há fornecimento de equipamentos de proteção individual para o desempenho desta atividade.Neste sentido há enquadramento em insalubridade pela exposição a agentes biológicos em grau máximo–40%, conforme Portaria nº 3.214, de 8 de junho de 1978 –NR-15.

A impugnação ao laudo pericial, além de apresentar estudos do INEA sobre a balneabilidade da água que serve de matriz para o tratamento e destinação final ao consumidor, também afirma que o contato com a água bruta não é permanente dentro da rotina de trabalho do operador de tratamento de água. Também foi afirmado em juízo que a atividade de tratamento de água sequer consta da relação oficial do MTE. Seguem trechos da impugnação:

> Inicialmente, há de se aduzir que, no tocante à exposição aos agentes biológicos, informa o ilustre perito que o reclamante, durante o processo de captação de água bruta, foi exposto aos agentes biológicos presentes na água contaminada por esgoto, resultando na percepção do adicional de insalubridade em grau máximo. Ocorre que, diversamente do que sustenta o técnico do juízo, argumenta a ora reclamada que, inobstante o reclamante não ter que mergulhar no valão, a água bruta retirada do rio se caracteriza por não apresentar um padrão de qualidade **adequado ao consumo humano**, e tais padrões são determinados pela Portaria nº2.914, de 12 de dezembro de 2011, do Ministério da Saúde. Já a balneabilidade traduz a capacidade do local de possibilitar o banho, as atividades esportivas em suas águas, o contato humano **sem ingestão.** Assim temos que a balneabilidade é a qualidade das águas destinadas a esse contato primário, sendo determinada a partir da quantidade de bactérias do grupo coliforme presentes na água, conforme a Resolução nº 274/2000 do CONAMA. No que concerne as condições para consumo humano, previstas na portaria mencionada, estas são muito mais rígidas do que as condições de balneabilidade, motivo pelo qual a ré anexou o laudo do INEA, com as condições do rio em questão (Rio Pomba – PM0332- altura

de Miracema), **uma vez que, se as condições de balneabilidade são adequadas, não há problema no contato do empregado com a água bruta.** Outrossim, para que o reclamante tenha direito à percepção ao adicional de insalubridade em grau máximo, nos termos do anexo nº 14 da NR 15, é **imprescindível o trabalho ou operações em contato permanente com galerias e tanques de esgoto.**

Neste caso, diante da impugnação e fundamentos apresentados pelo réu, o juízo determinou a manifestação do perito sobre os termos da impugnação apresentada. A resposta à impugnação versou nos seguintes termos:

> Primeiro ponto a ser esclarecido a este MM Juízo do Trabalho é o que concerne ao enquadramento das atividades do reclamante como insalubres em função da exposição a agentes biológicos presentes na água bruta que é captada para o processo de tratamento e que sofre o despejo de esgoto sanitário das cidades às margens da bacia de captação. Tenho enquadrado as atividades em exposição a agentes insalubres presentes na água bruta captada para o processo de tratamento, em função de resta evidenciado que há o despejo de efluentes de esgoto sanitário sem tratamento nos cursos de água que alimentam a estação de tratamento da reclamada. Destaca-se, ainda, que não há nível seguro para exposição a riscos de origem biológica, somado ainda ao fato de não haver, sequer, fornecimento de EPI – Equipamento de Proteção Individual que pudesse controlar ou neutralizar a exposição ao agente. No que tange à questão da baneabilidade das águas brutas conforme destaco pela reclamada, faço o enquadramento em função de que o reclamante não está na estação de tratamento de água para praticar "atividades esportivas" como se pode ver na peça da reclamada e sim para laborar. Não se pode expor o trabalhador a risco sem medidas de controle ou neutralização dos agentes insalubres, sob pena de restar necessário o reconhecimento da atividade em exposição ao citado agente, no caso em análise, riscos biológicos.

Dessa vez a conclusão para a causa foi distinta, tendo a sentença afastado a insalubridade em grau máximo pelo contato com a água bruta apesar da conclusão do perito em sentido contrário:

> A reclamada afirma que o reclamante só tem contato com a água quando ocorre os eventuais entupimentos. Aduz que a NR 15 exige o contato permanente em tanques e galerias de esgoto para a concessão do grau máximo de

insalubridade por agentes biológicos, o que não é o caso dos autos. Aponta que consta dos autos o laudo do INEA que comprova a balneabilidade da água, sustentando que a conclusão do perito é seu entendimento pessoal e não está em concordância com a NR 15, o que impacta a segurança jurídica da empresa que se baseia nas normas para a concessão ou não do adicional.

O anexo 14 da NR 15 assim dispõe:

"Relação das atividades que envolvem agentes biológicos, cuja insalubridade é caracterizada pela avaliação qualitativa.

Insalubridade de grau máximo Trabalho ou operações, **em contato permanente** com:

– pacientes em isolamento por doenças infecto-contagiosas, bem como objetos de seu uso, não previamente esterilizados;

– carnes, glândulas, vísceras, sangue, ossos, couros, pêlos e dejeções de animais portadores de doenças infectocontagiosas (carbunculose, brucelose, tuberculose);

– esgotos (galerias e tanques); e

– lixo urbano (coleta e industrialização)".

De fato, o anexo 14 da NR 15 fixa o pagamento de insalubridade em grau máximo para o trabalho ou operações em contato permanente com esgotos (galerias ou tanques), o que não é o caso dos autos, uma vez que o contrato do reclamante com a água contaminada com esgoto residencial urbano ocorre apenas de forma eventual. Da descrição das inúmeras atividades desempenhadas pelo reclamante constantes do laudo pericial se pode concluir não ser permanente o contato com esgotos.

Destaque-se, ainda, o seguinte quesito respondido no laudo:

"24) O reclamante trabalha, com esgotos em galerias e tanques? Em caso positivo, com qual frequência o mesmo ingressa nesses locais?

Resposta: Não há trabalho em esgotos existentes em galerias e tanques".

Portanto, resta efetivamente comprovado o exercício de labor em condição insalubre, porém em grau médio, conforme demais elementos do laudo pericial.

Observam-se dois pontos interessantes de discussão nesta segunda decisão:1) A busca e reconhecimento na sentença dos termos da normas regulamentadoras do MTE, sendo que o enunciado de Súmula de nº 448 do TST é claro no inciso I ao afirmar que deve haver a necessária correspondência entre a situação fática encontrada na rotina de trabalho do empregado e a classificação da atividade como insalubre na relação oficial do antigo Ministério do Trabalho; 2)O afastamento da conclusão do laudo pericial pelo juízo sentenciante rechaçado na primeira decisão analisada.

Como decorrência das jurisprudências apresentadas, chega-se à conclusão de que decisões judiciais baseadas em perícias realizadas com inobservância da legislação brasileira, trazem insegurança jurídica e refletem em situações díspares entre empregados que trabalham no mesmo local, desempenhando as mesmas funções. Isso porque um empregado recebe o adicional com base na legislação aplicável, e outro recebe um adicional maior porque teve êxito em sua reclamação trabalhista, sem que esta espelhasse em sua decisão a real exposição ao risco biológico.

Em que pese a necessidade de previsão na NR-15 para a concessão do adicional de insalubridade explícita na Súmula 448 do c. TST, infelizmente, na prática, a Súmula 126 impede a admissibilidade dos Recursos de Revistas na maioria dos casos. Soma-se a isso o fato de que os Tribunais Regionais, em geral, acatam a conclusão da prova técnica sem lhes verificar se foram atendidos pelo perito os procedimentos técnicos indispensáveis, repercutindo em discrepâncias de recebimento do adicional de insalubridade entre trabalhadores da mesma lotação.

A prática do contencioso trabalhista mostra ainda que as dificuldades em encontrar peritos judiciais que aceitem receber ao final do processo (art. 790-B, § 3º CLT), e a hipossuficiência financeira do empregador em adiantar os honorários, e os custos do perito em realizar as medições indispensáveis, refletem em perícias judiciais realizadas sem apresentação das medições, e algumas até sem que o perito de fato verifique in loco o ambiente laboral do trabalhador, violando princípios processuais constitucionais, como da legalidade, acesso à justiça, devido processo legal e contraditório, art. 5º, II, XXXV, LIV e LV da CRFB.

Conclusões

É imperativo para que se alcance a justiça que os laudos periciais emitidos no curso das reclamações trabalhistas, que buscam o reconhecimento do trabalhador ao direito do adicional de insalubridade e periculosidade, sejam emitidos em total observância à legislação que rege a matéria.

Neste sentido, imprescindível que sejam realizadas as aferições quantitativas e qualitativas dos agentes químicos, físicos e biológicos do ambiente de trabalho, inclusive quanto à atenuação dos equipamentos de proteção individual utilizados quando neutralizam ou atenuam o risco.

A perícia *in loco*, portanto, é indispensável para a real aferição das condições de exposição dos empregados, que além dos riscos tratados no presente trabalho, também podem se encontrar expostos a riscos físicos. Os riscos quantitativos (ruído e alguns agentes químicos) necessitam ser aferidos pelos peritos de forma técnica e com os equipamentos adequados ao trabalho. Neste sentido, um laudo pericial que limita-se à mera entrevista do empregado sobre sua rotina de trabalho não parece adequado para a confirmação da exposição a agentes insalubres. Tampouco adequadas decisões judiciais que apenas corroboram as alegações presentes no laudo pericial sem a necessária e adequada verificação da legislação pertinente à insalubridade.

Por todo o exposto, verifica-se o quão importante seria uma legislação específica quanto à atividade de saneamento, que, como tal, está sujeita ao surgimento de novas tecnologias e produtos químicos para o seu desempenho. Contudo, na sua ausência, e tendo que se calcar nas normas correntes, que abrangem as mais variadas atividades, é crucial, quando a questão é judicializada, o papel do laudo pericial e do julgador neste contexto, para garantir a segurança jurídica tanto do empregado quanto do empregador.

Referências

ALMEIDA, E. R., CAMPOS, A . C. e MINITI, A . Estudo audiométrico em operários da seção de "teste de motores" de uma indústria automobilística. Rev. Bras. Otorr., 48 : 16-28, 1982.

ANATOMIA DO CORPO HUMANO. Aparelho Auditivo: Partes Da Orelha E Ouvido | Anatomia Sistema De Audição. Disponível Em: Https://Www.Anatomiadocorpo.Com/Aparelho-Auditivo/. Acesso Em 15 Maio 2019.

AUGUSTO NETO, Nelson. Verificação dos níveis de atenuação de protetores auriculares do tipo concha, utilizando microfone sonda. 2007. 73 f. Dissertação (mestrado) – Universidade Estadual Paulista, Faculdade de Arquitetura, Artes e Comunicação, 2007.

BELLONI, Diego F. Levantamento dos riscos na operação da estação de tratamento de água (ETA) do Município de Campo Mourão-PR.

BRITO, J. C. e PORTO, M. F. S. Processo de Trabalho, Riscos e Cargas à Saúde. CESTEH, Mímeo, set, 1991.

CAMISASSA, Mara Queiroga. Segurança e saúde no trabalho: NRs 1 a 36 comentadas e descomplicadas. – Rio de Janeiro: Forense; São Paulo: Método: 2015.

MATTOS, Ubirajara; MASCULO, Francisco. Higiene e segurança do trabalho. Rio de Janeiro: Elsevier / Abepro, 2011.

Oliveira, Bianca Lopes de. Estações elevatórias: características construtivas e geração de ruído. Campinas: Faculdade de Engenharia Civil, Arquitetura e Urbanismo – UNICAMP, 2010. Dissertação (Mestrado) – Faculdade de Engenharia Civil, Arquitetura e Urbanismo, UNICAMP, 2010.

Ramazzini, B. 2001. Introdução à higiene ocupacional. Difusão de informações em higiene ocupacional da coordenação de higiene do trabalho. Campinas, Fundacentro, 180 p.

Saliba, Tuffi Messias Insalubridade e periculosidade : aspectos técnicos e práticos / Tuffi Messias Saliba, Márcia Angelim Chaves Corrêa. — 14. ed. — São Paulo : LTr, 2015.

SESI – SERVIÇO SOCIAL DA INDÚSTRIA. 2007. Técnicas de avaliação de agentes ambientais: manual SESI.Brasília, SESI/DN, 294 p.

Vieira, Marcelo Coutinho. Perícias Médicas E De Segurança Do Trabalho: Violação Ou Efetivação Dos Princípios Do Acesso À Justiça, Devido Processo Legal E Do Contraditório, Na Justiça Do Trabalho? JusLaboris – TST,2014. Disponível em <https://juslaboris.tst.jus.br/bitstream/handle/20.500.12178/147096/2014_vieira_marcelo_pericias_medicas.pdf?sequence=1&isAllowed=y>. Acesso em 07.09.2020.

2

Tarifa Social: A Importância do Instituto como Instrumento para Universalização do Acesso aos Serviços Públicos de Saneamento Básico

ANDREA FERREIRA CAPUTO
FERNANDA JUSTO BESERRA
RICARDO MARTINS DO CARMO

1. Introdução

O direito à água foi reconhecido pela Assembleia Geral das Nações Unidas, em julho de 2010, como um Direito Humano Fundamental, por meio da Resolução nº 64/292[1]. Pode-se entender, portanto, que o acesso ao referido bem deve ser garantido à generalidade das populações, pelo menos no seu núcleo mínimo.

Não se afasta desta ideia que a escassez do recurso natural, a sua qualificação enquanto bem econômico e o necessário investimento em infraestruturas que garantam a sua qualidade, requerem o estabelecimento de uma tarifa. No entanto, a cobrança pelo acesso à água e ao saneamento básico não pode comprometer a disponibilidade financeira das famílias de baixa renda, prejudicando seu acesso a outros direitos humanos também fundamentais, como alimentação e moradia.

Por isso, a tarifa de água deve ser pensada levando-se em consideração a condição econômica do usuário e sua capacidade de pagamento, o que leva à criação, na maioria das concessões de serviço de abastecimento de

[1] United Nations General Assembly (UNGA). Human Right to Water and Sanitation. Geneva: UNGA; 2010. UN Document A/RES/64/292.

água e esgotamento sanitário, de uma tarifa diferenciada para a parcela mais vulnerável economicamente da população.

Esta tarifa tem sido denominada de "tarifa social" e abrange os serviços de abastecimento de água e esgotamento sanitário. O objetivo é criar condições para que o maior número de pessoas possa, efetivamente, se utilizar dos referidos serviços, garantindo-se, portanto, a universalização e o acesso à fruição do direito essencial ao saneamento básico.

A Lei nº 11.445/07, marco regulatório do saneamento básico no Brasil, traz as diretrizes para a prestação dos serviços de abastecimento de água e esgotamento sanitário. Esta normativa deve veicular, dentre outras regras, o delineamento mínimo para o estabelecimento de benefício tarifário destinado a atingir a parcela mais pobre da população.

Assim, pretende-se analisar, à luz do arcabouço legislativo brasileiro atual, como este benefício tarifário pode permitir o acesso à água de forma universal, equitativa e igualitária, ao mesmo tempo assegurando a eficiência do consumo de um recurso natural escasso e o atingimento das metas estabelecidas na novel Lei nº 14.026/2020 – *que introduziu uma série de reformas e atualizações no marco legal do saneamento básico* – para expansão dos serviços à população mais vulnerável.

2. A universalização do serviço de abastecimento de água e esgotamento sanitário e a necessidade de criação de uma tarifa destinada à população de baixa renda

Dentre os temas que envolvem as gerações de direitos fundamentais encontra-se o direito ao meio ambiente equilibrado e saudável. Tantas são as matérias relacionadas a este direito, mas uma se destaca como a mais relevante, posto que indispensável à vida digna e, por isso, motivo de inúmeros debates: a água. Sem ela não há como existir os demais direitos consagrados.

De fato, sem o acesso à água os outros direitos a ela intrínsecos, tais como os direitos à vida e a um nível adequado para a saúde e bem estar, tornam-se inatingíveis. No Brasil, o acesso universal aos serviços de água e esgoto está amparado em várias legislações, inclusive de áreas afins, como recursos hídricos, meio ambiente, saúde pública, defesa do consumidor e desenvolvimento urbano.

Segundo a Organização Mundial de Saúde, para cada dólar investido em água e saneamento, são economizados 4,3 dólares em custos de saúde no mundo[2]. É inegável que há correlação direta de causa e efeito entre saneamento básico e saúde, ambos deveres a cargo do Poder Público.

Embora a Constituição Federal não reconheça, de forma clara, o acesso aos serviços de fornecimento de água e esgotamento sanitário como direito social, ao consagrar os direitos à saúde e à moradia, pode-se dizer que também foi contemplado, ainda que indiretamente, o direito ao acesso aos serviços de saneamento. Tal interpretação está reforçada no artigo 1º da Constituição, que estabelece, entre os fundamentos da República Federativa, a cidadania e a dignidade da pessoa humana. Para tanto, o acesso à água é indispensável.

No entanto, a concentração de atividades humanas, sobretudo nas regiões metropolitanas, os desmatamentos, a poluição dos rios e nascentes, dentre outros danos ao meio ambiente, associados à incapacidade de governança, apontam para cenários de riscos ambientais que comprometem a disponibilidade hídrica à população. Desta forma, o avanço dessa degradação faz com que a oferta de água diminua. As crises de abastecimento e o racionamento de água, cada vez mais comuns, são provas disso.

Em um contexto global, a degradação ambiental compromete o objetivo de assegurar para a atual e futuras gerações o necessário acesso à água. Nesse verdadeiro cenário de vulnerabilidade hídrica, os efeitos mais graves recaem, em primeiro lugar, nas pessoas mais vulneráveis economicamente, que têm menos recursos para acesso à água tratada e encanada, dado o seu custo.

O Direito Humano à água, portanto, é uma questão complexa. Ao mesmo tempo em que os países concordam e reconhecem sua importância, muitos não possuem os recursos tecnológicos e financeiros para garantir o acesso à água de forma universal e igualitária para a sua população.

A imperatividade relacionada com o dever da Administração Pública de ofertar a todos os bens essenciais mínimos à subsistência é decorrente, dentre outros, do princípio da universalização dos serviços públicos, segundo o qual, em sua prestação, o Poder Público deverá disponibilizar tais serviços a toda população, sem fazer qualquer distinção de acesso entre as pessoas. Com efeito, a universalização do serviço de abastecimento de água

[2] World Health Organization (WHO). UN-water Global Analysis and Assessment of Sanitation and Drinking-Water (GLAAS). Investing in water and sanitation: increasing access, reducing inequalities. Publication date: 2014. ISBN: 9789241508087.

é um objetivo legítimo das políticas públicas, tendo em vista os impactos importantes sobre a saúde, o ambiente e a cidadania.

Dados do Sistema Nacional de Informações sobre Saneamento (SNIS) de 2018 apontam índice médio de atendimento urbano por rede de água no Brasil em valores acima de 90% no Distrito Federal e em dezoito estados. Na faixa logo abaixo, entre 60% e 80%, aparecem os estados do Maranhão, Ceará, Acre e Rondônia. Na penúltima faixa, de 40% a 60%, situa-se o estado do Pará. O Amapá, que em 2017 apresentou índice de atendimento superior a 40%, voltou a ter seu índice inferior a 40%, com 38,3% da população urbana atendida[3].

Em relação ao esgotamento sanitário os dados são ainda mais distantes da universalização. O índice médio de atendimento urbano com rede coletora de esgotos apurado no SNIS aponta valores acima de 70% apenas no Distrito Federal, São Paulo, Paraná e Minas Gerais, mesmos estados desde 2014. Na faixa de 40% a 70% aparecem Rio de Janeiro, Roraima, Espírito Santo, Mato Grosso do Sul, Bahia, Goiás, Paraíba e Mato Grosso. Na faixa de 20% a 40% situam-se Rio Grande do Sul, Tocantins, Ceará, Sergipe, Pernambuco, Rio Grande do Norte, Alagoas, Santa Catarina e Piauí. Na penúltima faixa, de 10% a 20%, encontram-se Maranhão, Acre e Amazonas. Por fim, na menor faixa, inferior a 10%, há três estados: Amapá, Pará e Rondônia[4].

Nesse sentido, a Lei nº 14.026/20, ao alterar a Lei nº 11.445/07, instituiu uma meta ousada na universalização do saneamento básico, qual seja, permitir que 99% da população brasileira tenha acesso à água tratada e 90% dos brasileiros tenham acesso à coleta de esgoto até o final de 2033. Tal prazo poderá ser estendido por mais sete anos para os municípios que enfrentarem maiores dificuldades e comprovarem inviabilidade técnica e/ou financeira[5].

[3] Brasil. Ministério do Desenvolvimento Regional. Secretaria Nacional de Saneamento – SNS. Sistema Nacional de Informações sobre Saneamento – SNIS: 24º Diagnóstico dos Serviços de Água e Esgotos – 2018. Brasília: SNS/MDR, 2019, p. 63.

[4] Ibidem, p. 64.

[5] Art. 11-B. Os contratos de prestação dos serviços públicos de saneamento básico deverão definir metas de universalização que garantam o atendimento de 99% (noventa e nove por cento) da população com água potável e de 90% (noventa por cento) da população com coleta e tratamento de esgotos até 31 de dezembro de 2033, assim como metas quantitativas de não intermitência do abastecimento, de redução de perdas e de melhoria dos processos de tratamento. (Redação pela Lei nº 14.026, de 2020).

É impossível falar em universalização do acesso à água e saneamento, em um país como o Brasil, sem que haja a previsão e larga aplicação de uma tarifa que contemple o acesso da parcela mais vulnerável da população a este recurso e a infraestrutura necessária para sua oferta. Cumpre destacar que em 2019, segundo dados do IBGE, existiam 13,5 milhões de brasileiros vivendo abaixo da linha de pobreza, a maior parte da região nordeste do Brasil[6], cidadãos que também precisam ser atingidos por redes de abastecimento de água e esgotamento sanitário.

Deste modo, a meta estabelecida pela Lei nº 14.026/20 só poderá ser efetivamente atingida se implementada solução para viabilizar financeiramente a expansão dos serviços de saneamento básico à parcela mais vulnerável da população, mediante a concreta aplicação do benefício da tarifa social. Para tanto, o marco regulatório do setor traz diretrizes para definição de tarifas, que buscam assegurar tanto o equilíbrio econômico-financeiro dos contratos quanto a modicidade tarifária.

Neste cenário, a regulação estatal se fará indispensável e necessitará de efetivo fortalecimento, de modo a evitar o risco de captura[7] pelas empresas reguladas, principalmente diante da alteração legislativa de 2020 no marco regulatório, que fortaleceu a participação da iniciativa privada em um setor que demanda, por si só, um monopólio natural em função da economia de escala, da política de subsídios cruzados e da exigência de máxima eficiência produtiva.

(...). §9º Quando os estudos para a licitação da prestação regionalizada apontarem para a inviabilidade econômico-financeira da universalização na data referida no caput deste artigo, mesmo após o agrupamento de Municípios de diferentes portes, fica permitida a dilação do prazo, desde que não ultrapasse 1º de janeiro de 2040 e haja anuência prévia da agência reguladora, que, em sua análise, deverá observar o princípio da modicidade tarifária. (Incluído pela Lei nº 14.026, de 2020).

[6] Extrema pobreza atinge 13,5 milhões de pessoas e chega ao maior nível em 7 anos. Agência IBGE Notícias. Brasília: 06 de nov. de 2019. Disponível em: https://agenciadenoticias.ibge.gov.br/agencia-noticias/2012-agencia-de-noticias/noticias/25882-extrema-pobreza-atinge-13-5-milhoes-de-pessoas-e-chega-ao-maior-nivel-em-7-anos. Acesso em: 20/08/2020.

[7] Nas palavras de Alexandre Santos de Aragão, "*tendo as agências reguladoras sido criadas para proporcionar uma regulação mais eficiente de atividades de especial interesse e sensibilidade da sociedade, não faria sentido que elas fossem neutralizadas em relação ao poder político e deixadas livres à influência econômica dos poderosos interesses regulados. Trata-se da captura, sempre colocada, mormente nos E.U.A., como um os maiores riscos das agências reguladoras independentes*". (ARAGÃO, Alexandre Santos. *Agências Reguladoras e a evolução do direito administrativo econômico.* 3ª Edição, Rio de Janeiro Forense, 2013, p. 400).

Assim é que a Lei nº 11.445/07 traz, em seus artigos, normativas que resguardam a possibilidade de criação de benefício diferenciado para os usuários de baixa renda, na medida em que prevê a adoção de subsídios tarifários ou fiscais, inclusive por meio de subvenções e subsídios internos a cada titular ou ente, nos casos de prestação regionalizada, para os usuários que não tenham capacidade de pagamento suficiente para cobrir o custo integral dos serviços (art. 29, §2º). Note-se que o dispositivo fala em "custo integral dos serviços"[8], o que indicaria não abranger apenas a tarifa destinada ao fornecimento de água, mas também outros serviços inerentes a essa prestação.

A mencionada lei também dispõe que será considerada, na estrutura de remuneração e de cobrança dos serviços públicos de saneamento básico, a ampliação do acesso dos cidadãos e localidades de baixa renda aos serviços[9]. A Lei nº 11.445/07 também garante para a população mais pobre uma quantidade mínima de consumo ou de utilização do serviço com menor tarifa, buscando atingir objetivos sociais, como a preservação da saúde pública, o adequado atendimento aos usuários de menor renda e a proteção do meio ambiente. Ainda traz a previsão de que a capacidade de pagamento dos consumidores será considerada no estabelecimento das tarifas[10].

8 Art. 29. Os serviços públicos de saneamento básico terão a sustentabilidade econômico-financeira assegurada por meio de remuneração pela cobrança dos serviços, e, quando necessário, por outras formas adicionais, como subsídios ou subvenções, vedada a cobrança em duplicidade de custos administrativos ou gerenciais a serem pagos pelo usuário, nos seguintes serviços: (...). (Redação pela Lei nº 14.026, de 2020).
§2º Poderão ser adotados subsídios tarifários e não tarifários para os usuários que não tenham capacidade de pagamento suficiente para cobrir o custo integral dos serviços. (Redação pela Lei nº 14.026, de 2020).

9 Art. 29. (...).§1º Observado o disposto nos incisos I a III do caput deste artigo, a instituição das tarifas, preços públicos e taxas para os serviços de saneamento básico observará as seguintes diretrizes:
(...) II – ampliação do acesso dos cidadãos e localidades de baixa renda aos serviços;

10 Art. 30. Observado o disposto no art. 29 desta Lei, a estrutura de remuneração e de cobrança dos serviços públicos de saneamento básico considerará os seguintes fatores: (Redação pela Lei nº 14.026, de 2020)
(...).III – quantidade mínima de consumo ou de utilização do serviço, visando à garantia de objetivos sociais, como a preservação da saúde pública, o adequado atendimento dos usuários de menor renda e a proteção do meio ambiente;
(...).VI – capacidade de pagamento dos consumidores.
Art. 31. Os subsídios destinados ao atendimento de usuários determinados de baixa renda serão, dependendo da origem dos recursos: (Redação pela Lei nº 14.026, de 2020).

No mesmo sentido, para garantir a continuidade da prestação do serviço ao usuário de baixa renda, a interrupção do serviço para o beneficiário de tarifa social deverá obedecer a prazos e critérios que preservem condições mínimas de manutenção da saúde dos atingidos (art. 40, §3)[11]. Esta é, inclusive, assombrosamente, a única menção existente à tarifa social na Lei nº 11.445/07 e que, evidentemente, carece de regulamentação para sua aplicação.

3. Desafios para implantação da tarifa social

De acordo com o Manual de Orientação para Criação e Organização de Autarquias Municipais de Água e Esgoto da FUNASA (2003)[12], as políticas públicas de abastecimento de água e esgotamento sanitário têm sido implementadas com recursos provenientes, principalmente, da cobrança de tarifas, ao contrário de outras políticas, que têm suas fontes de financiamento embasadas na arrecadação de impostos, como os setores de saúde e educação. Esse modelo de financiamento, via cobrança de tarifas, está consolidado na maioria dos países.

Na perspectiva de uma gestão da água socialmente justa, é fundamental a discussão dos modelos tarifários efetivamente inclusivos ou de formas de subsídios para se garantir a continuidade do acesso aos serviços pela população de baixa renda. Daí a razão de se debater mecanismos como o da tarifa social.

Ademais, não basta o reconhecimento da universalidade, pois é imperioso que haja meios materiais para a oferta do serviço público. Além das

II – tarifários, quando integrarem a estrutura tarifária, ou fiscais, quando decorrerem da alocação de recursos orçamentários, inclusive por meio de subvenções; e (Redação pela Lei nº 14.026, de 2020)
III – internos a cada titular ou entre titulares, nas hipóteses de prestação regionalizada.

11 Art. 40. Os serviços poderão ser interrompidos pelo prestador nas seguintes hipóteses: (...) §3º A interrupção ou a restrição do fornecimento de água por inadimplência a estabelecimentos de saúde, a instituições educacionais e de internação coletiva de pessoas e a usuário residencial de baixa renda beneficiário de tarifa social deverá obedecer a prazos e critérios que preservem condições mínimas de manutenção da saúde das pessoas atingidas.

12 BRASIL. Fundação Nacional de Saúde. Manual de orientação para criação e organização de autarquias municipais de água e esgoto. 2ª Edição. Brasília: Funasa, 2003. Disponível em: http://www.funasa.gov.br/biblioteca-eletronica/publicacoes/engenharia-de-saude-publica/-/asset_publisher/ZM23z1KP6s6q/content/criacao-e-organizacao-de-autarquias-municipais-de-agua-e-esgoto?inheritRedirect=false. Acesso em 20/08/2020.

questões relativas à qualidade e à continuidade do serviço de distribuição de água, o acesso à infraestrutura é muitas vezes limitado pela falta de capacidade de pagamento das tarifas e outros custos pela população de baixa renda.

Tal cenário, sem dúvida, torna desvantajoso o investimento pelas concessionárias de saneamento básico nas localidades de baixa renda, dado o alto índice de evasão no pagamento das tarifas. Diante disso, há a necessidade de políticas públicas redistributivas, que desloquem de forma consciente os recursos entre camadas sociais e grupos da sociedade.

De modo geral, as discussões acerca dos mecanismos redistributivos devem abranger os subsídios relativos às tarifas e à expansão das redes. Contudo, não se pode desconsiderar a importância do subsídio na interligação da rede de água, cujo serviço é comumente tarifado pelas concessionárias e, portanto, se constitui num obstáculo ao acesso dos mais pobres.

Assim, diante da atual infraestrutura instalada no país, é inegável que há margem para ampliação dos serviços de saneamento básico, sobretudo nas zonas urbanas, cobertas integralmente por redes, mas com vazios de atendimento localizados nas áreas de pobreza. Este é mais um desafio para o setor, especialmente diante das referidas metas de universalização instituídas pela Lei nº 14.026/2020.

Certo é que, para possibilitar a própria manutenção de alguns serviços públicos, mister faz-se a cobrança de tarifas, sob pena de inviabilizar a sua execução, uma vez que o Estado não é detentor de recursos ilimitados.

É nesse contexto que surge a questão tarifária, devendo ser assinalada a existência do princípio da modicidade da tarifa, segundo o qual os usuários não podem pagar importância demasiadamente excessiva para usufruir de um serviço público.

Sendo assim, é de reconhecer que a aplicação da modicidade tarifária deve ser visualizada sob o contexto da necessidade da cobrança para prestação de alguns serviços públicos pelo Estado e, de outro lado, da obrigação deste garantir à coletividade o acesso ao serviço, de forma a assegurar ao indivíduo, à luz da igualdade material e com continuidade, mediante a cobrança de tarifa módica, o direito de acesso ao serviço público.

Em um primeiro momento, parece haver um conflito entre o princípio da universalidade e da modicidade das tarifas, no sentido de que somente teria acesso ao serviço público quem pudesse pagar por ele. Na verdade, ocorre justamente o contrário: as tarifas devem ser módicas a tal ponto que facilitem o acesso ao serviço por todos, na medida de sua capacidade econômica, concretizando, assim, o princípio da universalidade.

Nesse sentido, nas lições de Marçal Justen Filho[13], assim como ocorre com os tributos, as tarifas podem ser fixadas com objetivo extrafiscal, com base no princípio da capacidade contributiva, sendo o instituto da tarifa social um exemplo de aplicação analógica do aludido princípio no campo dos serviços públicos remunerados mediante recursos tarifários.

Por isto, uma questão central que se coloca é identificar e qualificar o usuário que precisa ser contemplado com uma tarifa mais benéfica, por estar em uma condição de vulnerabilidade econômica e social, e definir como um indivíduo, nestas condições, pode reivindicar o direito à tarifa social junto às concessionárias prestadoras do serviço.

Hoje no Brasil cada prestador ou ente regulador define estas condições de forma diferenciada. Os documentos exigidos para se cadastrar nessa categoria nem sempre são facilmente obtidos por usuários hipossuficientes e, além disso, a falta de informação faz com que muitos moradores de baixa renda não reivindiquem os direitos que possuem. Deste modo, faz-se necessária uma unificação, em âmbito nacional, dos requisitos que também sejam capazes de abarcar as diferenças regionais na prestação do serviço.

Além disto, pensar no modelo de tarifa social mais adequado, considerando as diferenças entre regiões do Brasil, os custos do serviço e as condições financeiras dos usuários é tarefa complexa, mas necessária para se avançar no sentido da universalização e da garantia do direito humano à água.

Neste sentido, tramita na Câmara dos Deputados o Projeto de Lei nº 9.543/18, que cria a tarifa social de água e esgoto. Pelo projeto são criadas quatro faixas de volume de consumo de água, havendo descontos regressivos em cada uma delas. Para a primeira faixa seria oferecido desconto de 40% sobre o valor da tarifa para um consumo de até dez metros cúbicos de água por mês. Na última faixa, para a parcela de consumo superior a vinte metros cúbicos de água por mês, não haveria qualquer desconto.

Na forma deste projeto, fariam jus ao benefício as famílias inscritas no Cadastro Único para Programas Sociais do Governo Federal (CadÚnico – Decreto nº 6.135/07), com renda familiar per capita de ½ salário mínimo.

[13] Justen Filho, Marçal. *Teoria Geral das Concessões de Serviço Público.* São Paulo: Dialética, 2003, p. 376.

O Projeto de Lei nº 9.543/18 também estabelece os documentos que devem ser apresentados para fruição do benefício tarifário pela população de baixa renda, possibilitando melhor identificação deste usuário e definindo que o benefício será aplicado a apenas uma unidade consumidora por família nesta situação.

Em relação ao custeio do benefício da tarifa social, prevê o projeto de lei que o valor pago pelo serviço de abastecimento de água e esgotamento sanitário, os custos administrativos e financeiros e os encargos tributários incorridos pela prestadora do serviço, após prévia exclusão do consumidor beneficiado pela tarifa social de água e esgoto, sejam rateados entre todas as classes de consumidores atendidos pela prestadora do serviço, proporcionalmente ao consumo.

Quanto a este tópico, importante consignar que não há unanimidade na doutrina com relação à fonte de custeio do benefício da tarifa social. Há quem entenda que é possível a transferência de tal ônus para os demais usuários, com maior poder aquisitivo, desde que haja aprovação legislativa, como leciona, por exemplo, Marçal Justen Filho[14].

Em sentido contrário, Cesar Augusto Guimarães Pereira[15] assevera que:

> *"As tarifas sociais não devem ser compensadas por subsídios internos, mas por subsídios públicos oriundos de receitas gerais. Essa é a única das alternativas cogitáveis – ônus do concessionário, subsídio interno ou cruzado ou subsídio público – que atende integralmente aos princípios constitucionais aplicáveis (especialmente ao da capacidade contributiva)".*

Impende destacar que o art. 29 da Lei nº 11.445/07, recentemente alterado pela Lei nº 14.026/20, estabelece que os serviços públicos de saneamento básico terão a sustentabilidade econômico-financeira assegurada mediante remuneração pela cobrança dos serviços e, quando necessário, por outras formas adicionais, como subsídios ou subvenções.

Uma importante questão a ser levada em consideração é a necessidade de expansão dos serviços de saneamento básico em direção às áreas periféricas, para que se possa obter avanços substantivos em relação universalização. Contudo, é preciso garantir que o pagamento de tarifas não dificulte

[14] Ibidem, p. 377.

[15] PEREIRA, Cesar A. Guimarães. *Usuários de Serviços Públicos*. 2ª Edição. São Paulo: Saraiva, 2008, p. 377.

ou impeça a conexão às redes de abastecimento de água e esgotamento sanitário pelos usuários de baixa renda.

Embora se considere que a tarifa social pode contribuir para a ampliação do acesso aos serviços de saneamento básico, cabe acentuar que ela não é um mecanismo eficaz no que se refere ao alcance da população que ainda não foi incluída na cobertura dos sistemas instalados e nem em relação aos serviços de saneamento básico, o que comumente ocorre com o esgotamento sanitário, os resíduos sólidos e, em menor grau, com o abastecimento de água. Para esses casos, mais importante do que ampliar a demanda, por meio da redução de custos, seria priorizar a alocação de recursos no aumento da cobertura dos serviços junto à população de baixa renda.

Independentemente dos mecanismos adotados, alguns requisitos são essenciais para o êxito do amplo acesso à água. A princípio é preciso definir o foco da sua implementação, que, indubitavelmente, deve ser o atendimento aos mais pobres. A transparência é outro requisito fundamental e tornaria possível o monitoramento da eficácia desse mecanismo. Quem subsidia, quais os beneficiados, qual o volume de recursos envolvidos e quais os custos de transação na alocação dos recursos são questões a serem respondidas.

A realização de investimentos sem a definição de mecanismos claros para abranger a população de baixa renda pode levar ao desperdício de recursos públicos, além da implantação de sistemas ineficazes, tanto do ponto de vista técnico como dos resultados relacionados à saúde pública. Deve-se ainda considerar as bases federativas do Estado brasileiro e a crise fiscal que há tempos assola estados e municípios. Certamente um grande desafio para o Brasil.

Conclusões

O direito de acesso à água, além de reconhecido internacionalmente, é previsto indiretamente no texto constitucional, ao elencar, dentre os direitos sociais, o direito à saúde, sendo certo que o saneamento básico, além de essencial à subsistência, está diretamente relacionado com as políticas de saúde pública.

A Lei nº 11.445/07, que introduziu o marco regulatório do saneamento básico no Brasil e estabeleceu diretrizes para a prestação dos serviços de abastecimento de água e esgotamento sanitário, embora institua como princípio fundamental do serviço público de saneamento básico a universalização do acesso, prevê um número diminuto de regras sobre tarifa social e usuários de baixa renda.

Por sua vez, a novel Lei nº 14.026/2020, que promoveu profundas alterações no referido marco regulatório, também deixou de regulamentar de forma suficiente as questões atinentes aos beneficiários da tarifa social, não deixando o legislador claro, dentre outros aspectos, como serão obtidos os recursos para a expansão dos serviços nas localidades de baixa renda.

Ademais, é certo que a aludida lei foi bastante ousada e esbarrará na falta de recursos e dificuldade de implantação de redes para a expansão do serviço em locais em que já se possui uma arrecadação deficitária de tarifas. Via de regra, a população que mais necessita ser incorporada em um sistema que garanta abastecimento de água adequado e contínuo também não dispõe de recursos para custear a expansão de rede ou sua conexão.

As políticas públicas envolvidas nesta universalização do saneamento básico, especialmente de abastecimento de água, precisarão contar com diversos incentivos à iniciativa privada, metas claras, regulação eficiente e, provavelmente, de recursos públicos, como por meio do uso da parceria público-privada.

Resta saber se o Brasil terá finalmente políticas que sejam inclusivas em relação à sua população mais vulnerável, que merece, há muito tempo, um tratamento digno e que, sem o direcionamento estatal, será impossibilitado.

Referências

ABAR – Associação Brasileira das Agências de Regulação. Tarifa Social nas Companhias Estaduais de Saneamento e o Papel da Regulação. Publicação: dezembro de 2018. Disponível em: http://portalods.com.br/wp-content/uploads/2018/12/3.-Estudo-Tarifa--Social-ABAR-19-12.pdf. Acesso em: 20/08/2020.

Aguiar, Alex Moura de Souza; Moretti, Ricardo de Sousa; Silva, Edson Aparecido. A tarifa social e o direito humano à água e ao saneamento. Disponível em: https://ondasbrasil.org/a-tarifa-social-e-o-direito-humano-a-agua-e-ao-saneamento/#_ftn1. Acesso em: 20/08/2020.

BRASIL. Câmara dos Deputados. Projeto de Lei nº 9.543/2018. Cria a Tarifa Social de Água e Esgoto. Disponível em: https://www.camara.leg.br/proposicoesWeb/fichadetramitacao?idProp osicao=2167882

BRASIL. Fundação Nacional de Saúde. Manual de orientação para criação e organização de autarquias municipais de água e esgoto. 2ª Edição. Brasília: Funasa, 2003. Disponível em: http://www.funasa.gov.br/biblioteca-eletronica/publicacoes/engenharia-de-saude-publica/-/ass et_publisher/ZM23z1KP6s6q/content/criacao-e-organizacao-de-autarquias-municipais-de-agu a-e-esgoto?inheritRedirect=false

BRASIL. Lei nº 11.445, de 05 de janeiro de 2007. Estabelece as diretrizes nacionais para o saneamento básico. Disponível em: http://www.planalto.gov.br/ccivil_03/_ato2007-2010/2007/lei/l11445.htm

BRASIL. Lei nº 14.026, de 15 de julho de 2020. Atualiza o marco legal do saneamento básico. Disponível em: http://www.planalto.gov.br/ccivil_03/_Ato2019-2022/2020/Lei/L14026.htm

BRASIL. Ministério do Desenvolvimento Regional. Secretaria Nacional de Saneamento - SNS.

Sistema Nacional de Informações sobre Saneamento – SNIS: 24º Diagnóstico dos Serviços de Água e Esgotos – 2018. Brasília: SNS/MDR, 2019.

Castro, José Esteben; Heller, Leo; Morais, Maria da Piedade. O direito à água como política pública na América Latina: uma exploração teórica e empírica. Brasília: Ipea, 2015. Disponível em: https://www.ipea.gov.br/portal/images/stories/PDFs/livros/livros/150505_web_o_direito_a_agua.pdf. Acesso em: 20/08/2020.

Justen Filho, Marçal. Teoria Geral das Concessões de Serviço Público. São Paulo: Dialética, 2003, p. 376.

Pereira, Cesar A. Guimarães. Usuários de Serviços Públicos. 2ª Edição. São Paulo: Saraiva, 2008, p. 377.

UNITED NATIONS. United Nations General Assembly (UNGA). HumanRighttoWaterandSanitation. Geneva: UNGA; 2010. UN Document A/RES/64/292.

WORLD HEALTH ORGANIZATION (WHO). UN-water Global Analysisand Assessment ofSanitationandDrinking-Water (GLAAS). Investing in waterandsanitation: increasingaccess, reducinginequalities. Publication date: 2014. ISBN: 9789241508087.

3
Limites do Poder Normativo da Nova Agência Nacional de Águas e Saneamento Básico

Daniel Derenusson Kowarski

Introdução

O Brasil ainda está um tanto distante em relação à universalização do serviço público de saneamento básico. Em 2018, de acordo com o IBGE[1], 85,8% dos domicílios tinham como principal fonte de abastecimento a rede geral de distribuição, enquanto 66,3% dos domicílios possuíam rede geral de esgotamento sanitário ou fossa ligada à rede. Já de acordo com o Sistema Nacional de Informações sobre Saneamento (SNIS)[2], que coleta dados de quase a totalidade dos prestadores de serviço de abastecimento de água e de esgotamento sanitário, o índice de atendimento de abastecimento de água é de 83,6%, enquanto a coleta de esgoto corresponde a 53,2% do volume e o tratamento, a 46,3%.

Com a aprovação do Marco Legal do Saneamento em 2007, apesar de ter havido algum avanço na estrutura regulatória e no ambiente de inves-

[1] BRASIL. Instituto Brasileiro de Geografia E Estatística. *Pesquisa Nacional por Amostra de Domicílios Contínua.* Características gerais dos domicílios e dos moradores 2018. Disponível em: <https://biblioteca.ibge.gov.br/visualizacao/livros/liv101654_informativo.pdf>. Acesso em: 13 jul. 2020.

[2] BRASIL. Ministério do Desenvolvimento Regional. Sistema Nacional de Informações sobre o Saneamento. *24º Diagnóstico dos Serviços de Água e Esgotos – 2018.* Brasília: SNS/MDR, 2019 Disponível em: <http://www.snis.gov.br/downloads/diagnosticos/ae/2018/Diagnostico_AE2018.pdf>. Acesso em: 13 jul. 2020.

timentos, marcha até a universalização dos serviços de saneamento básico ainda tem sido lenta[34]. Um dos entraves para a universalização, que inibiria investimentos, seria a complexidade regulatória.Verifica-se uma diversidade de modelos regulatórios (municipal, microrregional e regional),uma heterogeneidade de entes reguladores (unisetorial e multisetorial)[5], unido a uma carência de um regramento nacional bem delimitado, o que implica no baixo grau de efetividade das normas, na insegurança jurídica e na elevação dos custos de transação.

Visando intensificar os investimentos no saneamento básico, foi editada a Lei 14.026, de 15 de julho de 2020, que atualiza o marco legal do saneamento básico, bem como altera outras legislações federais. O novo diploma busca, além de fomentar a competição no acesso aos contratos[6],

[3] De acordo com o SNIS, o índice de coleta de esgotos subiu apenas 10% em 10 anos (em 2008, o índice de coleta no Brasil era de 43,2% enquanto em 2018, o índice subiu para 53,2%). BRASIL. Ministério do Desenvolvimento Regional. Sistema Nacional de Informações sobre o Saneamento. *24º Diagnóstico dos Serviços de Água e Esgotos – 2018.* Brasília: SNS/MDR, 2019. Disponível em: <http://www.snis.gov.br/diagnostico-anual-agua-e-esgotos>. Acesso em: 20 jul. 2020.

[4] De acordo com um estudo publicado em 2018 pelo Centro de Estudos de Regulação e Infraestrutura da Fundação Getúlio Vargas, o *"Plansab (2013) prevê que o investimento necessário para alcançar a universalização de abastecimento de água potável e esgotamento sanitário até 2033 é de R$ 15 bilhões por ano. No entanto, a evolução do investimento ainda é insuficiente para fazer frente às necessidades do setor. Além disso, constata-se baixa efetividade nos investimentos realizados. Em estudo realizado pelo FGV CERI (2016), não se verificaram obras finalizadas com menos de três anos de contrato. Há sinalizações, também, de que os agentes privados conseguem entregar 100% dos contratos após oito anos de sua assinatura, enquanto no mesmo período o setor público conclui apenas 65% dos contratos sob sua responsabilidade"*. FUNDAÇÃO GETÚLIO VARGAS. Centro de Estudos de Regulação e Infraestrutura. *Regulação e infraestrutura: em busca de uma nova arquitetura.* Rio de Janeiro: 2018, p. 50. Disponível em: <http://hdl.handle.net/10438/24526>. Acesso em: 30 jul. 2020.

[5] FUNDAÇÃO GETÚLIO VARGAS. Centro de Estudos de Regulação e Infraestrutura. *Regulação e infraestrutura: em busca de uma nova arquitetura.* Rio de Janeiro: 2018, p. 16. Disponível em: <http://hdl.handle.net/10438/24526>. Acesso em: 30 jul. 2020.

[6] O regime do convênio de cooperação, celebrado entre o titular do serviço (Municípios ou Região Metropolitana) e outro ente federado (Estados), que autorizava a delegação, em conjunto com o contrato de programa, celebrado entre o titular do serviço e as Companhias Estaduais de Saneamento Básico (CESBS), que delegava sem licitação a prestação do serviço de abastecimento de água e de esgotamento sanitário, tornou-se vedado de acordo com a nova redação do art. 8º, II, da Lei nº 11.445/07. Agora, em razão da Lei 14.026/2020,o poder concedente pode prestar diretamente o serviço, seja diretamente, através de empresa pública municipal ou por meio de consórcio intermunicipais, assim como pode conceder o serviço, através de contrato de concessão de serviço público.

de trazer norma de acesso aos recursos federais, de estipular meta de universalização e de prever uma forma prestação regional do serviço, busca também uniformizar as regras do saneamento.

Destaca-se a inserção da Agência Nacional de Águas, agora denominada Agência Nacional de Águas e Saneamento Básico (ANA), como o novo regulador federal do saneamento básico. Caso o titular do serviço de saneamento básico tenha interesse em obter recursos federais, necessariamente deverá se submeter à regulação da ANA. Dessa forma, a ANA irá expedir normas de referência federais, visando estabelecer padrões de qualidade e eficiência, regulação tarifária dos serviços públicos de saneamento e padronização dos instrumentos negociais.

Desse modo, torna-se relevante avaliar o limite da função regulatória da ANA. Teriam as normas da ANA sobre saneamento básico um caráter *soft*, de mera orientação (divulgação de boas práticas, reunião de informações) para os reguladores locais, ou elas teriam uma atuação *hard*, de comando-controle, ou seja, de veto a determinadas proposições normativas de baixa qualidade? Caso tenha um caráter de *hard law*, traz questionamentos sobre a invasão de competência do regulador de outra entidade federativa, através de possível uso abusivo do *spending power*.

1. Modelo de regulação por agências reguladoras

No Brasil, o modelo de agências reguladoras foi importado na década de 1990, durante o governo do Presidente Fernando Henrique Cardoso, sob um contexto político, ideológico e econômico distinto do norte-americano, no bojo de um processo de privatizações e desestatizações, para garantir estabilidade e previsibilidade[7]. Tratava-se de uma tentativa de implementação de um Estado Administrativo.[8]

A regulação por agências contrapõe-se ao modelo clássico de regulação por processos. Na regulação por processos, típica do modelo francês, a atividade é regulada por meio de um contrato de longa duração, disciplinando obrigações e tarifas, em que o poder público edita as normas e o setor privado realiza a gestão de risco. Este modelo é criticado por (i) não possuir porte adequado para gerir e contratar os bens e serviços;

[7] Binenbojm, Gustavo. "Agências reguladoras independentes e democracia no Brasil.." In *Revista de Direito Administrativo*. Rio de Janeiro: FGV, 2005, Volume 240, p. 152.

[8] Guerra, Sergio. Estado Unitário. Separação de Poderes, Executivo Unitário e Estado Administrativo no Brasil. In *Revista Estudos Institucionais*, Vol. 3, 1, 2017 , p. 140-149.

(ii) carecer de especialização necessária para as tarefas regulatórias e fiscalizatórias (descentralização); e (iii) faltar transparência.[9]

Sustenta-se que o modelo de agência seria superior por (i) trazer independência e autonomia às ingerências políticas; (ii) assegurar os direitos de propriedade; (iii) descentralizar a regulação; (iv) garantir a especialização técnica; (v) ter flexibilidade necessária para enfrentar a crescente complexidade dos desafios regulatórios.[10]Entretanto, a estrutura das agências implica num custo elevado, sendo justificada nos casos de:

> "(i) investimentos em ativos específicos (o que aumenta o *sunk cost*); (ii) o alto grau de complexidade do mercado (o que demanda conhecimento especializado e estrutura para angariar informações); e (iii) acompanhamento governamental (para monitorar comportamentos oportunistas, entre outras possibilidades lesivas à sociedade, e editar sistematicamente regulações)."[11]

No Brasil, as agências reguladoras foram criadas sob a forma de autarquias, de regime especial, com grande independência administrativa. Foi conferido maior estabilidade, garantindo aos dirigentes mandato não coincidente com o do Chefe do Executivo, e independência, impossibilitando que as decisões da agência fossem alteradas pela Administração central, com a vedação do recurso hierárquico impróprio.[12] Os dirigentes só podem perder o cargo por meio de renúncia, sentença transitada em julgado ou processo administrativo, mediante contraditório e ampla defesa.

A atividade regulatória compreende um conjunto de intervenções estatais, principalmente sobre os agentes econômicos, e, portanto, o conjunto de condicionamentos jurídicos a que essas intervenções se sujeitam e de mecanismos jurídicos que essas intervenções geram.[13] Odete Meaduar afirma que a regulação abrange a edição de normas, a fiscalização do seu

[9] Ragazzo, Carlos Emmanuel Joppert. *Regulação Jurídica, Racionalidade Econômica e Saneamento Básico.* Rio de Janeiro: Renovar, 2011, 189.

[10] Ragazzo, Carlos Emmanuel Joppert. *Regulação Jurídica, Racionalidade Econômica e Saneamento Básico.* Rio de Janeiro: Renovar, 2011, p. 189-190.

[11] Ragazzo, Carlos Emmanuel Joppert. *Regulação Jurídica, Racionalidade Econômica e Saneamento Básico.* Rio de Janeiro: Renovar, 2011, p. 190-190.

[12] Oliveira, Rafael Carvalho Rezende. *Novo Perfil da Regulação Estatal. Administração Pública de Resultados e Análise de Impacto Regulatório.* Rio de Janeiro: Forense, 2015, livro Kindle, localização 3188-3238.

[13] Sundfeld, Carlos Ari. Direito público e regulação no Brasil. In *Regulação no Brasil: uma visão multidisciplinar.* (Sérgio Guerra – Organizador). Rio de Janeiro: FGV, 2014, p. 111-121

cumprimento, a atribuição de habilitações, a imposição de sanções e a mediação de conflitos.[14]

De acordo com Gustavo Binenbojm, os instrumentos regulatórios podem ser resumidos em três categorias: (i) a regulação por normas de comando e controle, que compreende regras correspondentes à estrutura normativa incidente sobre o comportamento regulado e faz uso do binômio prescrição-sanção; (ii) a regulação por normas de indução, ou regulação por incentivos, que opera por normas "prescrição-prêmio"[15]; e (iii) meios alternativos de realização de objetivos regulatórios, como, por exemplo, na utilização de estatais para adotar determinada atitude econômica, para influenciar o mercado e atingir o objetivo público almejado[16].

O pensamento predominante sustenta que a justificativa básica para a regulação estatal se dá em razão da ocorrência das falhas de mercado, que podem se sintetizadas nas seguintes ocorrências: (i) bens públicos[17]; (ii) externalidades[18]; (iii) mercados não competitivos[19] e (iv) informação assi-

[14] MEDAUAR, Odete. *Direito Administrativo em Evolução.* São Paulo: Editora Revista dos Tribunais, 2003, p. 256-258.

[15] Dentre os modelos de indução, é possível citar o "*yardstick competition*", onde o prêmio varia de acordo com o desempenho do regulado, segundo padrões estabelecidos; o "*benchmark regulation*", onde o regulado deve buscar os padrões de desempenho de uma firma eficiente hipotética; "*price cap*" (preço máximo), que estimula a eficiência, pois além de reduzir a tarifa para os consumidores, pode propiciar ganhos maiores ao regulado se for eficiente, devendo o regulador fiscalizar a qualidade do serviço prestado. BINEMBOJM, Gustavo. *Poder de Polícia, Ordenação e Regulação. Belo Horizonte*: Fórum, 2016, p. 166-168.

[16] A estatal pode atuar no mercado para influenciar o preço, a quantidade e a qualidade dos produtos e serviços oferecidos ao mercado.

[17] A característica do bem público de ser não rival (o consumo por um indivíduo não impede o consumo por outro) e não excludente (pessoas não pagam pelo bem ou serviço, chamados de *free riders*) faz "*com que ele seja subavaliado pelo consumidor*", o que geraria "*incentivo para que não seja provido na quantidade ótima (necessária), caso não existe intervenção estatal.*" RAGAZZO, Carlos Emmanuel Joppert. *Regulação Jurídica, Racionalidade Econômica e Saneamento Básico.* Rio de Janeiro: Renovar, 2011, p. 21.

[18] A externalidade corresponde a um efeito, que pode ser positivo ou negativo, causado a terceiros, resultando numa diferença entre as estruturas de custo e benefício privadas e sociais. Nesse caso, o Estado deve intervir para definir adequadamente os direitos de propriedade envolvidos, "*internalizando os custos resultantes das externalidades negativas*", ou fomentando os serviços que geram externalidades positivas. RAGAZZO, Carlos Emmanuel Joppert. *Regulação Jurídica, Racionalidade Econômica e Saneamento Básico.* Rio de Janeiro: Renovar, 2011, p. 23-24.

[19] Mercado não competitivo compreende a hipótese de monopólio natural como mercado cartelizado. Nessas hipóteses, como não ocorre o ótimo de Pareto, em razão da oferta menor de produtos oferecidos no mercado, havendo ocorrência do peso morto, ocorre a transferência

métrica[20]. Além disso, pode-se justificar a regulação em razão da escolha de determinados objetivos considerados relevantes no processo democrático, seja para a inibição de efeitos indesejáveis (degradação ambiental), seja para a promoção de efeitos desejáveis pelo mercado (higidez do meio ambiente).[21] Outros também mencionam que a regulação se justifica para a proteção de direitos humanos e a solidariedade social.[22] Também é possível citar que a regulação por agências visa, ao tornar as regras mais claras, reduzir os custos de transação.[23]

Entretanto, existem críticas ao modelo de regulação por agências. Um dos riscos de regulação por agências é o fenômeno da captura do regulador, quando a agência atende mais aos interesses das empresas reguladas do que dos usuários.[24] George Stigler, da Escola de Chicago, sustentou, em

do excedente do consumidor para o produtor, que passa a ter lucros monopolísticos. Em razão dessas duas estruturas, há uma reduzida oferta de produtos oferecidos ao mercado, ocorrendo uma transferência do excedente do consumidor para o produtor, na forma de lucros monopolísticos. No caso de monopólio natural, pode-se pensar a prestação direta da atividade por empresa pública, ou a regulação estatal da atividade prestada pelo particular. RAGAZZO, Carlos Emmanuel Joppert. *Regulação Jurídica, Racionalidade Econômica e Saneamento Básico.* Rio de Janeiro: Renovar, 2011. p. 21.

[20] A ausência de informações adequadas ao consumidor restringe sua capacidade de agir eficientemente, gerando problemas de risco moral (*moral hazard*) e/ou seleção adversa (*adverse selection*). O risco moral, que ocorre geralmente numa fase pós contratual, reflete a situação em que um indivíduo não consegue avaliar corretamente os efeitos negativos decorrentes das suas ações, justamente por estar de alguma forma insulado dos respectivos riscos. Já a seleção adversa, que ocorre geralmente na fase pré contratual, decorre de problemas de oportunismo numa fase pré-contratual, na qual a seleção adversa reflete resultados ineficientes advindos de informação assimétrica entre compradores e vendedores, o que aumenta a probabilidade de que produtos ou consumidores inadequados sejam solucionados. RAGAZZO, Carlos Emmanuel Joppert. *Regulação Jurídica, Racionalidade Econômica e Saneamento Básico.* Rio de Janeiro: Renovar, 2011, p. 27-30.

[21] BINEMBOJM, Gustavo. *Poder de Polícia, Ordenação e Regulação.* Belo Horizonte: Fórum, 2016, p. 176.

[22] BALDWIN, Robert; CAVE, Martin; LODGE, Martin. *Understanding Regulation.* Oxford: Oxford University Press, Second Edition, 2012, p. 22.

[23] MEDAUAR, Odete. *Direito Administrativo em Evolução.* São Paulo: Editora Revista dos Tribunais, 2003, p. 252.

[24] De acordo com Rafael Oliveira, "*em razão da ausência de interesse dos cidadãos ou pela impossibilidade de uma participação popular efetiva, as empresas reguladas influenciariam, de forma preponderante, a tomada de decisão regulatória.*" Alguns fatores "*podem contribuir para o agravamento da captura, como a intensa influência política, a assimetria de informação entre a agência reguladora e as empresas reguladas; a possibilidade de ex-dirigentes assumirem posição estratégica no setor regulado; excesso de*

artigo publicado em 1971, que a regulação é "conquistada" pela empresa, visando seu próprio benefício (controle de ingresso de rivais no setor, subsídios, fixação de preço, entre outras formas), impondo custos à sociedade.[25]

Outra crítica recorrente ao modelo de agência diz respeito à falta de legitimidade democrática em suas decisões, uma vez que os dirigentes não foram eleitos democraticamente. Para superar esse déficit democrático, foram criados mecanismos de controle, como audiências públicas e ampla possibilidade de participação popular.

Uma terceira crítica notável se dá em relação às questões políticas. Alguns sustentam que as agências devem se ater às questões técnicas, deixando os assuntos políticos para serem decididos pelos órgãos com maior legitimidade democrática.

2. Governança regulatória

Nos Estados Unidos, a partir do choque do petróleo na década de 1970 e em razão do excessivo número de regras regulatórias complexas e detalhadas, do *regulatory lag*, iniciou-se um movimento de desregulamentação. Enquanto o Brasil ainda não havia iniciado a regulação por agências, os Estados Unidos já verificavam que possuíam um excesso regulatório, que precisava ser racionalizado, de modo a tornar o controle da atividade privada mais eficiente e menos custoso.[26] Assim,durante a administração Reagan, num movimento de desregulamentação, foi editado o *Paperwork Reduction Act*, o qual determinou que as agências reguladoras pertencentes ao Poder Executivo deveriam passar a se reportar ao *Office of Information and Regulatory Affairs* – OIRA.[27]Dessa forma, como forma de trazer maior eficiência regulatória, passou a ser necessária a análise de custo-benefício,

cargos comissionados nas agências". OLIVEIRA, Rafael Carvalho Rezende. Novo Perfil da Regulação Estatal. Administração Pública de Resultados e Análise de Impacto Regulatório. Rio de Janeiro: Forense, 2015, livro Kindle, localização 3928-3934.

[25] GUERRA, Sergio. Estado Unitário. Separação de Poderes, Executivo Unitário e Estado Administrativo no Brasil. In *Revista Estudos Institucionais*, Vol. 3, 1, 2017, p. 139.

[26] GUERRA, Sergio. Estado Unitário.Separação de Poderes, Executivo Unitário e Estado Administrativo no Brasil. In *Revista Estudos Institucionais*, Vol. 3, 1, 2017, p. 139-140.

[27] Executive Order 12.291 (Reagan, 1982) determinou a análise de custo-benefício pelas agências reguladoras. Já a Executive Order 12.498 (Reagan, 1986) exigia que todas as agências reguladoras apresentassem Plano Regulatório Anual e utilizem os princípios da análise custo-benefício. RAMOS, Marcelo. "Governança regulatória: experiências e contribuições para uma melhor qualidade regulatória", in RAMALHO, Pedro Ivo. *Regulação e Agências Reguladoras:*

de modo a demonstrar o custo-efetividade[28]. Esse movimento visou criar um controle sobre o desenvolvimento das agências reguladoras, como forma de sanar as falhas regulatórias. Tratou-se de um movimento de governança regulatória, que visava diminuir as assimetrias informacionais e racionalizar a atividade estatal.[29]

Na Inglaterra também foi criada uma entidade de supervisão regulatória, visando avaliar a qualidade da regulação. Assim, a OCDE passou a expedir orientações sobre a formatação do controle da regulação, expedindo ainda uma carta de Princípios da Boa Governança Regulatória[30]. Tais princípios visam trazer parâmetros fundamentais para a boa prática regulatória, que em regra são concretizados através da Análise de Impacto Regulatório.

A OIRA pode ser classificada como uma *Regulatory Oversight Body* (ROB), que pode ser traduzida como unidade de supervisão regulatória, correspondendo a um "*órgão vinculado ao Poder Executivo (sede do Governo) encarregado de supervisionar a regulação em todo o Governo*". Teria as funções de:

Governança e Análise do Impacto Regulatório. Brasília: Agência Nacional de Vigilância Sanitária - Anvisa, 2009, p. 200-201.

[28] Baldwin, Robert; Cave, Martin; Lodge, Martin. *Understanding Regulation*. Oxford: Oxford University Press, Second Edition, 2012, p. 315-316.

[29] Oliveira, Rafael Carvalho Rezende. *Novo Perfil da Regulação Estatal. Administração Pública de Resultados e Análise de Impacto Regulatório*. Rio de Janeiro: Forense, 2015, localização 5533.

[30] Segue a lista de princípios da Boa Governança Regulatória da OCDE: "*(i) accountability – o governo é capaz de mostrar em que medida suas ações e decisões são consistentes com objetivos claramente definidos e legitimados. (ii) Transparência – ações, decisões e o próprio processo decisório governamental estão abertos a um nível apropriado de escrutínio por outras partes do governo, da sociedade civil e, em algumas ocasiões, por governos e instituições estrangeiros; (iii) Eficiencia/efetividade – o governo busca produzir serviços públicos de qualidade, ao menor custo, e zela para que o desempenho esteja de acordo com as intenções originais dos formuladores de política; (iv) Responsividade – o governo tem capacidade e flexibilidade para responder rapidamente às mudanças sociais, levando em conta as expectativas da sociedade civil para identificar o interesse público geral e disposto a reexaminar criticamente o papel do governo. (v) Visão de futuro – o governo é capaz de antecipar problemas futuros baseado em dados correntes e tendências e de elaborar políticas que levem em conta custos futuros e mudanças antecipadas – de ordem demográfica, econômica e ambiental, por exemplo. (vi) Império da lei – o governo aplica isonomicamente e de modo transparente leis, regulações e códigos.*" Jacobzone, S.; Choi, C.; Miguet, C. Indicators of regulatory management systems. OECD, 2007. (Working Papers on Public Governance), apud Ramos, Marcelo. "Governança regulatória: experiências e contribuições para uma melhor qualidade regulatória", in Ramalho, Pedro Ivo. *Regulação e Agências Reguladoras: Governança e Análise do Impacto Regulatório*. Brasília: Agência Nacional de Vigilância Sanitária - Anvisa, 2009, p 199.

"(i) coordenar e supervisionar a qualidade da atividade regulatória (por meio da AIR); questionar (*the challenge function*), para avaliar a qualidade regulatória, através da AIR, possibilitando o veto de normas de baixa qualidade; (iii) defender (*Advocacy*), de modo a proteger a continuidade das estratégias regulatórias de longo prazo; (iv) e assessorar as entidades regulatórias, fornecendo diretrizes detalhadas, treinamento contínuo e conhecimento específico, inclusive com apoio externo, se necessário".[31]

2. Saneamento básico e sua regulação

2.1. *Origem do modelo regulatório do saneamento básico*

Até a década 1970, a maioria dos serviços de saneamento básico estava vinculada ao poder local, sendo que em muitos casos, sequer havia individualização dos serviços. As tarifas eram embutidas nos impostos, dificultando a sustentabilidade econômico-financeira do serviço. Assim, com a predominância de soluções domiciliares, poucas captações, deficiência operacional, defasagem tecnológica,não atendimento de parcelas significativas da população, bem como o processo desenfreado de urbanização fomentou-se a procura de saídas para a prestação do serviço.[32]

Diante desse quadro, o Governo Federal lançou em 1971 o Plano Nacional de Saneamento Básico (PLANASA), que estimulou a criação das Companhias Estaduais de Saneamento Básico (CESBs) em todos os Estados da Federação, para fins de centralização da política pública em comento, que até então não possuía programas e sequer investimentos públicos e privados. O PLANASA tinha como objetivos a eliminação do déficit do setor de saneamento básico, a manutenção do equilíbrio entre demanda e oferta de bens e serviços, o atendimento de todas as cidades brasileiras, a instituição de uma política tarifária, a instituição de uma política de redução de custos operacionais em função de uma economia de escala e desenvolvimento de programas de pesquisa, treinamento e assistência técnica[33]. As companhas estaduais eram um elemento decisivo, pois deveriam garan-

[31] Ribeiro, Wladimir Antonio. Proposta para a criação de uma unidade de supervisão da regulação. In *PRO-REG: Contribuições para melhoria da qualidade da Regulação no Brasil* / Jadir Dias Proença (org) – Brasília : Semear Editora / Presidência da República, 2010, p. 48.

[32] Carvalho, Vinicius Marques de. Carvalho, Vinícios Marques de. *O Direito do Saneamento Básico*. Coleção Direito Econômico e Desenvolvimento, Volume 1. São Paulo: Quartier Latin, 2010, p. 110.

[33] FUNDAÇÃO GETÚLIO VARGAS. Plano Nacional de Saneamento – PLANASA – aspectos básicos. In ____________. Conjuntura Econômica, Vol. 28, 1974, p. 91. Disponível em:

tir a autossustentação tarifária, sendo estruturado em torno delas os subsídios cruzados.[34] Os municípios que quisessem obter recursos federais deveriam conceder o serviço de saneamento para as CESBs, as quais, por sua vez, delegavam ao Banco Nacional de Habitação a formulação geral da política pública[35]. Na prática, as CESBs funcionavam, de acordo com Carlos Ragazzo, "*como agente regulado e como regulador, pois além de operar os respectivos serviços, definiam tarifas, planejavam áreas e metas de expansão, entre outras funções*"[36].

Os recursos financeiros na esfera federal eram provenientes do Banco Nacional de Habitação – BNH[37], criado como autarquia federal em 1964 pela Lei nº 4.380/64 (art. 16), passando em 1967 a ser responsável pelo gerenciamento do Sistema Financeiro do Saneamento (SFS)[38] e, posteriormente, em 1969, é autorizado a utilizar recursos do Fundo de Garantia de Tempo de Serviço (FGTS). Sua atuação tinha uma vantagem, pois utilizava recursos da poupança privada, fora, portanto, do orçamento público.[39] Em 1971, é transformado em empresa pública federal, através da Lei

<http://bibliotecadigital.fgv.br/ojs/index.php/rce/article/download/69995/67524>. Acesso em: 12 ago. 2020.

[34] Através dos subsídios cruzados, os municípios mais avançados economicamente geram maiores receitas às CESBs, que podem financiar os investimentos nos municípios com poucos recursos financeiros e que geram menor quantidade de receita. CARVALHO, Vinicius Marques de. CARVALHO, Vinícios Marques de. *O Direito do Saneamento Básico*. Coleção Direito Econômico e Desenvolvimento, Volume 1. São Paulo: Quartier Latin, 2010, p. 109-120.

[35] Vinícios Marques de Carvalho ressalta que um dos motivos da centralização da política de saneamento era que os municípios "*faziam uso de política clientelista e paternalista em matéria tarifária, além da incapacidade técnica de seus recursos humanos e da ausência de infraestrutura institucional*". CARVALHO, Vinicius Marques de. CARVALHO, Vinícios Marques de. *O Direito do Saneamento Básico*. Coleção Direito Econômico e Desenvolvimento, Volume 1. São Paulo: Quartier Latin, 2010, p. 113-114.

[36] RAGAZZO, Carlos Emmanuel Joppert. *Regulação Jurídica, Racionalidade Econômica e Saneamento Básico*. Rio de Janeiro: Renovar, 2011, p. 289-290.

[37] FUNDAÇÃO GETÚLIO VARGAS. Plano Nacional de Saneamento – PLANASA – aspectos básicos. In ____________. Conjuntura Econômica, Vol. 28, 1974, p. 93. Disponível em: <http://bibliotecadigital.fgv.br/ojs/index.php/rce/article/download/69995/67524>. Acesso em: 12 ago. 2020.

[38] CARVALHO, Vinicius Marques de. CARVALHO, Vinícios Marques de. *O Direito do Saneamento Básico*. Coleção Direito Econômico e Desenvolvimento, Volume 1. São Paulo: Quartier Latin, 2010, p. 113.

[39] FUNDAÇÃO GETÚLIO VARGAS. Plano Nacional de Saneamento – PLANASA – aspectos básicos. In ____________. Conjuntura Econômica, Vol. 28, 1974, p. 93. Disponível em:

nº 5.762/71.[40][41]Em 1986, após a desestruturação do modelo financeiro, devido, dentre outros fatores, ao arrocho salarial e ao desemprego, reduziu-se os recursos do BNH, que vinham do FGTS. Dessa forma, o BNH foi extinto através do Decreto-Lei nº 2.291, transferindo suas atribuições para a Caixa Econômica Federal, sem que esta assumisse a herança regulatória do BNH.[42]

Apesar de o PLANASA ter sido bem sucedido em termos de expansão do serviço de abastecimento de água e, em grau menor, do serviço de esgotamento sanitário, a estagnação do setor, após o plano demonstrou a ausência de regulação adequada.[43] A falta de regulação fez surgir conflitos, o que trouxe incerteza jurídica e prejudicou investimentos, destacando-se como a principal disputa, a indefinição da titularidade do serviço.[44] A Constituição Federal de 1988 não definiu a titularidade, prevendo apenas: (i) compete à União instituir as diretrizes gerais para o saneamento básico (art. 21, XX); (i) compete comumente à União, aos Estados e aos Municípios promover a melhoria das condições de saneamento básico (art. 23, IX); (iii) compete aos Municípios os serviços públicos de interesse local (art. 30, V).

Visando trazer segurança jurídica ao setor de saneamento, foi editada a Lei 11.445/2007, que estabeleceu as diretrizes nacionais para o saneamento básico. O novo marco legal conceituou o saneamento básico e previu seus princípios básicos. Determinou também a necessidade de regulação segregada do prestador de serviço, assim como previu normas gerais sobre sis-

<http://bibliotecadigital.fgv.br/ojs/index.php/rce/article/download/69995/67524>. Acesso em: 12 ago. 2020.

[40] CARVALHO, Vinicius Marques de. CARVALHO, Vinícios Marques de. *O Direito do Saneamento Básico*. Coleção Direito Econômico e Desenvolvimento, Volume 1. São Paulo: Quartier Latin, 2010, p. 113.

[41] CAMATTA, Adriana Freitas Antunes. *Saneamento Básico: desafios na universalização*. Rio de Janeiro: Lumen Juris, 2015, p. 38.

[42] GROTTI, Dinorá Adelaide Musetti. A evolução jurídica do serviço de saneamento básico. In: DAL POZZO, Augusto Neves; OLIVEIRA, José Roberto Pimenta; BERTOCELLI, Rodrigo de Pinho. (Org.) *Tratado sobre o marco regulatório do saneamento básico no direito brasileiro*. São Paulo: Editora Contracorrente, 2017, p.114.

[43] RAGAZZO, Carlos Emmanuel Joppert. *Regulação Jurídica, Racionalidade Econômica e Saneamento Básico*. Rio de Janeiro: Renovar, 2011, p. 286.

[44] RAGAZZO, Carlos Emmanuel Joppert. *Regulação Jurídica, Racionalidade Econômica e Saneamento Básico*. Rio de Janeiro: Renovar, 2011, p. 287.

tema tarifário, necessidade de elaboração de plano de metas, entre outros dispositivos. Entretanto, esse diploma não delimitou a titularidade do serviço do saneamento.

A questão da titularidade foi definida apenas em 2013 pelo Supremo Tribunal Federal, estabelecendo que o serviço de saneamento básico é municipal, podendo ser exercida de forma isolada ou colegiada, caso inserido em uma região metropolitana por meio de uma lei complementar estadual[45]. O STF justificou a necessidade de segregação da titularidade para a região metropolitana em razão do alto custo do serviço, do monopólio natural do serviço, além da existência de várias etapas – como captação, tratamento, adução, reserva, distribuição de água e o recolhimento, condução e disposição final de esgoto – que comumente ultrapassam os limites territoriais de um município e indicam a existência de interesse comum do serviço de saneamento básico.

[45] *"Ação direta de inconstitucionalidade. Instituição de região metropolitana e competência para saneamento básico. Ação direta de inconstitucionalidade contra Lei Complementar n. 87/1997, Lei n. 2.869/1997 e Decreto n. 24.631/1998, todos do Estado do Rio de Janeiro, que instituem a Região Metropolitana do Rio de Janeiro e a Microrregião dos Lagos e transferem a titularidade do poder concedente para prestação de serviços públicos de interesse metropolitano ao Estado do Rio de Janeiro."(...)"4. Aglomerações urbanas e saneamento básico. O art. 23, IX, da Constituição Federal conferiu competência comum à União, aos estados e aos municípios para promover a melhoria das condições de saneamento básico. Nada obstante a competência municipal do poder concedente do serviço público de saneamento básico, o alto custo e o monopólio natural do serviço, além da existência de várias etapas – como captação, tratamento, adução, reserva, distribuição de água e o recolhimento, condução e disposição final de esgoto – que comumente ultrapassam os limites territoriais de um município, indicam a existência de interesse comum do serviço de saneamento básico. A função pública do saneamento básico frequentemente extrapola o interesse local e passa a ter natureza de interesse comum no caso de instituição de regiões metropolitanas, aglomerações urbanas e microrregiões, nos termos do art. 25, § 3º, da Constituição Federal. Para o adequado atendimento do interesse comum, a integração municipal do serviço de saneamento básico pode ocorrer tanto voluntariamente, por meio de gestão associada, empregando convênios de cooperação ou consórcios públicos, consoante o arts. 3º, II, e 24 da Lei Federal 11.445/2007 e o art. 241 da Constituição Federal, como compulsoriamente, nos termos em que prevista na lei complementar estadual que institui as aglomerações urbanas. A instituição de regiões metropolitanas, aglomerações urbanas ou microrregiões pode vincular a participação de municípios limítrofes, com o objetivo de executar e planejar a função pública do saneamento básico, seja para atender adequadamente às exigências de higiene e saúde pública, seja para dar viabilidade econômica e técnica aos municípios menos favorecidos. Repita-se que este caráter compulsório da integração metropolitana não esvazia a autonomia municipal. 5. (...)."* BRASIL. Supremo Tribunal Federal. Ação Direta de Inconstitucionalidade nº 1842, Relator: Min. Luiz Fux, Relator p/ Acórdão: Min. Gilmar Mendes, Tribunal Pleno, *Diário de Justiça*, 16 set. 2013.

No que concerne o sistema regulatório previsto pela Lei 11.445/07, a atividade regulatória poderia passar a ser realizada tanto pelo ente titular do serviço, no caso, os municípios ou a região metropolitana, como poderia ser delegada para uma outra entidade dentro do âmbito do respectivo Estado (art. 21, §1º, da Lei 11.445/07).

2.2. *Supervisão regulatória da Agência Nacional de Águas e Saneamento Básico e o limite de seu poder normativo*

Como os resultados do marco legal do saneamento não foram satisfatórios em relação à expansão do serviço, tanto no que concerne ao abastecimento de água como em relação ao esgotamento sanitário, começaram a surgir dúvidas sobre a eficiência do modelo regulatório inicialmente proposto. O Tribunal de Contas da União, ao realizar auditoria operacional destinada a avaliar as políticas e as ações federais relativas ao serviço de esgotamento sanitário no País, identificou falhas de boa governança, em razão de inexistência de instrumentos sistemáticos de articulação, comunicação e colaboração entre o Ministério das Cidades e os órgãos e instituições das demais entidades federativas que atuam no saneamento, como se pode observar no seguinte trecho:

> (...) falhas nas práticas de boa governança por parte do MCidades, na medida em que não existem mecanismos sistemáticos de articulação, comunicação e colaboração entre o ministério e os órgãos e instituições das três esferas governamentais que atuam no saneamento ambiental, constatando-se, dessa forma, a pouca cooperação técnica entre os agentes do setor, além de, em alguns casos, haver a sobreposição de competências e a pulverização de esforços. [46]

Considerando as dificuldades no avanço dos investimentos em saneamento, o Governo Federal desenvolveu estudos para o aprimoramento da regulação do setor. Assim, implementou o Programa de Desenvolvimento do Setor Água – Interáguas para melhor articulação e coordenação de ações no setor água. Segundo estudo elaborado pelo Interáguas, em 2015 existiam 49 reguladores de saneamento básico, compreendendo um universo de 3119 municípios. Esse estudo concluiu que existia um déficit no

[46] BRASIL. Tribunal de Contas da União. Acórdão nº 3180/2016. Plenário. Relator: Ministro-Substituto André Luís de Carvalho. Sessão de 07/12/2016.

cumprimento do programa normativo reservado pela Lei 11.445/07 aos entes reguladores, uma vez que mais de 2000 municípios não estavam sendo regulados. Entendeu também que havia uma insuficiente atividade normativa dos entes reguladores, que não conseguiam editar todas as normas previstas pela Lei 11.445/07 ou que, em muitos casos, não disciplinavam todo o conteúdo previsto como obrigatório.[47] Esse estudo, então, propôs a criação de uma entidade de supervisão regulatória para dar maior segurança ao setor de saneamento, com a "*incumbência de coordenar, acompanhar e avaliar temas relacionados à regulação de um ou mais setores, mas não se substitui à atividade dos entes reguladores, não havendo que se falar em hierarquia, mas em cooperação*".[48]

[47] BRASIL. Ministério das Cidades. Série "Apoio e acompanhamento da regulação do saneamento básico". *Relatório II – Sistematização de experiências de regulação e fiscalização nacionais e internacionais Parte II: Levantamento e cadastro de normas de regulação existentes*. Brasília, out. 2015, p. 122. Disponível em: <https://www.mdr.gov.br/images/stories/ArquivosSNSA/Arquivos_PDF/regulacao/relatorio2/serie_regulacao_relatorio_II_vf.pdf>. Acesso em: 26 jul. 2020.

[48] Em relação à criação de uma entidade de supervisão regulatória, o estudo encomendado pelo Ministério das Cidades expôs o seguinte: "*Inicialmente, a entidade de supervisão poderá **definir orientações, inclusive sob a forma de boas práticas e de normas de referência (soft law)**, atuando (i) na defesa regulatória, emitindo recomendações para a manutenção da fidelidade aos escopos de políticas setoriais de longa duração; (ii) na indução da uniformidade normativa, de modo que quem se afastar do padrão será exceção, tendo que justificar sua postura; e (iii) na promoção do aumento da qualidade técnica, a partir de orientações mais embasadas. Em segundo lugar, uma importante contribuição das entidades de supervisão é a **avaliação da qualidade das normas de regulação**, especialmente por meio de Análise de Impacto Regulatório (AIR), que permite estimar os prováveis benefícios, custos e efeitos decorrentes da alteração da regulação vigente ou da criação de novas normas e também pode contribuir no momento da elaboração das normas, trazendo informações anteriormente não conhecidas nem pela sociedade, nem pelos órgãos de controle. Em terceiro, também é relevante mencionar que a entidade de supervisão pode desenvolver **atividades de apoio aos entes reguladores, oferecendo programas de treinamento de pessoal e assistência técnica**, o que, consequentemente, acaba por contribuir para uma uniformização da atuação destes entes. Em quarto lugar, temos uma função de fundamental importância, que se constitui na **organização e na manutenção de um sistema de informações de interesse regulatório**, permitindo publicidade e transparência de dados não apenas à população, mas também a outros entes reguladores, o que permite a cooperação e contribui novamente para a uniformização. Por fim, a supervisão regulatória também desempenha uma melhor **coordenação da regulação de entidades diferentes**, contribuindo, mais uma vez, para que seja atingida a meta de uniformização da atuação dos entes reguladores, por meio do fomento ao diálogo entre eles, com a criação de agendas conjuntas, e através da análise global de suas regulações e das interrelações existentes. Por fim, a supervisão regulatória também desempenha uma melhor coordenação da regulação de entidades diferentes, contribuindo, mais uma vez, para que seja atingida a meta de uniformização da atuação dos entes reguladores, por meio do fomento ao diálogo entre eles, com a criação de agendas conjuntas, e através da análise global de suas regulações e*

Visando aperfeiçoar a Lei 11.445/07, foi editada a Medida Provisória nº 844/2018, com o objetivo de atualizar o marco do saneamento, bem como atribuir à ANA a competência para edição de normas de referência. O objetivo seria garantir maior segurança jurídica aos investimentos no setor de saneamento básico e aperfeiçoar a legislação de gestão dos recursos hídricos e de saneamento básico, assim como a interação entre as políticas públicas dessas duas áreas. Observou-se uma baixa capacidade regulatória, que afetaria negativamente a eficiência e desenvolvimento do setor, ao influenciar os preços de forma inadequada, bem como a falta de padronização regulatória, que elevariam os custos de transação.[49]

Como a Medida Provisória nº 844/2018 não foi aprovada, encerrou-se sua vigência em 19/11/2018 e o Presidente da República editou a Medida Provisória nº 868/2018, com o mesmo teor da anterior. Ocorre que esta nova medida provisória, por não ter sido aprovada pelo Congresso Nacional, também perdeu a vigência em 03/06/2019.

Desta forma, a Presidência da República encaminhou o Projeto de Lei 4.162/2019, que sofreu algumas alterações pelo Congresso Nacional, dando origem à Lei Federal nº 14.026/2020. Este novo diploma legal atualiza o marco legal do saneamento básico, alargando a competência ANA, que passou a ser denominada Agência Nacional de Águas e Saneamento Básico. O objetivo desta expansão da competência da ANA foi nacionalizar a regulação do setor de saneamento básico. A partir do novo marco, a ANA se tornou uma agência multisetorial, regulando não apenas os recursos hídricos.

Inicialmente, a antiga Agência Nacional de Águas (ANA) fora criada através da Lei 9.984/2000 para cumprir os objetivos e diretrizes da Lei de Águas do Brasil (Lei 9.433/1997). Dessa forma, a antiga ANA deveria basicamente implementar a Política Nacional de Recursos Hídricos e coordenar o Sistema Nacional de Gerenciamento de Recursos Hídricos.[50]

das interrelações existentes." BRASIL. Ministério das Cidades. Série "Apoio e acompanhamento da regulação do saneamento básico". *Relatório III – Sistematização de experiências de regulação e fiscalização nacionais e internacionais. Parte III: Avaliação das experiências.* Brasília: fev. 2016, p. 6. Disponível em: <https://www.mdr.gov.br/images/stories/ArquivosSNSA/Arquivos_PDF/regulacao/relatorio3/serie_regulacao_relatorio_III_vf.pdf>. Acesso em: 26 jul. 2020.

[49] BRASIL. Ministério das Cidades. Exposição de Motivos da Medida Provisória nº 844/2018. Disponível em: <http://www.planalto.gov.br/ccivil_03/_Ato2015-2018/2018/Exm/Exm-MP-844-18.pdf>. Acesso em: 30 jul. 2020.

[50] ARAGÃO, Alexandre Santos de. *Agências reguladoras: e a evolução do direito administrativo econômico.* Rio de Janeiro: Forense, 2002, p. 281-282.

Com a nova Lei 14.026/2020, que acrescentou à Lei nº 9.984/2000 o art. 4º-A, a Agência Nacional de Águas e Saneamento (ANA) passou a ter a competência de instituir normas de referência sobre diversos temas afetos ao saneamento: regulação tarifária, padronização dos instrumentos negociais, metas de universalização, contabilidade regulatória, controle de perdas, indenização de investimentos não amortizados, governança, reuso de efluentes, conteúdo mínimo para a sustentabilidade econômico-financeira[51].

Observa-se primeiramente que com essa nova atribuição, a ANA passa a ter uma amplíssima competência regulatória, tendo capacidade para editar normas sobre os todos os principais temas do saneamento básico.

Conforme visto anteriormente, o movimento de inserção da ANA, para regular em nível federal o saneamento, teria como fundamento o modelo de supervisão regulatória, denominado *Regulatory Oversight Body* (ROB). O estudo promovido pelo Interáguas visava criar um órgão ou entidade federal para atuar como supervisor regulatório, como forma de: (i) propor boas práticas regulatórias (*soft law*); (ii) avaliar a regulação local, especialmente por meio de análise de impacto regulatório (AIR); (iii) assessorar os

[51] I – padrões de qualidade e eficiência na prestação, na manutenção e na operação dos sistemas de saneamento básico; II – regulação tarifária dos serviços públicos de saneamento básico, com vistas a promover a prestação adequada, o uso racional de recursos naturais, o equilíbrio econômico-financeiro e a universalização do acesso ao saneamento básico; III – padronização dos instrumentos negociais de prestação de serviços públicos de saneamento básico firmados entre o titular do serviço público e o delegatário, os quais contemplarão metas de qualidade, eficiência e ampliação da cobertura dos serviços, bem como especificação da matriz de riscos e dos mecanismos de manutenção do equilíbrio econômico-financeiro das atividades; IV – metas de universalização dos serviços públicos de saneamento básico para concessões que considerem, entre outras condições, o nível de cobertura de serviço existente, a viabilidade econômico-financeira da expansão da prestação do serviço e o número de Municípios atendidos; V – critérios para a contabilidade regulatória; VI – redução progressiva e controle da perda de água; VII – metodologia de cálculo de indenizações devidas em razão dos investimentos realizados e ainda não amortizados ou depreciados; VIII – governança das entidades reguladoras, conforme princípios estabelecidos no art. 21 da Lei nº 11.445, de 5 de janeiro de 2007; IX – reúso dos efluentes sanitários tratados, em conformidade com as normas ambientais e de saúde pública; X – parâmetros para determinação de caducidade na prestação dos serviços públicos de saneamento básico; XI – normas e metas de substituição do sistema unitário pelo sistema separador absoluto de tratamento de efluentes; XII – sistema de avaliação do cumprimento de metas de ampliação e universalização da cobertura dos serviços públicos de saneamento básico; XIII – conteúdo mínimo para a prestação universalizada e para a sustentabilidade econômico-financeira dos serviços públicos de saneamento básico.

reguladores locais em questões técnicas, realizando treinamento e assessoramento; (iv) manutenção de um sistema de informações sobre saneamento; e, por fim, (v) realizar uma coordenação regulatória.

Nessa nova configuração, o titular do serviço de saneamento básico e o regulador local somente estarão submetidos às normas de referência da ANA se o titular tiver interesse na obtenção de recursos federais. As exigências para a obtenção de recursos do orçamento da União ou de suas entidades da administração indireta estão disciplinadas no art. 50 da Lei 11.445/07, que passou a prever nove requisitos para a concessão dos recursos[52]. Trata-se do denominado *spending power*, correspondendo ao poder da União de impor determinada condição para acessar recursos federais, de forma a impelir os demais entes federados a adotar determinada conduta ou aquiescer a seguir certa norma, sem violar a autonomia do ente federado, de forma a obter, assim, atuação harmônica federativa.[53]

Afinal, a inserção da ANA como reguladora nacional do saneamento significa que as regras de referência a serem expedidas serão obrigatórias

[52] Art. 50. A alocação de recursos públicos federais e os financiamentos com recursos da União ou com recursos geridos ou operados por órgãos ou entidades da União serão feitos em conformidade com as diretrizes e objetivos estabelecidos nos arts. 48 e 49 desta Lei e com os planos de saneamento básico e condicionados:I – ao alcance de índices mínimos de:a) desempenho do prestador na gestão técnica, econômica e financeira dos serviços; b) eficiência e eficácia na prestação dos serviços públicos de saneamento básico;II – à operação adequada e à manutenção dos empreendimentos anteriormente financiados com os recursos mencionados no caput deste artigo; III – à observância das normas de referência para a regulação da prestação dos serviços públicos de saneamento básico expedidas pela ANA;IV – ao cumprimento de índice de perda de água na distribuição, conforme definido em ato do Ministro de Estado do Desenvolvimento Regional; V – ao fornecimento de informações atualizadas para o Sinisa, conforme critérios, métodos e periodicidade estabelecidos pelo Ministério do Desenvolvimento Regional; VI – à regularidade da operação a ser financiada, nos termos do inciso XIII do caput do art. 3º desta Lei; VII – à estruturação de prestação regionalizada; VIII – à adesão pelos titulares dos serviços públicos de saneamento básico à estrutura de governança correspondente em até 180 (cento e oitenta) dias contados de sua instituição, nos casos de unidade regional de saneamento básico, blocos de referência e gestão associada; e IX – à constituição da entidade de governança federativa no prazo estabelecido no inciso VIII do caput deste artigo.

[53] BRASIL. Ministério das Cidades. Série "Apoio e acompanhamento da regulação do saneamento básico". *Relatório I – Sistematização de experiências de regulação e fiscalização nacionais e internacionais – Parte I: Caracterização das experiências, descrição qualitativa e quantitativa.* Brasília, Julho de 2015, p. 14-18. Disponível em: <https://www.mdr.gov.br/images/stories/ArquivosSNSA/Arquivos_PDF/regulacao/relatorioI/serie_regulacao_relatorio_I_vf.pdf>. Acesso em: 26 jul. 2020.

para as agências reguladoras locais ou regionais (*hard law*), ou serão apenas parâmetros para influenciar na escolha regulatória destes reguladores locais (*soft law*)?

Chama atenção o art. 50, III, o qual dispõe que, para a concessão dos recursos federais, deve observar as normas de referência para a regulação da prestação dos serviços públicos de saneamento básico expedidas pela ANA.

Através do art. 50, VI, da Lei 11.445/07, condiciona-se a análise da regularidade da operação a ser financiada, analisando se é observado integralmente as disposições constitucionais, legais e contratuais relativas ao exercício da titularidade e à contratação, prestação e regulação dos serviços. Ou seja, a União e suas entidades deverão analisar na concessão do financiamento a regularidade relativa ao exercício da titularidade, da contratação dos serviços (seja por meio de consórcio público ou por meio de concessão do serviço) e até mesmo da própria regulação.

Um relevante ponto a se considerar é que a maior parte dos Municípios do Brasil tem um orçamento extremamente deficitário e dificilmente terão condições de arcar sozinhos com elevados investimentos em saneamento. Pode-se afirmar que esses Municípios passam a estar "coagidos" a aceitar as regras regulatórias da ANA. Assim, a ANApassa a ser na prática um regulador federal do saneamento, tendo a possibilidade de expedir normas sobre os principais assuntos do saneamento básico.

A própria expressão"norma de referência"já traz uma conotação de poder, de obrigatoriedade, pois caso tivesse a pretensão de não ser vinculativa, poder-se-ia utilizar outra expressão, como "orientações" ou "diretrizes" (*guidelines*).

Pode-se observar que o Art. 4-B[54]da Lei 14.026/2020 dá a entender que a ANA teria o *spending power* de escolher, podendo exercer coerção, através de ameaça de suspensão do repasse de recursos federais, sobre a adoção ou não das normas de referência. O próprio art. 4º, §1º[55], confirmaria

[54] "Art. 4º-B. A ANA manterá atualizada e disponível, em seu sítio eletrônico, a relação das entidades reguladoras e fiscalizadoras que adotam as normas de referência nacionais para a regulação dos serviços públicos de saneamento básico, com vistas a viabilizar o acesso aos recursos públicos federais ou a contratação de financiamentos com recursos da União ou com recursos geridos ou operados por órgãos ou entidades da administração pública federal, nos termos do art. 50 da Lei nº 11.445, de 5 de janeiro de 2007.

[55] § 1º A ANA disciplinará, por meio de ato normativo, os requisitos e os procedimentos a serem observados pelas entidades encarregadas da regulação e da fiscalização dos serviços públicos

essa tese, uma vez que a própria ANA disciplinara os requisitos e os procedimentos a serem observados pelas entidades encarregadas da regulação e da fiscalização dos serviços públicos de saneamento básico, para a comprovação da adoção das normas regulatórias de referência. Ou seja, se não comprovarem a adoção das normas de referência, mesmo que num prazo alongado, a ANA poderia se manifestar contrariamente ao prosseguimento dos repasses federais.

No mesmo sentido é o disposto no art. 4º, §2º[56], ao mencionar que a verificação da adoção das normas de referência ocorrerá periodicamente e "*será obrigatória no momento da contrataçãodos financiamentos com recursos da União ou com recursos geridos ou operados por órgãos ou entidades da administração pública federal*". Dando mais azo a esse entendimento, o novo art. 3º da Lei 10.768/2003[57] prevê que é atribuição do cargo de Especialista em Regulação de Recursos Hídricos e Saneamento básico, a regulação, outorga, inspeção, fiscalização e controle da prestação dos serviços públicos na área de saneamento básico.

O que se verifica é que houve uma federalização da regulação do saneamento básico, com um aparente caráter vinculativo (*hard law*), uma vez que na prática os titulares, ao aceitarem os recursos federais, serão obrigados a se curvar à regulação federal. Ao assumir o caráter vinculativo, torna-se, assim, oportuno apontar possíveis interpretações adequadas.

Importante observar que essa forma de *spending power* pode levantar discussão quanto à afronta ao pacto federativo, uma vez que a União não poderia utilizar sua prerrogativa orçamentária de forma a impor sua von-

de saneamento básico, para a comprovação da adoção das normas regulatórias de referência, que poderá ser gradual, de modo a preservar as expectativas e os direitos decorrentes das normas a serem substituídas e a propiciar a adequada preparação das entidades reguladoras.

56 § 2º A verificação da adoção das normas de referência nacionais para a regulação da prestação dos serviços públicos de saneamento básico estabelecidas pela ANA ocorrerá periodicamente e será obrigatória no momento da contratação dos financiamentos com recursos da União ou com recursos geridos ou operados por órgãos ou entidades da administração pública federal."

57 Art. 3º É atribuição do cargo de Especialista em Regulação de Recursos Hídricos e Saneamento Básico o exercício de atividades de nível superior de elevada complexidade relativas à gestão de recursos hídricos, que envolvam:
I – regulação, outorga, inspeção, fiscalização e controle do uso de recursos hídricos e da prestação de serviços públicos na área de saneamento básico;
II – elaboração de normas de referência para a regulação do uso de recursos hídricos e da prestação dos serviços públicos de saneamento básico;

tade a outro ente federativo, que possui autonomia garantida diretamente pela Constituição Federal.[58][59]

Considerando que os Municípios sejam obrigados a aceitar as normas da ANA, esta passa a ser de fato um regulador federal do saneamento, passando a editar normas sobre os principais assuntos do saneamento básico.

Como a União tem o poder de instituir as diretrizes gerais para o saneamento básico (art. 21, XX, da Constituição Federal), seria possível considerar que a ANA apenas poderia expedir normas gerais de referência. Assim, caberia ao regulador local ter uma margem de manobra para regular questões locais específicas. Considerando que o Brasil possui mais de 5500 Municípios, certamente a realidade local deve ser considerada, pois não há como equiparar a realidade do Município de São Paulo com a do Município de Serra da Saudade (menor Município do Brasil). A princípio, seria interessante que a própria agência federal procurasse exercer o seu poder normativo com autocontenção, de modo a possibilitar que o regulador local possa exercer o seu poder normativo com certa autonomia, a fim de tratar das idiossincrasias locais. Trata-se de ter visão pragmática, de busca da eficiência e de diminuição de custos de transação. Ademais, dar maior autonomia ao regulador local, controlando apenas para que atinja um nível satisfatório de capacidade institucional, é relevante pois a população local é que tem a possibilidade de questionar os serviços públicos. Um desenho extremamente centralizado pode não ser capaz de mitigar todos os possíveis conflitos. É possível mencionar que o novo art. 4º-A, §3º, da Lei 9.984/00 tem previsão nesse46 sentido.

Entretanto, existe um risco de conflito entre a ANA e as entidades regulatórias locais sobre a extensão do poder normativo da agência fede-

[58] O Partido Democrático Trabalhista (PDT) ajuizou uma ação direta de inconstitucionalidade contra a Lei 14.026/2020. Em relação à regulação da ANA, o PDT sustenta que há violação do pacto federativo, pois estar-se-ia obrigando os Municípios a aceitarem as regras da ANA, que seriam de competência dos Municípios, utilizando-se do subterfúgio de classificá-las como normas de referência.(BRASIL, Supremo Tribunal Federal,Ação Direta de Inconstitucionalidade nº 6492, Rel. Min. Luiz Fux).

[59] Também foi proposta outra ação direta de inconstitucionalidade por um conjunto de partidos políticos (PCdoB, PSol, PSB e PT) contra a Lei 14.026/2020, sustentando também, dentro outros pontos, a violação à autonomia federativa, em razão da formatação do *spending power* desenhado no novo marco legal do saneamento, que estaria coagindo os Municípios a se curvarem às normas a serem impostas pela ANA. (BRASIL, Supremo Tribunal Federal, Ação Direta de Inconstitucionalidade nº 6536, Rel. Min. Luiz Fux)

ral. Caso a agência reguladora local adote uma norma que contrarie frontalmente uma norma da ANA, qual seria a solução?

Poder-se-ia aventar como solução a ação arbitral, novidade prevista no art. 4º-A, §5º, da Lei nº 9.984/00, para os conflitos que envolvam titulares, agências reguladoras ou prestadores de serviços públicos de saneamento básico. Trata-se de uma solução consensual inovadora, denominada por alguns como arbitramento de interesses, que visa resolver um conflito administrativo em última instância. Essa forma de composição de conflito não se confunde com a arbitragem da Leiº 9.307/96. Contudo, num eventual conflito entre a ANA e o regulador local sobre determinadas questões regulatórias, a inserção da ANA como mediadora deste conflito não parece ser uma solução mais engenhosa, subsistindo um relevante risco de judicialização dos embates regulatórios.

Há de se ressaltar que o risco de judicialização dessa questão não seria recomendável, uma vez que o Poder Judiciário pode não ser capaz de solucionar tal conflito de maneira harmoniosa. Há um movimento na doutrina e na jurisprudência sobre que as questões técnicas das entidades reguladoras sejam decididas pela própria agência, tratando-se de um tema afeto à reserva de regulação[60]. Desse modo, poderia ser possível considerar que a própria agência federal poderia ser capaz de mitigar tal conflito internamente, num processo menos custoso e com maior possibilidade de solução técnica adequada, com maior segurança jurídica.

[60] De acordo com Francisco José Defanti Fonseca, *"assim como a reserva de administração, a reserva de regulação envolve a existência de certos espaços de competência decisória exclusivos do regulador. Embora seja uma espécie de reserva administrativa, a reserva regulatória é mais complexa por duas razões: (i) (...) a regulação pressupõe uma pluralidade de funções e instrumentos a cargo do regulador, muito mais complexos do que as ferramentas clássicas da burocracia administrativa tradicional, o que abarca até mesmo a função normativa; e (ii) por conta da elevada complexidade dos setores reguladores (e especialmente para reduzir a assimetria de informação existente entre regulador e regulado, como se verá adiante), as entidades reguladoras precisam de uma autonomia maior do que as entidades típicas da estrutura administrativa piramidal. A reserva de regulação (...) se justifica como uma forma de separar (ou ao menos tentar separar) as variáveis políticas das variáveis técnicas. Essa noção se extrai de uma necessária releitura do princípio da separação de poderes (em sua concepção clássica). Segundo André Rodrigues Cyrino, "uma concepção moderna de separação de Poderes deve estar ligada à existência de órgãos profissionalizados insulados, em maior ou menor grau, da política." Nessa linha, "os políticos devem se preocupar com a configuração de valores básicos da sociedade e não com a implementação das normas, a qual depende de considerações e análise multifacetadas – geralmente de pouco apelo eleitoral – de conteúdo técnico."* FONSECA, Francisco José Defanti. *Reserva de regulação da Administração Pública*, in GUERRA, Sérgio (org.). Teoria do Estado Regulador. Curitiba: Juruá, 2016. v. II. p. 131-162

Conclusões

Verifica-se que o novo marco legal do saneamento inseriu a ANA como o regulador federal do saneamento básico, ao prever que poderá instituir normas de referência sobre todos os principais assuntos de saneamento básico. A amplitude da competência conferida à ANA é tão grande que poderá, a princípio, regular todo o setor de saneamento básico. Como os Municípios brasileiros em geral carecem de recursos, é de se imaginar que estejam praticamente obrigados a aceitar os novos regramentos da ANA, o que pode levar a questionamentos sobre a constitucionalidade desta "imposição".

A questão que se coloca é o nível de regulação a qual ela pode expedir. Foi observado que a nova legislação conferiu um poder normativo vinculante às novas agências locais. Como a União já pode editar normas gerais sobre saneamento básico, poder-se-ia entender que as normas de referência da ANA teriam a característica de normas gerais.

Sustentou-se que deve ser conferido uma deferência à própria ANA para delimitar sua atuação como reguladora, sem que o Judiciário ingresse nessa discussão. A ANA, através de sua expertise técnica, expediria normas vinculativas gerais, liberando espaço para que os reguladores locais preencham os espaços normativos com normas mais específicas para as realidades locais. A judicialização de um possível conflito de competências pode levar a aumentar a insegurança jurídica do setor e contribuir para a manutenção da ainda precária realidade do saneamento básico no país.

Referências

Aragão, Alexandre Santos de. *Direito dos serviços públicos*. Belo Horizonte: Fórum, 2017, Edição Kindle.

Aragão, Alexandre Santos de. *Agências reguladoras: e a evolução do direito administrativo econômico*. Rio de Janeiro: Forense, 2002.

Baldwin, Robert; Cave, Martin; Lodge, Martin. *Understanding Regulation*. Oxford: Oxford University Press, Second Edition, 2012.

Binembojm, Gustavo. *Poder de Polícia, Ordenação e Regulação*. Belo Horizonte: Fórum, 2016

________, Gustavo. "Agências reguladoras independentes e democracia no Brasil." In *Revista de Direito Administrativo*. Rio de Janeiro: FGV, 2005, Volume 240.

BRASIL. Fundação Nacional De Saúde. *Manual de Saneamento*. Brasília: Fundação Nacional de Saúde. 2007, p. 11. Disponível em: <https://wp.ufpel.edu.br/ccz/files/2016/03/FUNASA-MANUAL-SANEAMENTO.pdf>. Acesso em: 20 jul. 2020.

________. IBGE. *Pesquisa Nacional por Amostra de Domicílios Contínua.* Características gerais dos domicílios e dos moradores 2018. Disponível em: <https://biblioteca.ibge.gov.br/visualizacao/livros/liv101654_informativo.pdf>. Acesso em: 13 jul. 2020.

________. Ministério das Cidades. *Exposição de Motivos da Medida Provisória nº 844/2018.* Disponível em: <http://www.planalto.gov.br/ccivil_03/_Ato2015-2018/2018/Exm/Exm-MP-844-18.pdf>. Acesso em: 30 jul. 2020.

________. Ministério das Cidades. Série "Apoio e acompanhamento da regulação do saneamento básico". *Relatório I – Sistematização de experiências de regulação e fiscalização nacionais e internacionais – Parte I: Caracterização das experiências, descrição qualitativa e quantitativa.* Brasília, Julho de 2015. Disponível em: <https://www.mdr.gov.br/images/stories/ArquivosSNSA/Arquivos_PDF/regulacao/relatorio1/serie_regulacao_relatorio_I_vf.pdf>. Acesso em: 26 jul. 2020.

________. Ministério das Cidades. Série "Apoio e acompanhamento da regulação do saneamento básico". *Relatório II – Sistematização de experiências de regulação e fiscalização nacionais e internacionais Parte II: Levantamento e cadastro de normas de regulação existentes.* Disponível em: <https://www.mdr.gov.br/images/stories/ArquivosSNSA/Arquivos_PDF/regulacao/relatorio2/serie_regulacao_relatorio_II_vf.pdf>. Acesso em: 26 jul. 2020.

________. Ministério das Cidades. Série "Apoio e acompanhamento da regulação do saneamento básico". *Relatório III – Sistematização de experiências de regulação e fiscalização nacionais e internacionais.* Brasília: fev. 2016. Disponível em: <https://www.mdr.gov.br/images/stories/ArquivosSNSA/Arquivos_PDF/regulacao/relatorio3/serie_regulacao_relatorio_III_vf.pdf>. Acesso em: 26 jul. 2020.

________. Ministério do Desenvolvimento Regional. Sistema Nacional de Informações sobre o Saneamento. *24º Diagnóstico dos Serviços de Água e Esgotos – 2018.* Brasília: SNS/MDR, 2019 Disponível em: <http://www.snis.gov.br/downloads/diagnosticos/ae/2018/Diagnostico_AE2018.pdf>. Acesso em: 13 jul. 2020.

________. Supremo Tribunal Federal. Ação Direta de Inconstitucionalidade nº 1842, Relator: Min. Luiz Fux, Relator p/ Acórdão: Min. Gilmar Mendes, Tribunal Pleno, *Diário de Justiça*, 16 set. 2013.

________. Tribunal de Contas da União. Acórdão nº 3180/2016. Processo 017.507/2015-4. Plenário. Relator: Ministro-Substituto André Luís de Carvalho. Sessão de 07/12/2016.

Camatta, Adriana Freitas Antunes. *Saneamento Básico: desafios na universalização.* Rio de Janeiro: Lumen Juris, 2015.

Carvalho, Vinícios Marques de. *O Direito do Saneamento Básico.* Coleção Direito Econômico e Desenvolvimento, Volume 1. São Paulo: Quartier Latin, 2010.

Da Silva, Cintia; Mandarino, Luca Moura. O Saneamento Básico e a Dogmática dos Direitos Fundamentais In Saddy, André; Chauvet, Rodrigo da Fonseca (Org.) *Aspectos Jurídicos do Saneamento Básico.* Rio de Janeiro: Lumen Juris, 2017.

Fonseca, Francisco José Defanti. *Reserva de regulação da Administração Pública.* In Teoria do Estado Regulador v. II (Sergio Guerra, Org.). Curitiba: Juruá, 2016.

FUNDAÇÃO GETÚLIO VARGAS. Centro de Estudos de Regulação e Infraestrutura. *Regulação e infraestrutura: em busca de uma nova arquitetura.* Rio de Janeiro: 2018, p. 50. Disponível em: <http://hdl.handle.net/10438/24526>. Acesso em: 30 jul. 2020.

________. Plano Nacional de Saneamento – PLANASA – aspectos básicos. In FGV. *Conjuntura Econômica*, Vol. 28, 1974, p. 90-94. Disponível em: <http://bibliotecadigital.fgv.br/ojs/index.php/rce/article/download/69995/67524>. Acesso em: 12 ago. 2020.

Galvão Junior, Alceu de Castro; Monteiro, Mario Augusto P.; Melo, Alisson José Maria. *Regulação do Saneamento Básico.* Barueri, SP: Manole, 2013.

Guerra, Sérgio. *Discricionariedade, regulação e reflexividade: uma nova teoria sobre as escolhas administrativas.* 5ª. ed. 1ª. Tir. Belo Horizonte: Fórum, 2019.

Grotti, Dinorá Adelaide Musetti. A evolução jurídica do serviço de saneamento básico. In: Dal Pozzo, Augusto Neves; Oliveira, José Roberto Pimenta; Bertocelli, Rodrigo de Pinho. (Org.) *Tratado sobre o marco regulatório do saneamento básico no direito brasileiro.* São Paulo: Editora Contracorrente, 2017, p.101-144.

Jordão, Eduardo. *Controle judicial de uma administração pública complexa.* São Paulo: Malheiros, 2016.

Machado, Adriana de Souza. *A estrutura tarifária e a universalização dos serviços de saneamento básico: tensões e possíveis conciliações.* Tese de mestrado em Direito da Regulação da Escola de Direito do Rio de Janeiro da Fundação Getúlio Vargas, 2018.

Medauar, Odete. *Direito Administrativo em Evolução.* São Paulo: Editora Revista dos Tribunais, 2003.

Ragazzo, Carlos Emmanuel Joppert. *Regulação Jurídica, Racionalidade Econômica e Saneamento Básico.* Rio de Janeiro: Renovar, 2011.

Ramos, Marcelo. "Governança regulatória: experiências e contribuições para uma melhor qualidade regulatória", in Ramalho, Pedro Ivo. *Regulação e Agências Reguladoras: Governança e Análise do Impacto Regulatório.* Brasília: Agência Nacional de Vigilância Sanitária – Anvisa, 2009.

Ribeiro, Wladimir Antônio. "Proposta para a criação de uma unidade de supervisão da regulação." In Proença, Jadir Dias (Org.) *PRO-REG: Contribuições para melhoria da qualidade da Regulação no Brasil.* Brasília: Semear Editora, 2010, p. 139-190.

4

Os Objetivos de Desenvolvimento Sustentável n. 03 e n. 06 da ONU como Diretrizes Fundamentais do Direito Sanitário no Brasil

Daniel Freire e Almeida
Verônica Scriptore Freire e Almeida

Introdução

Hodiernamente, diversas organizações internacionais, países e empresas têm dedicado maior atenção aos desafios sanitários, tanto na vertente da saúde, como nos aspectos fundamentais de saneamento. Muito embora os referidos esforços tenham sido alavancados pelos desafios impostos pela Covid-19, iniciativas internacionais basilares apresentam diretrizes hábeis a guiar o Brasil no caminho do futuro nestas searas.

Em inicial ilustração a respeito, podemos citar a Resolução da Assembleia Geral da Organização das Nações Unidas-ONU, adotada em 25 de Setembro de 2015, intitulada de "Transformando o nosso Mundo: a Agenda 2030 para o Desenvolvimento Sustentável". Com efeito, a comunidade internacional vem buscando desenvolver novas ferramentas e diretrizes para prevenir, melhorar e enfrentar as diferentes necessidades sanitárias globais, e que procuraremos ilustrar ao longo destes escritos.

Na mesma esteira, diversos e destacados cientistas dedicam suas atenções às questões de saúde e de saneamento na perspectiva de suas áreas de especialização, em especial no segmento jurídico. Por conseguinte, para atingirmos tais desideratos, é que o presente opúsculo está dividido em duas partes, com endereços precisos.

Na primeira parte, buscar-se-á traçar um breve panorama dos Objetivos de Desenvolvimento Sustentável da ONU, os denominados "ODS" contextualizando os diferentes desafios impostos na área da saúde e saneamento no Brasil. Neste desenrolar, já em sede da segunda parte, vislumbraremos como se constituem os Objetivos de Desenvolvimento Sustentável da ONU de nº 03 e de nº 06, na perspectiva de diretrizes fundamentais do Direito Sanitário no Brasil.

Logo, não se perquire, por patente, pela análise exauriente dos temas acima referidos, mas, sim, dos aspectos principais que podem ser concebidos em relação aos Objetivos de nº 03 e nº 06 da ONU, integrados aos pontos antes mencionados. Em consequência, apresentaremos um breve estudo, com vistas a delinear uma agenda de diretrizes para os próximos anos, e possivelmente décadas, tendo em vista os desafios sanitários que se colocam atualmente.

1. A Agenda 2030 para o Desenvolvimento Sustentável e a Sanidade Global

Em todas as partes do mundo, atualmente, a questão sanitária apresenta-se como desafio central no delineamento das políticas públicas dos países. Seja pela vertente da saúde, seja com enfoque no saneamento, a humanidade enfrenta os maiores desafios de nossa geração: conter a disseminação do coronavírus através de protocolos de segurança e higiene, e apresentar uma vacina eficaz para evitar a futura contaminação das pessoas, com as consequências daí advindas. Em maior ou menor intensidade, desde os primórdios da constituição da Organização Mundial da Saúde-OMS, em 1948, são impulsionados esforços pela constatação de que a Saúde dos seres humanos é um Direito de todas as pessoas, a ser atingido de forma universal.

Para tanto, no enfrentamento de tais questões, instrumentos jurídicos internacionais procuraram estabelecer as bases para um futuro promissor para a humanidade, consubstanciados por tratados internacionais, programas cooperativos de trabalho, standards de metas, alertas, estudos comparativos, protocolos internacionais de segurança e, principalmente, integração global com vistas a superar as adversidades. A seu turno, neste desenrolar histórico, no ano de 2000, 191 países integrantes da Organização das Nações Unidas – ONU buscaram conformar uma visão ampla para combater a pobreza em suas múltiplas dimensões. Essa meta, que foi traduzida em oito Objetivos de Desenvolvimento do Milênio (MDGs) deu bases à estrutura do desenvolvimento global entre 2000 e 2015.

Por consequência, pois, uma agenda estabelecida com os "Objetivos de Desenvolvimento do Milênio" foi criada, com os seguintes alvos (UN, 2000):

> "1.Erradicar a pobreza extrema e a fome.
> 2.Atingir o ensino básico universal.
> 3.Promover a igualdade de gênero e o empoderamento das mulheres.
> 4.Reduzir a mortalidade infantil.
> 5.Melhorar a saúde materna.
> 6.Combater o HIV/AIDS, a malária e outras doenças.
> 7.Garantir a sustentabilidade ambiental.
> 8.Criar uma parceria mundial para o desenvolvimento."[1]

Nesta linha, ressalta-se, como destacado por Freire e Almeida, *et aliae* (2019), que os objetivos deveriam servir como diretrizes para que os Estados procurassem atingir as metas, até o ano de 2015[2].

Apresentava-se aí, pois, uma nova ferramenta internacional de governança das ações dos países membros da ONU. Tal constatação se dá, porque sem a consequente obrigatoriedade, inerente a um tratado internacional compactuado, os objetivos do milênio permaneceram como um quadro estrutural para o planeta direcionar seus esforços rumo ao desenvolvimento global.

A corroborar com esse raciocínio, é a opinião de Kelley e Simmons (2019), no sentido de que estes instrumentos indicadores são cada vez mais utilizados para influenciar a governança globalmente. Nesse contexto, as autoras argumentam que tais referenciais influenciam a capacidade dos países de formular soluções aos problemas, ampliam sua autoridade e, o mais importante, invocam comparações recorrentes que estimulam as preocupações dos governos quanto à sua própria reputação e à de seu país.

[1] *Cfr.* UNITED NATIONS. United Nations Millennium Declaration. Resolution adopted by the General Assembly. A/RES/55/2. New York: United Nations, 2000, p. 01/09.

[2] *Cfr.* Freire e Almeida, et aliae. Desafios de governança global nos conflitos bélicos e o Objetivo de Desenvolvimento Sustentável nº 16. In: Gonçalves, Alcindo, Rei, Fernando, Granziera, Maria Luiza M. Governança Global e a Solução de Conflitos Internacionais. Santos: Leopoldianum, 2019, p. 115/136.

Em continuidade, ao término do período definido para sua implementação, a comunidade internacional encontrou um planeta melhor, se comparado ao período final do século XX. Por decorrência de esforços globais devidamente direcionados, na ótica da ONU (UN, 2015), os objetivos de desenvolvimento do milênio ajudaram a salvar a vida de milhões de pessoas, e melhoraram as condições estruturais de outras milhões[3]. Ainda neste âmbito, os resultados e análises apresentados em relatório da referida organização internacional demonstram que, com políticas direcionadas, estratégias bem embasadas, recursos adequados, comprometimento e vontade de acertar, até mesmo os países mais vulneráveis podem alcançar progressos assinaláveis.

Sem embargo, o relatório da Organização das Nações Unidas também reconhece fracassos em muitos tópicos e o não alcance completo de muitas das metas alinhavadas. Por conseguinte, a importante tarefa não foi plenamente completada, e novas metas, objetivos, rotas, direcionamentos, padrões, critérios e formas de como fazer deveriam ser estabelecidas[4]. Nesta ordem de ideias, um inovador rumo em busca do desenvolvimento sustentável, procurando reunir os 193 países da ONU, foi traçado, intitulado de: Objetivos do Desenvolvimento Sustentável (*The Sustainable Development Goals*).

Em verdade, trata-se necessariamente de uma Resolução (70/1) da Assembleia Geral da Organização das Nações Unidas, aprovada em 25 de Setembro de 2015, nomeada de "Transformando o nosso Mundo: a Agenda 2030 para o Desenvolvimento Sustentável"[5]. Este novo quadro, na prática, é um distintivo plano de ação para as pessoas, para o planeta e para a prosperidade. Do mesmo modo, busca fortalecer e direcionar os caminhos para o desenvolvimento do planeta nas próximas décadas.

[3] *Cfr.* UNITED NATIONS. The Millennium Development Goals Report 2015. New York: United Nations, 2015, p. 04.

[4] *Vide* UNITED NATIONS. The Millennium Development Goals Report 2015. New York: United Nations, 2015. *Vide*, ainda, CRONIN, Aidan, BADLOE, Chander, TORLESSE, Harriet, NANDY, Robin. Water, Sanitation and Hygiene: Moving the Policy Agenda Forward in the Post-2015 Asia. Asia & the Pacific Policy Studies, Crawford School of Public Policy, The Australian National University, Volume 2 (2), 2015, p. 227/233.

[5] *Vide* UNITED NATIONS. Transforming our world: the 2030 Agenda for Sustainable Development. Resolution adopted by the General Assembly on 25 September 2015. A/RES/70/1. New York: United Nations, 2015.

O referido plano, se considerarmos o momento hodierno vem, de fato, a calhar. Com efeito, o mundo atual precisa caminhar na mesma direção, alinhando os bons padrões, e compartilhando os benefícios do progresso, exemplificado, *in casu*, pelo fornecimento de uma vacina para prevenir o coronavírus.

Nesse passo, então, devemos mencionar, que todos os países e todas as partes interessadas, atuando em parceria colaborativa, buscam, cada qual em sua velocidade, implementar este plano de metas da ONU. Nesse sentido, muito bem exprime a ideia CALLIESS e MAURER (2014) que discorrem sobre a Agenda Global 2030 como uma das "questões mais urgentes", revelando como a política pode ser traduzida em um espaço jurídico transnacional na forma de um estabelecimento de metas que é voltado para promover o bem comum[6].

Dentro deste contexto, contudo, embora exista amplo consenso entre os representantes dos países membros da Organização das Nações Unidas sobre a necessidade de implementação dos tópicos meritórios delineados pela Agenda Global para 2030, nos termos do artigo 10 da Cartas da ONU, a Resolução 70/1 é, ao fim e ao cabo, uma recomendação geral.

Logo, mais do que um compromisso formal, fundamentado no Direito Internacional, a referida Resolução demonstra que os ideais baseados na positiva consciência universal, de base natural, podem contribuir, também, no direcionamento do planeta. Isso importa, substancialmente, para sinalizar, então, que o Direito Internacional, mais precisamente a governança global, com seus novos instrumentos, começa a nortear as atitudes dos países na conformação de interesses globais recíprocos e fundamentais para o futuro da humanidade. Nesta linha de raciocínio, os 17 Objetivos do Desenvolvimento Sustentável e os 169 tópicos comprovam a escala universal e a positiva ambição global desta nova Agenda dos Estados. Posto tudo isso, os objetivos, nas palavras da UN (2015), são os seguintes:

> "Objetivo 1. Acabar com a pobreza em todas as suas formas, em todos os lugares.
>
> Objetivo 2. Acabar com a fome, alcançar a segurança alimentar e melhoria da nutrição e promover a agricultura sustentável.

6 *Vide* CALLIESS, Gralf-Peter, MAURER, Andreas. Transnationales Recht – eine Einleitung, in: CALLIESS, Gralf-Peter (Org). Transnationales Recht, Stand und Perspektiven. Tübingen: Mohr Siebeck, 2014, p. 33.

Objetivo 3. Assegurar uma vida saudável e promover o bem-estar para todos, em todas as idades.

Objetivo 4. Assegurar a educação inclusiva e equitativa de qualidade, e promover oportunidades de aprendizagem ao longo da vida para todos.

Objetivo 5. Alcançar a igualdade de gênero e empoderar todas as mulheres e meninas.

Objetivo 6. Assegurar a disponibilidade e gestão sustentável da água e o saneamento para todos.

Objetivo 7. Assegurar a todos o acesso confiável, sustentável, moderno e a preço acessível à energia.

Objetivo 8. Promover o crescimento econômico sustentado, inclusivo e sustentável, emprego pleno e produtivo e trabalho decente para todos.

Objetivo 9. Construir infraestruturas resilientes, promover a industrialização inclusiva e sustentável e fomentar a inovação.

Objetivo 10. Reduzir a desigualdade dentro dos países e entre eles.

Objetivo 11. Tornar as cidades e os assentamentos humanos inclusivos, seguros, resilientes e sustentáveis.

Objetivo 12. Assegurar padrões de produção e de consumo sustentáveis.

Objetivo 13. Tomar medidas urgentes para combater a mudança do clima e os seus impactos.

Objetivo 14. Conservar e usar sustentavelmente os oceanos, os mares e os recursos marinhos para o desenvolvimento sustentável.

Objetivo 15. Proteger, recuperar e promover o uso sustentável dos ecossistemas terrestres, gerir de forma sustentável as florestas, combater a desertificação, deter e reverter a degradação da terra e deter a perda de biodiversidade.

Objetivo 16. Promover sociedades pacíficas e inclusivas para o desenvolvimento sustentável, proporcionar o acesso à justiça para todos e construir instituições eficazes, responsáveis e inclusivas em todos os níveis.

Objetivo 17. Fortalecer os meios de implementação e revitalizar a parceria global para o desenvolvimento sustentável."(grifo nosso)[7].

Oportuna a menção aqui, que em regra, os Objetivos e Metas estimularão ações nos próximos dez anos (até 2030), em seguimentos de importân-

[7] *Cfr.* UNITED NATIONS. Transforming our world: the 2030 Agenda for Sustainable Development. Resolution adopted by the General Assembly on 25 September 2015. A/RES/70/1. New York: United Nations, 2015, p. 14.

cia crítica para a humanidade e o planeta, como a erradicação da pobreza, a eliminação da fome, a promoção da saúde, da educação, da igualdade de gênero, da provisão de água potável e saneamento, da utilização de energias limpas, do oferecimento de trabalhos decentes, do desenvolvimento industrial, da redução das desigualdades, da conformação de cidades sustentáveis, do consumo e da produção responsáveis, do alinhamento contra as mudanças climáticas prejudiciais, da preservação da vida na água, da vida terrestre, da elevação da paz e da justiça, e do estreitamento de laços através de parcerias e meios para implementação dos objetivos propostos[8].

Com efeito, trata-se de uma agenda ambiciosa, necessária, desafiadora, mas que poderá guiar o mundo para melhoramentos em aspectos decisivos do desenvolvimento humanitário. Neste âmbito, a Resolução abraçada pela Assembleia Geral das Nações Unidas, sobre a Agenda Global 2030, concentra-se em assuntos fundamentais para a sociedade global, direcionando os objetivos de políticas públicas dos países através de um instrumento jurídico internacional vetor (condutor), apontado para a evolução positiva do planeta. Logo, os Objetivos de Desenvolvimento Sustentável (ODS), como substância principal da Resolução das Nações Unidas, almejam resolver questões carentes de efetividade por parte do Direito Internacional, em suas diferentes vertentes, como a saúde global e o saneamento universal.

É sob tal perspectiva, pois, que os assuntos acima elencados começam a ser tratados mais delicadamente pelos Estados, em nível internacional e nacional, e por várias organizações, instituições e outras entidades não governamentais[9]. Por vezes, os temas estão sendo incorporados em formatos legalmente relevantes, com a Resolução da ONU dando origem a efeitos horizontais e verticais decisivos, como afirmam Huck e Kurkin (2018)[10].

É por demais oportuno, nesse passo, mencionarmos a recente aprovação e consequente promulgação da Lei nº 14.026, de 15 de julho de 2020,

8 *Vide* UNITED NATIONS. Transforming our world: the 2030 Agenda for Sustainable Development. Resolution adopted by the General Assembly on 25 September 2015. A/RES/70/1. New York: United Nations, 2015, p. 01/35.

9 *Vide* Dankevych, Vitalii Ye., Kamenchuk, Tetiana O., Kononova, Oleksandra Ye., Nadtochii, Iryna I., Ohor, Hanna M. Strategic Planning for Sustainable Development of States: Administration Aspect. International Journal of Management, 11 (4), 2020, p. 511/522.

10 *Vide* Huck, Winfried, Kurkin, Claudia. The UN Sustainable Development Goals (SDGs) in the transnational multilevel system. Heidelberg Journal of International Law (HJIL)/ Zeitschrift für ausländisches öffentliches Recht und Völkerrecht (ZaöRV), Vol. 2, 2018.

que atualiza o marco legal do saneamento básico no Brasil, alinhando os nossos objetivos pátrios com aquilo que foi proposto pelos Objetivos de Desenvolvimento Sustentável da ONU.

Entretanto, não obstante os avanços vivenciados durante este período histórico, de 1948 para cá, o ambiente global da saúde e do saneamento, in exemplis, é contextualizado por paradigmáticas situações, como: a explosão da Covid-19 no mundo, a constante disseminação da dengue no Brasil, a transmissão da poliomielite na Nigéria, a ausência de saneamento universal no Brasil, o surto de Ebola no Congo, a necessidade de fornecimento de serviços de água limpa, o saneamento e a higiene como bases para a prevenção de doenças em todo o globo, o acesso efetivo de serviços de saúde, a provisão igualitária de vacinas no planeta, entre muitos outros tópicos.

Nesta sequência, em janeiro de 2020, antes do alerta global para a Covid-19, nas palavras de CARUSO (2020)[11], a Organização Mundial da Saúde elencou os principais desafios globais da saúde que precisariam ser enfrentados nos próximos dez anos. Segundo a OMS (WTO, 2020), neste sentido, os treze desafios da saúde para a próxima década seriam:

> "1 – Ressaltar a saúde no debate climático
> 2 – Levar saúde nas áreas de conflitos e crises
> 3 – Tornar o acesso a saúde mais justo
> 4 – Expandir o acesso a remédios
> 5 – Parar as doenças infecciosas
> 6 – Preparar-se para epidemias
> 7 – Proteger a população de produtos perigosos
> 8 – Investir naqueles que defendem nossa saúde
> 9 – Manter os adolescentes seguros
> 10 – Ganhar a confiança pública
> 11 – Aproveitar as novas tecnologias
> 12 – Proteger os remédios assim como eles nos protegem
> 13 – Manter limpeza nos cuidados com a saúde"[12]

[11] *Vide* CARUSO, Catherine. These Are the 13 Most Pressing Global Health Issues This Decade. Disponível em: https://www.globalcitizen.org/en/content/most-urgent-health-challenges-for-the-2020s/ , Acesso em: 28.07.2020.

[12] *Cfr.* WORLD HEALTH ORGANIZATION- WHO. Urgent health challenges for the next decade. Disponível em: https://www.who.int/news-room/photo-story/photo-story-detail/urgent-health-challenges-for-the-next-decade , Acesso em 29.07.2020.

Por consequência, então, a limpeza do ar (1), o acesso à saúde nas áreas de crises (2), de forma igualitária (3), com amplo acesso aos remédios, vacinas e tratamentos (4), a extinção de doenças infecciosas como a Aids, a tuberculose, hepatites virais, malária, doenças tropicais negligenciadas e infecções sexualmente transmissíveis (5), a prevenção, resposta e superação de epidemias (6), a proteção da população em relação a produtos perigosos (7), o investimento necessário aos profissionais e ambientes da saúde (8), a manutenção saudável dos jovens contra desafios como acidentes de trânsito, drogas, álcool, tabaco, HIV, suicídio, infecções respiratórias, e violência (9), a disseminação e ignorante adesão às fake news na área da saúde (10), a fundamental utilização das novas tecnologias para prevenir diagnosticar e vencer diversas doenças (11), o acesso a medicamentos de qualidade, água potável, saneamento, higiene, prevenção e controle de infecções (12), e a limpeza, desinfecção e acesso universal a serviços sanitários adequados (13) perfazem os tópicos desafiadores da saúde na presente década.

Em síntese sobre os pontos acima elencados, está a constatação, dentre outras não menos importantes, de que as questões de saneamento e saúde estão interligadas e são interdependentes. Em ponteamento final a respeito, salienta-se que, do enraizamento das metas de desenvolvimento sustentável dentro do sistema global, brotam os elementos centrais para a busca, para o direcionamento, para a coordenação, para a constante mensurabilidade dos ODS com indicadores padronizados globais, e para o final atingimento de objetivos globais satisfatórios[13].

2. Os objetivos de desenvolvimento sustentável nº 03 e nº 06 da ONU – Diretrizes para o Brasil

O futuro do Direito Sanitário brasileiro passa, necessariamente, pela implementação dos objetivos de desenvolvimento sustentável da ONU, em especial, os objetivos de nº 03 e de nº 06. Dentro dos interesses definidos neste capítulo, destaca-se, inicialmente, o Objetivo de nº 03, que tem

[13] Nesta linha, convidamos à leitura de OLALEKAN, Raimi Morufu et al.A Critical Review of Health Impact Assessment: Towards Strengthening the Knowledge of Decision Makers Understand Sustainable Development Goals in the Twenty-First Century: Necessity Today; Essentiality Tomorrow. Research and Advances: Environmental Sciences, 2020 (1), p. 72-84.

como metas, "assegurar uma vida saudável e promover o bem-estar para todos, em todas as idades"(UN, 2015)[14].

Contudo, a promoção de uma vida saudável encontra obstáculos atuais, brutais e impactantes, como a Covid-19, que acabam por relembrar que, com efeito, a saúde é um valor de prioridade máxima, universal, merecedora de políticas públicas eficazes por parte dos países.

Logo, o desafio torna-se primordial e decisivo.

Neste contexto, de acordo com a ONU (UN, 2015), o Objetivo de nº 03 apresenta 9 alvos (targets) a serem implementados, que são:

> "Objetivo 3. Assegurar uma vida saudável e promover o bem-estar para todos, em todas as idades.
>
> 3.1 Até 2030, reduzir a taxa de mortalidade materna global para menos de 70 mortes por 100.000 nascidos vivos.
>
> 3.2 Até 2030, acabar com as mortes evitáveis de recém-nascidos e crianças menores de 5 anos, com todos os países objetivando reduzir a mortalidade neonatal para pelo menos 12 por 1.000 nascidos vivos e a mortalidade de crianças menores de 5 anos para pelo menos 25 por 1.000 nascidos vivos.
>
> 3.3 Até 2030, acabar com as epidemias de AIDS, tuberculose, malária e doenças tropicais negligenciadas, e combater a hepatite, doenças transmitidas pela água, e outras doenças transmissíveis.
>
> 3.4 Até 2030, reduzir em um terço a mortalidade prematura por doenças não transmissíveis via prevenção e tratamento, e promover a saúde mental e o bem-estar.
>
> 3.5 Reforçar a prevenção e o tratamento do abuso de substâncias, incluindo o abuso de drogas entorpecentes e uso nocivo do álcool.
>
> 3.6 Até 2020, reduzir pela metade as mortes e os ferimentos globais por acidentes em estradas.
>
> 3.7 Até 2030, assegurar o acesso universal aos serviços de saúde sexual e reprodutiva, incluindo o planejamento familiar, informação e educação, bem como a integração da saúde reprodutiva em estratégias e programas nacionais.
>
> 3.8 Atingir a cobertura universal de saúde, incluindo a proteção do risco financeiro, o acesso a serviços de saúde essenciais de qualidade e o acesso a

[14] *Cfr.* UNITED NATIONS. Transforming our world: the 2030 Agenda for Sustainable Development. Resolution adopted by the General Assembly on 25 September 2015. A/RES/70/1. New York: United Nations, 2015, p. 16.

medicamentos e vacinas essenciais seguros, eficazes, de qualidade e a preços acessíveis para todos.

3.9 Até 2030, reduzir substancialmente o número de mortes e doenças por produtos químicos perigosos, contaminação e poluição do ar e água do solo.

3.a Fortalecer a implementação da Convenção-Quadro para o Controle do Tabaco em todos os países, conforme apropriado.

3.b Apoiar a pesquisa e o desenvolvimento de vacinas e medicamentos para as doenças transmissíveis e não transmissíveis, que afetam principalmente os países em desenvolvimento, proporcionar o acesso a medicamentos e vacinas essenciais a preços acessíveis, de acordo com a Declaração de Doha, que afirma o direito dos países em desenvolvimento de utilizarem plenamente as disposições do acordo TRIPS sobre flexibilidades para proteger a saúde pública e, em particular, proporcionar o acesso a medicamentos para todos.

3.c Aumentar substancialmente o financiamento da saúde e o recrutamento, desenvolvimento e formação, e retenção do pessoal de saúde nos países em desenvolvimento, especialmente nos países menos desenvolvidos e nos pequenos Estados insulares em desenvolvimento.

3.d Reforçar a capacidade de todos os países, particularmente os países em desenvolvimento, para o alerta precoce, redução de riscos e gerenciamento de riscos nacionais e globais de saúde"[15].

Fundamentalmente, destaca-se que, o mundo deve buscar assegurar sociedades inclusivas nos diferentes aspectos da saúde, em especial diminuindo a mortalidade materna e infantil, acabando com as epidemias, reduzindo a mortalidade prematura por doenças não transmissíveis, reforçando a prevenção e o tratamento no abuso de substâncias nocivas, como as drogas, reduzindo as mortes globais por acidentes em estradas, assegurando o acesso universal aos serviços de saúde sexual e reprodutiva, atingindo a cobertura universal de saúde, reduzindo as mortes por produtos químicos perigosos, controlando o consumo de tabaco, apoiando a pesquisa e o desenvolvimento de vacinas e medicamentos para as doenças transmissíveis e não transmissíveis, aumentando substancialmente o financiamento da saúde, e reforçando a capacidade de todos os países para o alerta pre-

[15] *Cfr.* UNITED NATIONS. Transforming our world: the 2030 Agenda for Sustainable Development. Resolution adopted by the General Assembly on 25 September 2015. A/RES/70/1. New York: United Nations, 2015, p. 16/17.

coce, redução de riscos e gerenciamento de riscos nacionais e globais de saúde (UN, 2015)[16].

Por tudo quanto vislumbrado, é evidente que as metas são ambiciosas e enredadas. Ao confrontarmos o atual cenário global, com o coronavírus, e os escopos acima delineados, a preocupação pelo atingimento dos objetivos torna-se desafiadora. Isto porque, ao concentrarmos nossa atenção ao Objetivo de nº 03, podemos perceber a dificuldade em cumpri-lo quando colocado à prova, como hodiernamente. Em especial, com ausência de um plano[17] eficaz, de coordenação de ações em todos os níveis nacionais e internacionais, de colaborações mútuas, de responsabilidade particular e pública, de respeito ao próximo.

Nunca anteriormente, a humanidade precisou confrontar, ao mesmo tempo, e de forma tão profunda, o mesmo desafio global, como agora com o coronavírus. Na mesma ordem de ideias, quaisquer que sejam os protocolos de segurança, os tratamentos eficazes, as possíveis saídas, as fundamentais variações de vacinas, as diferentes práticas de um país ou região, ou de novos quadros jurídicos, uma verdade emergirá: O Direito à Saúde é global, internacional, universal[18]. Logo, as melhores atitudes experenciadas, a partir das linhas direcionadoras apresentadas pela ODS nº 03, serão cada vez mais relevantes.

Assim, os legisladores, os julgadores, os membros dos poderes executivos das diferentes nações, pautarão suas decisões, também, por critérios comparativos, observando os direcionamentos propostos e implementados ao redor do mundo[19]. Um Direito da Saúde a partir de uma perspectiva internacional.

[16] *Cfr.* UNITED NATIONS. Transforming our world: the 2030 Agenda for Sustainable Development. Resolution adopted by the General Assembly on 25 September 2015. A/RES/70/1. New York: United Nations, 2015, p. 16/17.

[17] *Vide* DANKEVYCH, Vitalii Ye., KAMENCHUK, Tetiana O., KONONOVA, Oleksandra Ye., NADTOCHII, Iryna I., OHOR, Hanna M. Strategic Planning for Sustainable Development of States: Administration Aspect. International Journal of Management, 11 (4), 2020, p. 511/522.

[18] *Vide* FREIRE E ALMEIDA, Daniel, SCRIPTORE, Verônica F. Almeida. Um Panorama do Direito da Saúde na Perspectiva do Direito Comparado. New York: Lawinter Editions, 2020, p. 11/18.

[19] *Vide* OLALEKAN, Raimi Morufu et al. A Critical Review of Health Impact Assessment: Towards Strengthening the Knowledge of Decision Makers Understand Sustainable Development Goals in the Twenty-First Century: Necessity Today; Essentiality Tomorrow. Research and Advances: Environmental Sciences, 2020 (1), p. 72-84.

Igualmente, dentro desta linha de raciocínio, que os benefícios das melhores práticas e soluções sejam de benefício de toda a humanidade[20], como uma vacina para o coronavírus, por exemplo.

É, por conseguinte, nesta ordem de ideias, e dentro dos objetivos propostos para este capítulo, que o Objetivo de nº 06, da ONU, busca "assegurar a disponibilidade e gestão sustentável da água e saneamento para todos"[21].

Com efeito, o objetivo é relevante para o planeta, e fundamental para o futuro do Brasil, com aproximadamente 50% de casas conectadas à rede de esgoto, segundo o IBGE (2020)[22]. Em angulação mais ambiciosa, a ONU projeta que os países aderentes aos Objetivos de Desenvolvimento Sustentável atinjam, até 2030, a universalidade no tocante ao saneamento, bem como o acesso universal à água potável[23]. Considerando os dados brasileiros, estamos no meio do caminho. Em alinhamento aos referidos propósitos, é o Objetivo de nº 06, *in verbis*:

> Objetivo 6. Assegurar a disponibilidade e gestão sustentável da água e saneamento para todos
>
> 6.1 Até 2030, alcançar o acesso universal e equitativo a água potável e segura para todos
>
> 6.2 Até 2030, alcançar o acesso a saneamento e higiene adequados e equitativos para todos, e acabar com a defecação a céu aberto, com especial atenção para as necessidades das mulheres e meninas e daqueles em situação de vulnerabilidade
>
> 6.3 Até 2030, melhorar a qualidade da água, reduzindo a poluição, eliminando despejo e minimizando a liberação de produtos químicos e materiais perigosos, reduzindo à metade a proporção de águas residuais não tratadas e aumentando substancialmente a reciclagem e reutilização segura globalmente

[20] *Cfr.* FREIRE E ALMEIDA, Daniel, SCRIPTORE, Verônica F. Almeida. Um Panorama do Direito da Saúde na Perspectiva do Direito Comparado. New York: Lawinter Editions, 2020, p. 13.

[21] *Cfr.* UNITED NATIONS. Transforming our world: the 2030 Agenda for Sustainable Development. Resolution adopted by the General Assembly on 25 September 2015. A/RES/70/1. New York: United Nations, 2015, p. 18/19.

[22] *Vide* INSTITUTO BRASILEIRO DE GEOGRAFIA E ESTATÍSTICA – IBGE. Pesquisa nacional de saneamento básico 2017: abastecimento de água e esgotamento sanitário. IBGE, Coordenação de População e Indicadores Sociais. Rio de Janeiro: IBGE, 2020, p. 01/128.

[23] *Cfr.* UNITED NATIONS. Transforming our world: the 2030 Agenda for Sustainable Development. Resolution adopted by the General Assembly on 25 September 2015. A/RES/70/1. New York: United Nations, 2015, p. 18/19.

6.4 Até 2030, aumentar substancialmente a eficiência do uso da água em todos os setores e assegurar retiradas sustentáveis e o abastecimento de água doce para enfrentar a escassez de água, e reduzir substancialmente o número de pessoas que sofrem com a escassez de água

6.5 Até 2030, implementar a gestão integrada dos recursos hídricos em todos os níveis, inclusive via cooperação transfronteiriça, conforme apropriado

6.6 Até 2020, proteger e restaurar ecossistemas relacionados com a água, incluindo montanhas, florestas, zonas úmidas, rios, aquíferos e lagos

6.a Até 2030, ampliar a cooperação internacional e o apoio à capacitação para os países em desenvolvimento em atividades e programas relacionados à água e saneamento, incluindo a coleta de água, a dessalinização, a eficiência no uso da água, o tratamento de efluentes, a reciclagem e as tecnologias de reuso

6.b Apoiar e fortalecer a participação das comunidades locais, para melhorar a gestão da água e do saneamento. [24]

Por tudo quanto se destaca, acima, 2030 é o ano para a completude das tarefas elencadas nos segmentos da água e do saneamento.

De fato, a inovadora agenda 2030, em seu Objetivo de nº 06, reconhece, a partir das experiências de diferentes países do mundo, como a Eritreia, Níger, Chade, Índia, Guiné Equatorial, Bangladesh, Sudão do Sul, Benin, Togo, Namíbia, São Tomé e Príncipe, Burkina Faso, Madagascar, e algumas regiões do Brasil, a necessidade de construir sociedades que provisionem serviços de saneamento universal e água limpa para todos[25].

A este respeito, para a UNICEF e para a OMS (2017), o compromisso dos Objetivos de Desenvolvimento Sustentável de "não deixar ninguém

[24] *Cfr.* UNITED NATIONS. Transforming our world: the 2030 Agenda for Sustainable Development. Resolution adopted by the General Assembly on 25 September 2015. A/RES/70/1. New York: United Nations, 2015, p. 18/19.

[25] *Vide* UNITED NATIONS CHILDREN'S FUND (UNICEF), WORLD HEALTH ORGANIZATION (WHO). Progress on drinking water, sanitation and hygiene: 2017 update and SDG baselines. Geneva: World Health Organization (WHO) and the United Nations Children's Fund (UNICEF), 2017, p. 01/116.*Cfr.* UNITED NATIONS. Transforming our world: the 2030 Agenda for Sustainable Development. Resolution adopted by the General Assembly on 25 September 2015. A/RES/70/1. New York: United Nations, 2015, p. 18/19. *Vide* SHAMSUDDUHA, Mohammad, JOSEPH, George, KHAN, Mahfuzur R., ZAHID, Anwar, AHMED, Kazi Matin Uddin. Multi-Hazard Groundwater Risks to the Drinking Water Supply in Bangladesh: Challenges to Achieving the Sustainable Development Goals. World Bank Policy Research Working Paper No. 8922, 2019.

para trás" devem dar conta, com os dados disponíveis até o momento, de que temos tarefas árduas em andamento, como a de eliminar a defecação a céu aberto, de resolver o desafio de que 900 milhões de pessoas continuam com falta de saneamento, com necessidade de acesso a água limpa, e com a provisão de cuidados de higiene ao alcance dos mais desfavorecidos. Ainda, as referidas constatações devem elevar uma agenda clara sobre o trabalho a ser feito para todos nós em todo o mundo, progredindo na direção a uma visão compartilhada de água, saneamento, higiene e saúde para todos[26].

Já no âmbito do Brasil, muito embora os dados não sejam satisfatórios na perspectiva comparada, uma importante ação, positiva, e alinhada ao Objetivo de nº 06 da ONU, é a Lei nº 14.026, de 15 de julho de 2020, que atualiza o marco legal do saneamento básico no Brasil, direcionando os anseios nacionais com aquilo que preconiza a Resolução da ONU (Objetivos de Desenvolvimento Sustentável)[27].

Com efeito, a concentração de esforços coordenados entre aquilo que estabelece o Objetivo de nº 06, com aquilo que determina a Lei nº 14.026, de 2020, beneficiará as pessoas no Brasil que, ao fim e ao cabo, são o destino certo das medidas sanitárias almejadas pelos importantes instrumentos legais referenciados.

De um lado, os Objetivos de nº 03 e de nº 06 da ONU, na qualidade de diretrizes fundamentais, preconizam assegurar uma vida saudável, a promoção do bem-estar para todos, em todas as idades, e garantir a disponibi-

[26] *Cfr.* UNITED NATIONS CHILDREN'S FUND (UNICEF), WORLD HEALTH ORGANIZATION (WHO). Progress on drinking water, sanitation and hygiene: 2017 update and SDG baselines. Geneva: World Health Organization (WHO) and the United Nations Children's Fund (UNICEF), 2017, p. 05.

[27] *Vide*, nesta ordem, UNITED NATIONS CHILDREN'S FUND (UNICEF), WORLD HEALTH ORGANIZATION (WHO). Progress on drinking water, sanitation and hygiene: 2017 update and SDG baselines. Geneva: World Health Organization (WHO) and the United Nations Children's Fund (UNICEF), 2017. INSTITUTO BRASILEIRO DE GEOGRAFIA E ESTATÍSTICA – IBGE. Pesquisa nacional de saneamento básico 2017: abastecimento de água e esgotamento sanitário. IBGE, Coordenação de População e Indicadores Sociais. Rio de Janeiro: IBGE, 2020, p. 01/128.UNITED NATIONS. Transforming our world: the 2030 Agenda for Sustainable Development. Resolution adopted by the General Assembly on 25 September 2015. A/RES/70/1. New York: United Nations, 2015, p. 18/19. BRASIL. Lei nº 14.026, de 15 de julho de 2020, que atualiza o marco legal do saneamento básico. Disponível em: http://www.planalto.gov.br/ccivil_03/_ato2019-2022/2020/lei/L14026.htm , Acesso em: 29.07.2020.

lidade e a gestão sustentável da água e de saneamento de forma universal[28]. De outro, no caso brasileiro, a recente Lei nº 14.026, ao atualizar o marco legal do saneamento básico nacional, direciona-se na busca de atingir feitos necessários no segmento sanitário do Brasil. A Lei, apresenta o escopo de universalizar e qualificar a prestação dos serviços de saneamento do país. Embora o prazo para tais feitos seja o ano de 2033 (os Objetivos de Desenvolvimento Sustentável estabelecem o ano de 2030 para cumprimento[29]), o novo regramento brasileiro caminha no sentido de garantir que 99% da população consiga receber água potável, e que a quase totalidade (90%) seja provisionada com a coleta e o tratamento do esgoto.

A origem de referidas afirmações está no texto da nova Lei que, em seu artigo 7º, altera os escritos da Lei nº 11.445, de 5 de janeiro de 2007, passando a vigorar, sobre este item, com a seguinte alteração:

> "Art. 11-B. Os contratos de prestação dos serviços públicos de saneamento básico deverão definir metas de universalização que garantam o atendimento de 99% (noventa e nove por cento) da população com água potável e de 90% (noventa por cento) da população com coleta e tratamento de esgotos até 31 de dezembro de 2033, assim como metas quantitativas de não intermitência do abastecimento, de redução de perdas e de melhoria dos processos de tratamento.[30]

Deve-se atentar, também, que para atingir tais desideratos, a Lei estabelece que passa a ser obrigatória a abertura de certame licitatório, com o consequente contrato de concessão, aberto a prestadores de serviços privados e públicos, com cláusulas alinhadas ao que determina a norma legal atual. Com a mesma linha de ideias, nos termos da Lei, a regulação do setor para a Agência Nacional de Águas, tendo o condão de resolver

[28] *Vide* Setty, Karen, Jiménez, Alejandro, Willetts, Juliet, Leifels, Mats, Bartram, Jamie. Global Water, Sanitation and Hygiene Research Priorities and Learning Challenges Under Sustainable Development Goal. Development Policy Review, Volume 38(1), 2020, p. 64/84.

[29] A este respeito, convidamos à leitura de Gulseven, Osman.How to Achieve Sustainable Development Goals by 2030? Disponível em: https://ssrn.com/abstract=3592921 , Acesso em 20.07.2020.

[30] *Cfr.* BRASIL. Lei nº 14.026, de 15 de julho de 2020, que atualiza o marco legal do saneamento básico. Disponível em: http://www.planalto.gov.br/ccivil_03/_ato2019-2022/2020/lei/L14026.htm , Acesso em: 30.07.2020.

imbróglios advindos deste segmento, como as indenizações, os padrões e o controle do segmento.

Por derradeiro, outros pontos fundamentais da nova Lei, estabelecem que os contratos, mencionados acima, deverão conter condições que assegurem a não interrupção dos serviços sanitários, a necessária redução de perdas na distribuição de água limpa, a essencial qualidade na prestação dos serviços sanitários, bem como a melhoria nos processos de tratamento e reutilização da água[31]. Tudo, pois, na busca ao atingimento das metas estabelecidas pelos Objetivos de Desenvolvimento Sustentável (2015) e a consequente Lei nº 14.026 (2020).

Por tudo quanto analisado, desde os Objetivos de Desenvolvimento do Milênio, até os Objetivos de Desenvolvimento Sustentável, concluímos que as iniciativas internacionais relacionadas à saúde e ao saneamento contribuíram como diretrizes fundamentais do Direito Sanitário brasileiro, ilustradas mais recentemente pela nova Lei nº 14.026 de 2020.

Conclusões

Por todos os títulos, neste capítulo, podemos afirmar que os Estados reunidos para a aprovação da Resolução da Assembleia Geral da Organização das Nações Unidas, abraçada em 25 de Setembro de 2015, denominada de "Transformando o nosso Mundo: a Agenda 2030 para o Desenvolvimento Sustentável", afirmaram um sólido e direcionador acordo para transformar o mundo para melhor até 2030.

Esta relevante ação multilateral é uma resposta decidida a atingir positivamente políticas públicas carentes de desenvolvimento no mundo. Desde os fundamentos dos oito Objetivos de Desenvolvimento do Milênio (MDGs), que focou, entre outros pontos, na redução da mortalidade infantil, na melhora da saúde materna, no combate a AIDS, a malária e outras doenças, através de uma parceria mundial para o desenvolvimento, até a feitura e aprovação dos Objetivos de Desenvolvimento Sustentável de 2015, o mundo caminha, com cada país em sua velocidade, na direção de um planeta mais justo.

Não obstante as dificuldades, os surtos fortemente contrários, como a Covid-19, a verdade é uma só: o mundo estará melhor em 2030 do que

[31] *Cfr.* BRASIL. Lei nº 14.026, de 15 de julho de 2020, que atualiza o marco legal do saneamento básico. Disponível em: http://www.planalto.gov.br/ccivil_03/_ato2019-2022/2020/lei/L14026.htm , Acesso em: 30.07.2020.

agora. No entanto, os esforços para isso partem da iniciativa, da vontade, da implementação e da manutenção de padrões elevados de respeito ao ser humano e ao planeta. Nesta linha, os Objetivos de Desenvolvimento Sustentável apresentam metas, objetivos, rotas, direcionamentos, padrões, critérios e formas de como o mundo deve ser. Estas novas possibilidades trazem esperanças. Em verdade, este plano de ação para os países, para as pessoas, para o planeta e para a prosperidade busca uma resposta urgente para as preocupações globais.

Em especial no seguimento da saúde e do saneamento, esta agenda ambiciosa poderá guiar o mundo para melhoramentos em aspectos decisivos do desenvolvimento. Sob referidos ângulos, o Brasil, mesmo carente em muitos setores, está procurando aproveitar a rota traçada pela ONU, através dos ODS, e contribuir com vistas ao atingimento das finalidades precípuas de acesso à água potável, com distribuição equitativa, e o fornecimento de redes de esgoto que possam suprir as necessidades de quase metade da população brasileira, atualmente sem o devido respaldo neste quesito. Logo, por demais oportuno, neste sentido, a recente aprovação e consequente promulgação da Lei nº 14.026, de 15 de julho de 2020, que atualiza o marco legal do saneamento básico no Brasil, alinhando os nossos objetivos nacionais com aquilo que foi definido pelos Objetivos de Desenvolvimento Sustentável da ONU.

Por conseguinte, do embasamento das metas de desenvolvimento sustentável dentro do sistema global, brotam os subsídios centrais para a busca, para o direcionamento, para a coordenação, para a constante mensurabilidade dos ODS com indicadores padronizados globais, e para o final atingimento de objetivos globais satisfatórios. Por derradeiro, então, concluímos que as ações internacionais relacionadas à saúde e ao saneamento, disparadas pelos Objetivos de Desenvolvimento Sustentável, em especial o 03 e o 06 contribuíram como diretrizes fundamentais do Direito Sanitário brasileiro, letradas mais recentemente pela nova Lei nº 14.026 de 2020.

Referências

BRASIL. Lei nº 14.026, de 15 de julho de 2020, que atualiza o marco legal do saneamento básico. Disponível em: http://www.planalto.gov.br/ccivil_03/_ato2019-2022/2020/lei/L14026.htm , Acesso em: 29.07.2020.

CALLIESS, Gralf-Peter, MAURER, Andreas. Transnationales Recht – eine Einleitung, in: CALLIESS, Gralf-Peter (Org). Transnationales Recht, Stand und Perspektiven. Tübingen: Mohr Siebeck, 2014.

CARUSO, Catherine. These Are the 13 Most Pressing Global Health Issues This Decade. Disponível em: https://www.globalcitizen.org/en/content/most-urgent-health-challenges-for-the-2020s/ , Acesso em: 28.07.2020.

CRONIN, Aidan, BADLOE, Chander, TORLESSE, Harriet, NANDY, Robin. Water, Sanitation and Hygiene: Moving the Policy Agenda Forward in the Post-2015 Asia. Asia & the Pacific Policy Studies, Crawford School of Public Policy, The Australian National University, Volume 2 (2), 2015.

DANKEVYCH, Vitalii Ye., KAMENCHUK, Tetiana O., KONONOVA, Oleksandra Ye., NADTOCHII, Iryna I., OHOR, Hanna M. Strategic Planning for Sustainable Development of States: Administration Aspect. International Journal of Management, 11 (4), 2020.

FREIRE E ALMEIDA, Daniel, SCRIPTORE, Verônica F. Almeida. Um Panorama do Direito da Saúde na Perspectiva do Direito Comparado. New York: Lawinter Editions, 2020.

FREIRE E ALMEIDA, et aliae. Desafios de governança global nos conflitos bélicos e o Objetivo de Desenvolvimento Sustentável nº 16. In: GONÇALVES, Alcindo, REI, Fernando, GRANZIERA, Maria Luiza M. Governança Global e a Solução de Conflitos Internacionais. Santos: Leopoldianum, 2019.

GULSEVEN, Osman. How to Achieve Sustainable Development Goals by 2030? Disponível em: https://ssrn.com/abstract=3592921 , Acesso em 20.07.2020.

HUCK, Winfried, KURKIN, Claudia. *The UN Sustainable Development Goals (SDGs) in the transnational multilevel system.* Heidelberg Journal of International Law (HJIL)/ Zeitschrift für ausländisches öffentliches Recht und Völkerrecht (ZaöRV), Vol. 2, 2018.

INSTITUTO BRASILEIRO DE GEOGRAFIA E ESTATÍSTICA – IBGE. Pesquisa nacional de saneamento básico 2017: abastecimento de água e esgotamento sanitário. IBGE, Coordenação de População e Indicadores Sociais. Rio de Janeiro: IBGE, 2020.

KELLEY, Judith Green, SIMMONS, Beth A. Introduction: The Power of Global Performance Indicators. University of Penn Law School, Public Law Research Paper n. 19-06, 2019.

OLALEKAN, Raimi Morufu et al. A Critical Review of Health Impact Assessment: Towards Strengthening the Knowledge of Decision Makers Understand Sustainable Development Goals in the Twenty-First Century: Necessity Today; Essentiality Tomorrow. Research and Advances: Environmental Sciences, 2020.

SETTY, Karen, JIMÉNEZ, Alejandro, WILLETTS, Juliet, LEIFELS, Mats, BARTRAM, Jamie. Global Water, Sanitation and Hygiene Research Priorities and Learning Challenges Under Sustainable Development Goal. Development Policy Review, Volume 38(1), 2020.

SHAMSUDDUHA, Mohammad, JOSEPH, George, KHAN, Mahfuzur R., ZAHID, Anwar, AHMED, Kazi Matin Uddin. Multi-Hazard Groundwater Risks to the Drinking Water Supply in Bangladesh: Challenges to Achieving the Sustainable Development Goals. World Bank Policy Research Working Paper No. 8922, 2019.

UNITED NATIONS CHILDREN'S FUND (UNICEF), WORLD HEALTH ORGANIZATION (WHO). Progress on drinking water, sanitation and hygiene: 2017 update and SDG baselines. Geneva: World Health Organization (WHO) and the United Nations Children's Fund (UNICEF), 2017.

UNITED NATIONS. The Millennium Development Goals Report 2015. New York: United Nations, 2015.

UNITED NATIONS. Transforming our world: the 2030 Agenda for Sustainable Development. Resolution adopted by the General Assembly on 25 September 2015. A/RES/70/1. New York: United Nations, 2015.

UNITED NATIONS. United Nations Millennium Declaration. Resolution adopted by the General Assembly. A/RES/55/2. New York: United Nations, 2000.

WORLD HEALTH ORGANIZATION- WHO. Urgent health challenges for the next decade. Disponível em: https://www.who.int/news-room/photo-story/photo-story-detail/urgent-health-challenges-for-the-next-decade , Acesso em 29.07.2020.

5

A Água como Expressão do Direito à Saúde Pública: Uma Crítica à Visão Puramente de Mercadoria deste Bem Vital – Reflexões a partir da Pandemia do Covid-19

Eduardo Chow de Martino Tostes
Carlos André Coutinho Teles
Edson Alvisi Neves

Introdução

O presente trabalho busca aprofundar o debate acerca da noção de direito à água no Brasil. O objetivo da pesquisa avança no sentido de tensionar a concepção sanitária de saneamento básico, aqui específico na vertente de abastecimento de água à população, em contraponto a um conceito atrelado a uma visão mercadológica do acesso à água em nosso país.

A hipótese aqui defendida, submetida ao crivo de confirmação ou não, a partir dos instrumentos metodológicos utilizados, caminha no sentido de, a partir de uma lente do Direito como prática social, decorrente da teoria do realismo jurídico, o direito à água deve ser observado como um direito fundamental inerente a todos os seres humanos, independentemente de contribuição pecuniária para seu acesso; não devendo ficar adstrita somente a uma visão míope de água como bem de consumo, como mercadoria, submetida somente a um regramento inerente à economia.

Através desta hipótese, almeja-se responder à questão-problema: como a água pode ser disposta a todas as pessoas, mesmo sem a contribuição financeira para o seu usufruto? O método a ser utilizado no desenvolvimento da pesquisa foi o genealógico[1], aliado ao hipotético-dedutivo, com

[1] Foucault, Michel. Microfísica do poder: organização e tradução de Roberto Machado. Rio de Janeiro: Edições Graal, v. 4, 1979.

as ferramentas metodológicas de pesquisa bibliográfica e análise de dados públicos. Neste trabalho, buscou-se delimitar a abrangência de análise a situações ocorridas no Brasil, em especial em áreas carentes, durante a pandemia do COVID-19, confrontando dados já produzidos e afetos a temática de saneamento básico, além de pesquisa bibliográfica crítica do modelo adotado de saneamento básico pelo Brasil e artigos científicos recentes que também buscam compreender aspectos relevantes abordados neste estudo. Também importa destacar a abordagem restrita do conceito de saneamento básico aqui explorada, somente desenvolvendo-se no que se refere ao fornecimento de água.

Dividiu-se o presente trabalho nesta introdução, que almeja explicar ao leitor a pretensão deste estudo, delimitando a forma de se alcançar os resultados necessários. Seguindo-se ao primeiro capítulo, em que se analisa o conceito de direito à água separado do direito sanitário, desenvolvendo-se uma abordagem crítica desta lente de observação. No segundo capítulo desenvolve-se a noção direito à água atrelado ao conceito de saúde pública, principalmente em razão dos resultados sociais decorrentes da pandemia do COVID-19. Por fim, a conclusão desta pesquisa, com reflexões acerca da temática abordada, com análises aprofundadas da questão e soluções possíveis para a doutrina e para a sociedade brasileira, a partir deste novo marco histórico mundial: o antes e o depois de uma pandemia; como antigos conceitos devem ser revisitados e remodelados em prol de uma sociedade justa e solidária.

1. Água como mercadoria: um bem de consumo restrito?

A sociedade brasileira está plenamente acostumada a uma visão de água como mercadoria. Ou seja, quem paga pode ser considerado um consumidor regular e ter acesso a este bem de consumo; quem não paga, não poderia ter acesso à água.

Mas o problema desta fórmula matemática, inerente à Economia, é a seguinte questão: o Brasil é um país subdesenvolvido, com grande parcela da população em uma situação de pobreza; e, sem água, estar-se-ia condenando milhões de brasileiros à morte por não poderem pagar por essa mercadoria?

O drama aqui narrado se complica na medida em que se verifica uma visão puramente punitivista e negacionista deste problema social. Se não é possível negar que há pessoas, e muitas pessoas, pobres no Brasil. Como é possível a solução de lhes negar o acesso à água por não conseguirem pagar? E a solução foi um arranjo jurídico desenvolvido ao longo de décadas, nesta concepção mercadológica deste direito social, com respostas vagas e rasas a este profundo problema de caráter social, sanitário e permanente em nossa sociedade. Capitular como um crime o "furto de água", com previsão no artigo 155 do Código Penal Brasileiro, além de imprimir metas de redução de perdas de água[2] na distribuição às empresas prestadoras do serviço de abastecimento de água não resolve, como não resolveu, esta dramática situação de caos social em que vivemos.

A quebra deste paradigma supostamente irrefutável de direito à água somente para aqueles que podem pagar pela mesma, desconsiderando a existência de milhões de pessoas brasileiras carentes e que vivem à margem da sociedade, de forma a tentar buscar diferentes soluções de inclusão social, e não de exclusão social, é um desafio que muitos buscam desenvolver. E, para tanto, a utilização de instrumentos do método genealógico de Foucault também são úteis para esta forma de desconstrução de "verdades" aqui pretendida.[3]

A compreensão arraigada deste direito à água como um bem de consumo é verifica deste a verificação da produção dos dados aptos a fomentar a política pública inerente à questão. Os dados oficiais do Sistema Nacional de Informações sobre Saneamento (SNIS) são obtidos através das informações disponibilizadas pelas empresas prestadores do serviço de saneamento básico na localidade, restrito a locais formais, a locais devidamente urbanizados[4].

O mercado de consumidores que se busca atender neste setor da economia está restrito àqueles que residem em locais "adequados" (formais e urbanizados). São pessoas que, em razão de seu CEP, do local onde moram,

[2] Observa-se que mais de 30% da água distribuída no Rio de Janeiro é perdida, conforme dados do SNIS. Disponível em BRASIL. MINISTÉRIO DO DESENVOLVIMENTO REGIONAL. SECRETARIA NACIONAL DE SANEAMENTO – SNS.; SISTEMA NACIONAL DE INFORMAÇÕES SOBRE SANEAMENTO. 24º Diagnóstico dos Serviços de Água e Esgotos – 2018. Brasília: SNS/MDR, 2019.

[3] LEMOS, FLAVIA CRISTINA SILVEIRA; CARDOSO JÚNIOR, HÉLI REBELLO. The genealogy in Foucault: a trajectory. *Psicologia & Sociedade*, v. 21, n. 3, 2009, p. 21.

[4] BRASIL. MINISTÉRIO DO DESENVOLVIMENTO REGIONAL. SECRETARIA NACIONAL DE SANEAMENTO – SNS.; SISTEMA NACIONAL DE INFORMAÇÕES SOBRE SANEAMENTO. 24o Diagnóstico dos Serviços de Água e Esgotos – 2018. Brasília: SNS/MDR, 2019. E-book., p. 21.

possuem a prerrogativa de serem vistos como cidadãos aptos a terem acesso à água por meio de rede de abastecimento da companhia de serviço. Trata-se, pois, de uma significação de poder e pertencimento destas pessoas à comunidade, à sociedade em que vivem, definindo o modelo de cidadão merecedor dos serviços públicos àqueles que presumidamente, em razão de seu domicílio, podem pagar para tanto.

Mas, a lente que vê uma situação (como a narrada acima), também revela o que não quer ver de outro lado. Nesta situação, o olhar desenvolvido pela política pública estatal está reduzido, desde a origem da criação dos indicadores disponíveis, a uma visão que somente alcança as pessoas que podem pagar pela mercadoria água. Não se enxerga os outros, os não merecedores deste direito. Não se enquadram como cidadãos merecedores e, portanto, devem ser desconsiderados de uma política pública ampliativa deste acesso à água, seja por serem invisíveis ao olhar do administrador, seja por não poderem pagar para ter acesso à água em uma sociedade excludente como a nossa.

> Os indicadores de cobertura do SNIS, também utilizados para monitoramento regulatório e contratual, apresentam duas questões. A primeira é que somente os domicílios urbanos são considerados para medição do cumprimento das metas; a segunda é que as concessionárias só inserem determinada área na meta de universalização, quando essa está legalizada. Como resultado, há municípios com indicadores de cobertura superiores há 100% por atender parcela de área rural limítrofe da área urbana e os indicadores de universalização existentes desconsideram áreas que não se enquadram nessas características, permanecendo invisíveis aos olhos do gestor.[5]

De acordo com os ensinamentos do professor italiano Emilio Santoro, a percepção da inevitável escassez dos recursos utilizáveis pelo Estado com fins sociais, difunde a convicção que a garantia 'Cios direitos a favor das maiorias "autóctones" passe necessariamente mediante a exclusão destes direitos dos "cidadãos não meritórios"; interessando mais impedir o acesso indiscriminado destes aos direitos de cidadania, com o fim de não diminuir os benefícios que os "cidadãos merecedores" usufruem atualmente.

[5] Guimarães, Ester Feche; Coutinho, Sonia Maria Viggiani; Malheiros, Tadeu Fabrício. Os indicadores do saneamento medem a universalização em áreas de vulnerabilidade social? EngSanitAmbient, v. 19, n. 1, 2014, p. 57.

E, neste contexto, a democracia se transforma em um instrumento excludente, defensivo da riqueza de alguns, frequentemente da riqueza de apenas uma parte muito reduzida, como demonstra a difusão de tendências das regiões aqui mencionadas.[6]

Como nos ensina Rezende e Heller, desde a década de 60 o setor de saneamento básico opera mediante a lógica econômica de receita tarifária, uma concepção econômica do direito à água, analisando-se recuperação de custos e de investimentos através da cobrança de tarifas pela utilização do serviço disponibilizado àqueles que podem e devem pagar.[7]

Pode-se observar a positivação desta visão econômica do direito à água desde a promulgação do Decreto-Lei n. 39 de 1975, passando-se pela implementação da cobrança de tarifa pelo serviço de água na forma regulamentada pelo Decreto n. 553 de 1976[8]. Mais recentemente se verifica a previsão da visão mercadológica remunerada por tarifa na Lei do Saneamento Básico (Lei Federal n. 11.445 de 2007). Chegando ao cenário atual de incentivo a um mercado internacionalizado de saneamento básico, com toda a análise econômica de acesso e recuperação dos custos deste serviço, através da publicação da Lei Federal n. 14.026, de 15 de julho de 2020.

O atual "estado da arte" positivado no Brasil se restringe a esta concepção mercadológica da água em nosso Direito. A aplicação do "direito à água" em um contexto de não restrição a um contrato de consumo, a princípio violador das regras do jogo do emprego desta linguagem[9], é o objetivo deste estudo. Uma lente de caráter universalista, integrada a uma visão sanitária, de saúde coletiva, principalmente a partir dos reflexos da pandemia do COVID-19 nesta questão.

2. Água como saúde pública: um direito fundamental inerente a todos os seres humanos? Novos conceitos a partir da pandemia do COVID-19

A utilização de uma lente do direito à água de forma ampliativa, querendo enxergar uma grande parcela da população, vulnerável, marginalizada e

[6] Santoro, Emilio. A democracia é ainda adaptável às sociedades multiculturais? In: Freitas, J.; Teixeira, A. V. (Eds.). Direito à democracia: ensaios transdisciplinares. São Paulo: Conceito, 2011, p. 82.

[7] Rezende, Sonaly Cristina; Heller, Leo. O saneamento no Brasil: políticas e interfaces. Belo Horizonte: Editora UFMG, 2002.

[8] Época da criação da Companhia Estadual de Águas e Esgoto (CEDAE).

[9] Wittgenstein, Ludwig. Investigações filosóficas. São Paulo: Nova Cultural, 2000. (Col. Os Pensadores – trad.: José Carlos Bruni)), §§ 7, 43 e 432.

invisível aos olhos do Poder Público é uma ferramenta utilizada nesta pesquisa. Não se compreende como razoável desconsiderar mais de 11 milhões de pessoas[10], decretando-lhes uma pena de morte (pois sem água ninguém sobrevive), ou os relegando à ilegalidade e punitivismo por quererem sobreviver bebendo água de alguma formam que lhes for possível no Brasil.

No Rio de Janeiro, de acordo com os dados do IBGE[11], mais de um quinto da população reside em comunidades carentes. São as compreendidas dentro do conceito de áreas irregulares, não urbanizadas, verificadas acima neste estudo. Estando fora, pois, da política pública de ampliação do saneamento básico pelo Poder Público. Não deveriam, hipoteticamente, nos termos do Direito à Água como Mercadoria, ter acesso esta mercadoria.

A simples resposta de não fornecer água a quem não pode pagar, punindo, marginalizando ou aceitando a morte destas pessoas que são tão brasileiros quanto qualquer um que nasça neste país, quase que como uma pena decorrente da pobreza e do CEP de seus pais, não se revela como aceitável em uma sociedade que busca a redução de desigualdades sociais e a promoção da dignidade da pessoa humana.[12] Querer compreender o direito à água como algo universal, inerente à saúde pública não é um conceito distante de nossa realidade, a partir de uma busca histórica.

Busca-se compreender o direito de acesso à água como um direito fundamental, inerente a todos os seres humanos. Algo tão básico como podemos observar desde que nascemos. Sem água morremos. Não se substitui a água por nenhum outro bem.

[10] De acordo com o Censo de 2010, o país possui 3.224.529 domicílios ocupados por aproximadamente 11 milhões pessoas em uma situação de favelização. Desses, 77% estão em Regiões Metropolitanas, que abrigam 73,1% da população das áreas informais identificadas.

[11] CENSO, I. B. G. E. Instituto Brasileiro de Geografia e Estatística. Fornecido em meio eletrônico:[www. ibge. gov. br/home/estatistica/populacao/censo2010/] Acessado em, v. 20, n. 03, p. 2012, 2010.

[12] “Os territórios excluídos constituíram-se à revelia da presença do Estado ou de qualquer esfera pública e, portanto, desenvolvem-se sem qualquer controle ou assistência. Serviços públicos, quando existentes, são mais precários do que em outras partes das cidades; trabalhar nessas áreas muitas vezes é visto pelos funcionários públicos como “castigo”. Mais do que isso, viver permanentemente sob uma condição de privação de necessidades ambientais básicas faz os habitantes se sentirem como se suas vidas tivessem pouco valor.”(ROLNIK, R. Exclusão territorial e violência. São Paulo em perspectiva, São Paulo, v. 13, n. 4, p. 100-111, out./dez. 1999, p. 107).

> (...) o acesso à água potável deve ser universal, ou seja, assegurada a todos os membros da sociedade a quantidade água potável suficiente para suas atividades cotidianas básicas, necessárias para uma qualidade de vida, pelo menos decente. Para tanto, as políticas de privatização não deveria, via de regra, ser utilizadas, uma vez que, ao reduzir o cidadão a simples consumidor, não reconhecem a água potável como um bem primário, diferente dos demais bens de consumo, isto é, não substituível por outro bem e, portanto, de acesso obrigatório, garantido pelo Estado.[13]

Não à toa nossa Constituição Federal também reconhece o direito a moradia adequada, elencando dentre as necessidades vitais básicas alimentação, saúde, higiene, todos dependentes da água para sua concretização, como se depreende da leitura do art. 6º e art. 7° inciso IV da CRFB; observando-se que o direito ao saneamento básico decorre do conceito ampliado de saúde, previsto na Constituição Federal de 1988, em seu art. 200, IV (Ao sistema único de saúde compete, além de outras atribuições, nos termos da lei: IV – participar da formulação da política e da execução das ações de saneamento básico).

No início do século 20, em 1918, observou-se a Liga Pró-Saneamento, em uma verificação da necessidade de uma política sanitária no Brasil, com a vital importância do fornecimento de água potável para se evitar a proliferação de doenças aos brasileiros.[14] Prevaleceu, no passado brasileiro, pelo menos por algumas décadas, uma concepção de direito à água atrelado ao conceito de saúde, algo inerente a todas as pessoas.[15] Observa-se o debate científico no campo das doenças infecciosas: o alerta sobre o surgimento de pandemias, não como uma questão de "se", mas de "quando" irão ocorrer[16]: no século XIV, a Peste Bubônica matou milhares de pessoas

[13] Pontes, Carlos Antonio Alves. Urbe água vida: ética da proteção aplicada ao estudo de implicações morais no acesso desigual à água potável. 2003. – Fundação Oswaldo Cruz, 2003, p. 91.

[14] Barrocas, Paulo Rubens Guimarães; Moraes, Flavia Franchini De Mattos; Sousa, Ana Cristina Augusto. Saneamento é saúde? O saneamento no campo da saúde coletiva. História, Ciências, Saúde-Manguinhos, v. 26, n. 1, p. 33–51, 2019.

[15] Rezende, Sonaly Cristina; Heller, Leo. O saneamento no Brasil: políticas e interfaces. Belo Horizonte: Editora UFMG, 2002.

[16] De Souza França, Samara Avelino. A importância do direito à água e ao saneamento para o combate à Covid-19. Papers do NAEA, v. 29, n. 1, 2020, p. 172.

na Europa, assim como a epidemia de Cólera no século XVIII e a Gripe Espanhola, com seus aproximados 50 milhões de mortos.

Em um cenário de previsão de 40 milhões de mortos em decorrência do COVID-19[17], o debate acerca do acesso à água, como forma de se evitar doenças e o contágio do coronavírus se torna mais fundamental do que nunca. E, desta forma, em uma simplória visão de sociedade em que todos vivemos, de maneira interdependente, nos relacionando de forma cotidiana com nossos familiares, amigos, vizinhos, empregados e estranhos na rua, o cuidado com o outro acaba por refletir o cuidado com nós mesmos. O que, nada mais é, que uma noção básica de sociedade, em sua origem.

Em que pese o insuficiente conhecimento científico sobre o novo coronavírus, inclusive sua capacidade de provocar mortes em populações vulneráveis, com incertezas sobre as melhores estratégias a serem utilizadas para o enfrentamento da epidemia em diferentes partes do mundo, no Brasil, os desafios que se apresentam são ainda maiores, pois, para além deste grau perigoso de incerteza, vivemos em um contexto de grande desigualdade social e demográfica, com populações vivendo em condições precárias de habitação e saneamento, sem acesso constante à água.[18]

O enfrentamento à pandemia do COVID-19 passa necessariamente por uma visão de acesso à água potável como medida inerente à saúde coletiva, preventiva e eficaz à transmissão de doenças[19]. Triste e revelador o descortinar desta tela opaca presente na visão quase que inquestionável de água como mercadoria que, nesse momento de contágio mundial, faz-nos repensar os modelos liberais falidos e inúteis de análises mercadológicas de direitos fundamentais restritos a uma classe "superior" de nossa sociedade. Hoje, se uma pessoa "favelada" se contamina pelo coronavírus, a capacidade de transmissão para o "asfalto", para o CEP privilegiado e

[17] Walker, P. et al. Report 12: The global impactof COVID-19 andstrategies for mitigationandsuppression. *Imperial College COVID-19 Response Team,* London, 2020, p. 1.

[18] Barreto, Mauricio Lima et al. O que é urgente e necessário para subsidiar as políticas de enfrentamento da pandemia de COVID-19 no Brasil?.Rev. bras. Epidemiologia. 22 Abr 2020, p. 2.

[19] Trata-se de uma recomendação internacional o acesso à água para se lavar as mãos, como medida inerente à prevenção do contágio da doença. ("Handhygieneisextremelyimportanttopreventthe spread ofthe COVID-19 virus. Allhealth-carefacilitiesshouldhave regular programmesaimedatpromotingbesthandhygienepracticesandensuringtheavailabilityofthenecessaryinfrastructure." (Water, W. H. O. sanitation, hygieneandwaste management for the COVID-19 virus. World HealOrgan, p. 1-9, 2020, p. 3).

idealizado do Estado Liberal[20], também sentirá seus efeitos quando aquela pessoa vier a lhe prestar serviços como motorista, empregada doméstica, entregador de alimentos, atendente de supermercado ou afins. Não é possível compreender o direito fundamental à água de forma restrita após a pandemia do COVID-19.

> Diante dos dados apresentados dos infectados e mortos do Brasil e Itália é possível, pensar quais destinos estão sendo traçados pelo Estado para a minoria, sendo em sua maioria no Brasil preta-pobre-periférica. (...) É necessário mais que declarar Estado mínimo, é necessário repensar as ações de Esgotamentos Sanitários nessas áreas subalternizadas; Abastecimento de água como condição mínima a todos os cidadãos (...) Por fim, já se sabe que caminhos se levam a política de estado no Brasil, que por via pensa no capital como única saída, sucateando os direitos e conquistas dos cidadãos, trabalhadores e trabalhadoras que estão nas favelas, periferias e guetos.[21]

O resultado de anos de abandono social não passou despercebido pelos pesquisadores brasileiros. Há anos se chama a atenção a este problema social de efeitos terríveis.

> O acesso desigual à água é um problema de Saúde Pública, que deve ser enfrentado como requisito de justiça sanitária. A inacessibilidade, ou o acesso precário, à água está associado a outras condições de vida de desigualdades sociais, que vão interferir, por sinergia, na qualidade de vida das populações urbanas.[22]

O Brasil deve reconhecer suas falhas no projeto social inclusivo preconizado pela Constituição de 88, assumindo seus erros na efetivação dos

[20] O modelo liberal é posto em cheque, o contrato social e as leis que nos governam não podem ser restritas aos interesses e liberdades econômicas de poucos poderosos em detrimento de toda a sociedade, não se tem como aceitável e inquestionável estas normas que somente refletem a vontade de algum ou poucos sujeitos específicos. (SANTORO, Emilio. Estado de direito e interpretação: por uma concepção jusrealista e antiformalista do Estado de Direito. Porto Alegre: Livraria do Advogado, 2005, p. 45).

[21] MACEDO, Yuri Miguel; ORNELLAS, Joaquim Lemos; DO BOMFIM, Helder Freitas. COVID-19 NO BRASIL: o que se espera para população subalternizada? Revista Encantar-Educação, Cultura e Sociedade, v. 2, p. 01-10, 2020, p. 8-9.

[22] PONTES, Carlos Antonio Alves. Urbe água vida: ética da proteção aplicada ao estudo de implicações morais no acesso desigual à água potável. 2003. – Fundação Oswaldo Cruz, 2003, p. 90.

direitos sociais a todos de seu território. As mudanças econômicas sendo utilizadas como o fim do Estado, para atender a todas as crises estruturais do capitalismo, como observamos recentemente nas reformas implementadas no Brasil, congelando políticas públicas sociais relevantes, impactando de forma potencializada na população carente e negra de nosso país, demonstram uma faceta perigosa de nossa sociedade acrítica.[23] O impacto da COVID-19 para a população carente é motivo de intensas pesquisas científicas no mundo. Ressaltamos a preocupação externada por Pires *et al*:

> Diante dos níveis abissais de desigualdade de renda e de acesso a serviços no Brasil, não faltam motivos para esperar um efeito desproporcional do COVID-19 entre os mais vulneráveis no país. (...) No que tange a desigualdade no acesso àsaúde, os dados da Pesquisa Nacional de Saúde de ´2013 indicam que entre os 20% mais pobres da população, 94,4% não tem plano de saúde, e 10,9% se autoavaliam com saúde regular, ruim ou muito ruim, mas não consultaram um médico no último ano. Entre os 20% mais ricos, esses índices são de apenas 35,7% e 2,2%, respectivamente. Para piorar, o número disponível de leitos de Unidade de Tratamento Intensivo (UTI) é quase cinco vezes inferior para os usuários do Sistema Único de Saúde – SUS (1,04 leito por 10 mil habitantes, ou menos ainda em estados do Norte e Nordeste) do que para quem tem acesso a rede privada (4,84 leitos por 10 mil habitantes).[24]

A atual pandemia revelou, pois, desníveis assustadores em escala social da população brasileira. Expôs a situação de extrema vulnerabilidade que estão e já estavam expostos milhões de brasileiros, sem o acesso básico à água potável. Compreender que, tal como outras pandemias, a presente do COVID-19 é uma das outras possíveis pandemias que atingirão o mundo, como conhecimento já notório dos cientistas. Agir de forma preventiva, de maneira a compreender o direito à água como um direito fundamental à saúde pública, decorrente de um dever de prevenção geral do Estado com

[23] "A história do racismo moderno se entrelaça com a história das crises estruturais do capitalismo. A necessidade de alteração dos parâmetros de intervenção estatal a fim de retomar a estabilidade econômica e política – e aqui entenda-se estabilidade como o funcionamento regular do processo de valorização capitalista – sempre resultou em formas renovadas de violência e estratégias de subjugação da população negra." (Almeida, Silvio. Racismo estrutural. Pólen Produção Editorial LTDA, 2019, p. 124).

[24] Pires, Luiza Nassif; Carvalho, Laura; De Lima Xavier, Laura. COVID-19 e desigualdade: a distribuição dos fatores de risco no Brasil. Research Gate, 2020, p. 2.

relação a todos os seus cidadãos é algo que devemos buscar. Para tanto, é importantíssimo o investimento na saúde (aqui compreendido o direito à água, saneamento básico), e na pesquisa junto às Universidades brasileiras, na forma conclusiva de Carvalho e Werneck:

> A epidemia de COVID-19 encontra a população brasileira em situação de extrema vulnerabilidade, com altas taxas de desemprego e cortes profundos nas políticas sociais. Ao longo dos últimos anos, especialmente após a aprovação da Emenda Constitucional no 95, que impõe radical teto de gastos públicos e com as políticas econômicas implantadas pelo atual governo, há um crescente e intenso estrangulamento dos investimentos em saúde e pesquisa no Brasil. É justamente nesses momentos de crise que a sociedade percebe a importância para um país de um sistema de ciência e tecnologia forte e de um sistema único de saúde que garanta o direito universal à saúde.[25]

Repensar o conceito de acesso à água é medida que se impõe no presente momento. Os efeitos da pandemia atingiu a toda população brasileira, mas, principalmente, àqueles que moram de forma precária em favelas e comunidades sem saneamento básico, com pouco ou sem nenhum acesso à água encanada que garanta condições mínimas de prevenção e proteção(morando de forma precária com um ou dois cômodos, pouca ventilação, frequentemente compartilhadas por um número grande de familiares). O Estado de Exceção, de suspensão dos direitos fundamentais em localidades ditas subnormais, irregulares, comunidades ou, simplesmente, favelas, onde tal excepcionalidade se tornou uma regra, não pode mais ser tolerado no Brasil.[26]

O método, aqui utilizado, genealógico nos permite fazer uma etnografia dos conflitos, da violência e dos seus efeitos. A experiência do sofrimento, da privação e da negação da humanidade nas situações extremas[27], mas também no contexto da marginalização dos abandonados à margem da cidade (indocumentados, excluídos, etc.), o que dá origem a reflexões

[25] WERNECK, Guilherme Loureiro; CARVALHO, Marilia Sá. A pandemia de COVID-19 no Brasil: crônica de uma crise sanitária anunciada. Cad. Saúde Pública 36 (5) 8 Maio 2020, p. 4.
[26] BASTOS, Marcus Alexandre de Pádua Cavalcanti et al. O ESTADO DE EXCEÇÃO NAS FAVELAS: perspectivas biopolíticas a partir da pandemia do covid-19. Revista Augustus, v. 25, n. 51, p. 113-129, 2020, p. 115 e 126.
[27] KLEINMAN, Arthur;et al. Sofrimento Social. Berkeley, UniversityofCaliforna Press.1997.

sobre o discurso e a prática com que a governança[28] contemporânea trata da vida.[29]

Conclusões

A preocupação com todos, com aqueles que moram em locais onde não se tem água para a prevenção mais básica da doença, alavancou a condição do Brasil como um epicentro mundial da contaminação, demandando uma necessidade urgente de democratização dos recursos hídricos, visando prevenir a contaminação pelo novo coronavírus e por outras possíveis futuras pandemias, mitigando seus efeitos trágicos.[30]

Uma lente de observação de todos os brasileiros, sem distinção de sua classe social é relevante não somente no papel, mas na vida das pessoas, como bem se constata da atual pandemia. Se hoje a lente do mercado somente quer enxergar os cidadãos "merecedores", com capacidade financeira de pagar para ter acesso à água. Cabe ao Estado utilizar uma lente ampla na formulação de uma política pública que abarque estas pessoas excluídas e marginalizadas da sociedade, se almejamos sobreviver e caminhar ainda sob o paradigma de um Estado de Direito, sem exceções.

Desta forma, ao invés de somente se observar as áreas regulares para fins de acesso à água e investimento para ampliação, somente "beneficiando" moradores carentes destas áreas com tarifas reduzidas, também conhecidas como tarifas sociais. Revela-se primordial, em um olhar do Direito à Água como um direito fundamental à saúde, inerente a todos os brasileiros, a destinação de uma política pública adequada a estes cidadãos excluídos, moradores de áreas informais, subnormais ou ditas favelizadas.

A implementação de benefícios sociais, assistenciais ou de outras nomenclaturas para a implementação do serviço público de abastecimento de água aos cidadãos carentes, seria uma mudança reveladora do modelo de Estado que almejamos para todos nós. Aceitar a morte destes "brasileiros marginalizados", impedindo seu acesso à água ou impedindo que se

[28] FASSIN, Didier & Dominique Memmi, orgs. O Governo dos Órgãos. Paris, Éd. de l'Ehess. 2004.

[29] ABÉLÈS, Marc. Michel Foucault, l'anthropologie et laquestiondupouvoir. Editions de l'EHESS, 2008, p. 117.

[30] DE MELLO, Rafael Reis Pereira Bandeira *et al.* DESAFIOS NO ACESSO À ÁGUA E SANEAMENTO BÁSICO NO BRASIL E O CONTROLE DA COVID-19. Revista Augustus, v. 25, n. 51, p. 281-293, 2020, p. 291.

protejam de pandemias com o simples "lavar as mãos" é pôr fim ao pacto social que nos une enquanto sociedade.

A pandemia colocou mais evidente ainda o retrato triste e vergonhoso do Brasil. Mas é possível extrairmos bons frutos desta trágica situação. Devemos repensar a nossa história, nosso caminhar é perigoso, mas, como Foucault nos ensina, sempre temos algo a fazer. A universalização do direito ao saneamento básico não será atingida se continuarmos olhando com a lente do mercado, que só quer ver os consumidores que moram em áreas urbanizadas. Esta dita universalização também deve ser compreendida de forma básica, na literalidade da palavra: universal, a todos.

Direito à água entendido como um direito fundamental e universal, vinculado ao conceito de saúde pública, sendo a única forma de se caminhar rumo ao vetor da dignidade da pessoa humana pelo Brasil. Não aceitar esta opção significa que escolhemos o caminho da intolerância, indignidade e fim da humanidade enquanto almejamos compreender.

Referências

ABÉLÈS, Marc. Michel Foucault, *l'anthropologie et laquestiondupouvoir*. Editions de l'EHESS, 2008.

ALMEIDA, Silvio. *Racismo estrutural*. Pólen Produção Editorial LTDA, 2019.

BARRETO, Mauricio Lima et al. O que é urgente e necessário para subsidiar as políticas de enfrentamento da pandemia de COVID-19 no Brasil?.*Rev. bras. Epidemiologia*. 22 Abr 2020.

BARROCAS, Paulo Rubens Guimarães; MORAES, Flavia Franchini De Mattos; SOUSA, Ana Cristina Augusto. Saneamento é saúde? O saneamento no campo da saúde coletiva. *História, Ciências, Saúde-Manguinhos*, v. 26, n. 1, p. 33–51, 2019.

BASTOS, Marcus Alexandre de Pádua Cavalcanti et al. O ESTADO DE EXCEÇÃO NAS FAVELAS: perspectivas biopoliticas a partir da pandemia do covid-19. *Revista Augustus*, v. 25, n. 51, p. 113-129, 2020.

BRASIL. MINISTÉRIO DO DESENVOLVIMENTO REGIONAL. SECRETARIA NACIONAL DE SANEAMENTO – SNS.; *SISTEMA NACIONAL DE INFORMAÇÕES SOBRE SANEAMENTO*. 24° Diagnóstico dos Serviços de Água e Esgotos – 2018. Brasília: SNS/MDR, 2019.

CENSO, I. B. G. E. Instituto Brasileiro de Geografia e Estatística. Fornecido em meio eletrônico:[www. ibge. gov. br/home/estatistica/populacao/censo2010/] Acessado em, v. 20, n. 03, p. 2012, 2010.

DE SOUZA FRANÇA, Samara Avelino. A importância do direito à água e ao saneamento para o combate à Covid-19. *Papers do NAEA*, v. 29, n. 1, 2020.

FASSIN, Didier & Dominique Memmi, orgs. *O Governo dos Órgãos*. Paris, Éd. de l'Ehess. 2004.

FOUCAULT, Michel. *Microfísica do poder*: organização e tradução de Roberto Machado. Rio de Janeiro: Edições Graal, v. 4, 1979.

GUIMARÃES, Ester Feche; COUTINHO, Sonia Maria Viggiani; MALHEIROS, Tadeu Fabrício. Os indicadores do saneamento medem a universalização em áreas de vulnerabilidade social? *EngSanitAmbient*, v. 19, n. 1, 2014.

KLEINMAN, Arthur; et al. *Sofrimento Social*. Berkeley, UniversityofCaliforna Press.1997.

LEMOS, FLAVIA CRISTINA SILVEIRA; CARDOSO JÚNIOR, HÉLI REBELLO. The genealogy in Foucault: a trajectory. *Psicologia & Sociedade*, v. 21, n. 3, 2009.

MACEDO, Yuri Miguel; ORNELLAS, Joaquim Lemos; DO BOMFIM, Helder Freitas. COVID-19 NO BRASIL: o que se espera para população subalternizada? *Revista Encantar-Educação, Cultura e Sociedade*, v. 2, p. 01-10, 2020.

PIRES, Luiza Nassif; CARVALHO, Laura; DE LIMA XAVIER, Laura. COVID-19 e desigualdade: a distribuição dos fatores de risco no Brasil. *Research Gate*, 2020.

PONTES, CARLOS ANTONIO ALVES. Urbe água vida: ética da proteção aplicada ao estudo de implicações morais no acesso desigual à água potável. 2003. – *Fundação Oswaldo Cruz*, 2003.

REZENDE, Sonaly Cristina; HELLER, Leo. *O saneamento no Brasil: políticas e interfaces*. Belo Horizonte: Editora UFMG, 2002.

SANTORO, Emilio.*Estado de direito e interpretação: por uma concepção jusrealista e antiformalista do Estado de Direito*. Porto Alegre: Livraria do Advogado, 2005,

SANTORO, Emilio. *A democracia é ainda adaptável às sociedades multiculturais?* In: FREITAS, J.; TEIXEIRA, A. V. (Eds.). Direito à democracia: ensaios transdisciplinares. São Paulo: Conceito, 2011.

WALKER, P. et al. Report 12: The global impactof COVID-19 andstrategies for mitigationandsuppression. *Imperial College COVID-19 Response Team*, London, 2020.

WATER, W. H. O. *Sanitation, HygieneandWaste management for the COVID-19 virus*. World HealOrgan, p. 1-9, 2020.

WERNECK, Guilherme Loureiro; CARVALHO, Marilia Sá. A pandemia de COVID-19 no Brasil: crônica de uma crise sanitária anunciada. *Cad. Saúde Pública* 36 (5) 8 Maio 2020.

WITTGENSTEIN, LUDWIG. *Investigações filosóficas*. São Paulo: Nova Cultural, 2000. (Col. Os Pensadores – trad.: José Carlos Bruni)), §§ 7, 43 e 432.

6
Breves Notas sobre a Crise Global de Água Potável e Saneamento

Fabio Luiz Gomes

1. Desenvolvimento conceitual da água e saneamento – *Res Nullius* e *Res Derelictae*

A água possui na manutenção humana duas expressões: a primeira relaciona-se à sobrevivência – água potável e a segunda uma existência digna – o saneamento. Historicamente a água em seu estado natural era considerada *res nullius*, portanto, não possuía valor econômico e assim não pertencia a ninguém; já os dejetos humanos eram *res derelictae*, isto é, também não possuía conteúdo econômico, mas era considerada uma coisa abandonada.

Obviamente esses conceitos restam ultrapassados, contudo suas consequências continuam evidentes. A água, ao ser considerada sem conteúdo econômico, não só por ser abundante, mas por não pertencer a ninguém, as pessoas não dedicaram o devido cuidado a ela, ao contrário, a tratavam como se nunca fosse acabar e portanto não necessitasse desse cuidado.

E os dejetos – resíduos sólidos humanos em razão do conceito de coisa abandonada, estes poderiam ser abandonados nos rios ou mares sem maiores consequências. Contudo, com o avançar do tempo, com o aumento populacional e as alterações climáticas, tanto um conceito quanto o outro foram superados.

2. Conceito econômico da água e saneamento no início do terceiro milênio

A água potável possui não só um conteúdo econômico, mas também se passou a considerá-la rara e essencial para a sobrevivência humana e ao observar a sua evolução econômica chega-se à conclusão de que está cada vez mais inacessível. E o saneamento básico é um divisor de águas entre uma sociedade mais saudável e uma sociedade com grandes problemas de saúde decorrentes da sua falta, portanto, uma sociedade doente.

Assim, os Estados e as organizações internacionais devem buscar desenvolver meios para tornar acessível o direito fundamental à água potável e ao saneamento básico.[1] Portanto, esses dois direitos podem ser considerados universais, indivisíveis e interdependentes, dessa forma as ações internacionais, regionais e nacionais também devem ser coordenadas e buscar a acessibilidade a todos.

Como medida internacional, a Agenda 2030 para o desenvolvimento sustentável estabeleceu como premissa "não deixar ninguém para trás", assim garantir a disponibilidade e gestão sustentável da água e do saneamento para todos. No início do terceiro milênio o grande desafio, portanto, será reconhecer o direito fundamental à água potável e ao saneamento básico de forma horizontal (igualdade) a todas as pessoas. A pandemia do Covid-19 expôs as entranhas da sociedade, que esses direitos entrelaçados levou a maior tragédia humana desde a segunda guerra mundial, a falta de acesso a água potável e ao saneamento por parte de grande parte da população mundial espelhou a face não tão oculta e demonstrou a desigualdade social e, ainda mais, em progressão aumentou. Portanto, essa fragilidade exposta pela pandemia acelerou o processo de conflitos sociais para ter acesso a esses direitos, com resultados imprevisíveis.

Neste sentido, a água deve ser utilizada a sua portabilidade não só como fonte primária de vida, mas também para uso doméstico, dessa forma manter-se-á a higiene pessoal segura e aceitável. Dessa forma o saneamento estabelece a existência digna em todas as esferas da vida, de forma higiênica e segura. A Organização das Nações Unidas, através da Assembleia das Nações Unidas e o Conselho de Direitos Humanos, no Ano de 2010[2],

[1] Cf. Resolução 64/292 da Assembleia Geral, de 28 de julho de 2010.

[2] Destaca-se, contudo: "By a vote of 122 in favour to none against, with 41 abstentions, the General Assembly today adopted, as orally revised, a resolution calling on States and

identificaram e propagaram a crise global de água e saneamento, dessa reunião foi editada uma Resolução com a intenção de vinculação de ações dos Estados.[3] Destacam-se, portanto, a água e o saneamento como elementos essenciais para uma existência digna do ser humano, compondo recurso natural vital e serviços com implicações transindividuais na saúde pública.

Nota-se o ápice da carência desses direitos fundamentais na medida em que a pandemia COVID-19 exigiu dos Estados um sistema de água e saneamento para garantir a existência das pessoas, muitas vidas se perdem por não se utilizado esses direitos de forma adequada, pressionando os sistemas de saúdes dos Estados, além disso, os países com menos desenvolvimento as pessoas são mais atingidas. Verifica-se, também, que antes da pandemia do Covid-19 o número de pessoas que não tinham acesso a água e saneamento já era assustador: cerca de 884 milhões de pessoas não tinham acesso à água potável e 2,6 bilhões não tinham acesso ao saneamento básico.[4] Ressaltando-se que 1,5 milhão de crianças com menos de cinco anos morriam todos os anos em razão da falta de água e saneamento.[5]

A dualidade entre a água e o saneamento assumem o caráter de protagonista não só de direitos reconhecidos, mas também de ações estatais a serem implementadas. A I Conferência das Nações Unidas de Março de 1977 representou um marco ao identificar os desafios decorrentes da falta de água e saneamento, nesta conferência foi sinalizado o que já de hoje se configura como a crise global da água e saneamento. Ainda nesta conferência estabeleceram planos de ações sobre os recursos hídricos e o desenvolvimento humano também decorre do acesso a água potável e o descarte dos resíduos sólidos como essenciais, portanto, a igualdade e a distribuição equitativa será o grande desafio desse milênio.[6]

international organizations to provide financial resources, build capacity and transfer technology, particularly to developing countries, in scaling up efforts to provide safe, clean, accessible and affordable drinking water and sanitation for all." https://www.un.org/press/en/2010/ga10967.doc.htm

3 Res. 15/9, U.N. Doc. A/HRC/RES/15/9 (Oct. 6, 2010) – https://www.right-docs.org/doc/a-hrc-res-15-9/.

4 Cf. https://www.un.org/press/en/2010/ga10967.doc.htm

5 Cf. https://www.un.org/press/en/2010/ga10967.doc.htm

6 Vide também: O Decênio Internacional do Fornecimento de Água Potável e Saneamento foi proclamado pela ONU em Novembro de 1980; Conferência Internacional sobre Água e Meio Ambiente organizada pela ONU realizou-se em Dublin, Irlanda, em Janeiro de 1992.

3. Gestão da água e saneamento

Os princípios do desenvolvimento sustentável e da utilização racional impõem a maior eficiência econômica na gestão da água. Atribuiu-se valor econômico da água (em contraposição ao *res nullius*) e a gestão dela deverá ser muito mais considerada do que somente a criação de barragens e infraestruturas de distribuição em grande escala. O aumento populacional e a necessidade de uma existência humana digna impõem maiores demandas por água potável, neste sentido a utilização racional da água, isto é, sem desperdício, portanto, melhorar a eficiência no gerenciamento a demanda por água passa a ser um ponto essencial no acesso a esses recursos.

Devem ser coordenados com medidas de saneamento de modo que os excretos e resíduos sólidos decorrentes dos elementos fisiológicos humanos, devem ser tratados, não mais como uma *res derelictae*, mas atribuindo responsabilidade aqueles que não buscarem a sustentabilidade das suas ações, portanto, esses resíduos ganham uma identidade na gestão sustentável. A gestão envolve também o preço aplicado à prestação de serviços de fornecimento de água, pois além de envolver a sustentação financeira da empresa prestadora desse serviço (seja estatal ou privada), deve gerenciar a demanda absoluta por esses serviços, focada no desenvolvimento econômico e social em equilíbrio.

Essa gestão terá repercussão direta na sustentabilidade do fornecimento de água e saneamento. Do contrário haverá grandes conflitos sociais e tragédias como a recente e ainda em curso pandemia oriunda do COVID-19. Urge discutir a gestão da água no setor agrícola, pois nesse setor consume-se mais de 71% da água consumida no mundo[7], portanto precisa ter ganhos de eficiência e utilizar de forma mais racional esse recurso natural – sem desperdícios. O equilíbrio econômico-financeiro ao estabelecer um preço pelo serviço de fornecimento de água e saneamento e a qualidade do serviço prestado impõe as instituições de controle mecanismos de responsabilidade suficientemente eficazes, sem desestimular o investimento. Não se pode deixar de considerar que esse binômio preço/eficiência deve ser entrelaçado e que a frustração social pode ter efeitos imprevisíveis.[8]

[7] https://www.2030wrg.org/wp-content/uploads/2014/07/Charting-Our-Water-Future-Final.pdf, p. 6.

[8] Exemplifica-se o fato/marco ocorrido na cidade de Cochabamba – Bolívia, a "Guerra del Agua", naquele momento a água foi objeto de concessão para iniciativa privada e houve um aumento muito significativo dos preços das águas, como consequência houve enormes confli-

Um primeiro efeito que demonstra essa frustração social é aumento das demandas judiciais decorrentes do não fornecimento ou ineficácia no serviço de água e saneamento, esse fenômeno vem ocorrendo em todo o mundo. Observa-se, que essa frustração social decorre do impacto financeiro que o preço do serviço possa representar e a qualidade/eficiência que esse serviço tem. Nestes termos, a gestão desse serviço é o que mais importa e os resultados conseguidos.

4. Plano de Ação

União Europeia

A gestão da água também representa um grande desafio na Europa, destaca-se que o acesso desigual da água representa grandes consequências negativas para a saúde pública. Em 2019 o Conselho da União Europeia estabeleceu diretrizes sobre a água potável e saneamento.[9]

Interessante notar que o princípio da igualdade previsto na Declaração Universal dos Direitos Humanos serviu de alicerce para coadunar e desenvolver o direito a água potável e saneamento, acrescentou ainda, o Art. 11 do Pacto Internacional de Economia Social e Direitos Culturais (ICESCR), que reconhece a todos um padrão de vida adequado, e, finalmente, a Assembleia da ONU que reconhece os direitos humanos à água potável e saneamento.[10] Busca-se, com essas diretrizes, fornecer ferra-

tos da sociedade civil e o Estado contra essa privatização, somente acabou quando o governo voltou atrás. No pano de fundo estava o preço, mas também a má prestação do serviço. Matheus Hoffmann Pfrimer assevera: "A participação de diferentes territorialidades na Guerra da Água foi motivada por várias razões e não somente pelo argumento da privatização dos recursos naturais. Inicialmente, os camponeses e ambientalistas foram os primeiros a notar algo errado na Lei 2029 por meio da Federação dos Camponeses Regantes (FEDECOR). A questão girava em torno do confisco da infra-estrutura para irrigação. Posteriormente, se uniram à FEDECOR a Federação dos Trabalhadores Fabris de Cochabamba, por meio de Oscar Oliveira, e o Comitê de Defesa da Água e Economia Familiar (CODAEF), por meio do Deputado Gonzalo Maldonado. Ambas as instituições representando, sobretudo setores médios da sociedade. A união dessas três instituições conformou o surgimento da Coordenadora de Defesa da Água e da Vida." PFRIMER, Matheus Hoffmann. *A Guerra da Água em Cochabamba, Bolívia: a desconstrução de um conflito.* IV Encontro Nacional da Anppas 4,5 e 6 de junho de 2008 Brasília – DF – Brasil. http://www.anppas.org.br/encontro4/cd/ARQUIVOS/GT12-850-976-20080513215826.pdf.

[9] Brussels, 17 June 2019 (OR. en) 10146/19.

[10] Itens 1 e 2 – Brussels, 17 June 2019 (OR. en) 10146/19.

mentas para promover e proteger os direitos humanos à água potável e ao saneamento com ampla atuação da União Europeia e os Estados membros, com ampla divulgação.[11]

Dessa forma, essas diretrizes buscam "assegurar a realização progressiva do direito humano à água potável e ao saneamento para todas as pessoas".[12] Deve-se, portanto, reconhecer a água como condição prévia para a vida, para o gozo de todos os direitos humanos.[13] Dentro dessas diretrizes foram destacados cinco princípios[14]: a) aplica-se a todos – legalidade, universalidade e indivisibilidade dos direitos humanos; n) participação e acesso no processo de tomada de decisão; c) não discriminação e igualdade de acesso; d) responsabilidade e estado de direito; e) transparência e acesso à informação.

Destacando-se ainda o princípio da sustentabilidade com particular relevância para os direitos humanos à água potável e ao saneamento.[15] Portanto, a gestão da água e saneamento deve ser norteada por esses princípios.

5. Plano de ação internacional: Agenda 2030 para o Desenvolvimento Sustentável

Um dos pontos fulcrais da Agenda 2030 a ser considerado para o presente trabalho é o compromisso de "não deixar ninguém para trás" e para isso garantir a disponibilidade e gesta sustentável da água e saneamento para todos. Destacando-se no Compromisso 6 a água potável e o saneamento como direitos humanos. Verifica-se que uma a cada três pessoas não tem acesso a água potável, duas pessoas a cada cinco pessoas não dispõe de uma instalação básica destinada a lavar as mãos com água e sabão e 653 milhões de pessoas defecam ao ar livre.[16]

Também foi objeto dessa agenda a pandemia do COVID-19, destacando a necessidade do acesso a água, saneamento e higiene como fundamental

[11] Brussels, 17 June 2019 (OR. en) 10146/19

[12] https://www.consilium.europa.eu/pt/press/press-releases/2019/06/17/safe-drinking-water-and-sanitation-council-approves-eu-guidelines/#:~:text=A%20aprova%C3%A7%C3%A3o%20das%20diretrizes%20da%20UE%20em%20mat%C3%A9ria,dos%20direitos%20humanos%20que%20lutam%20por%20esses%20direitos.

[13] Brussels, 17 June 2019 (OR. en) 10145/19, p. 3.

[14] Brussels, 17 June 2019 (OR. en) 10145/19, p. 16.

[15] Brussels, 17 June 2019 (OR. en) 10145/19, p. 16.

[16] https://www.un.org/sustainabledevelopment/es/water-and-sanitation/

ao combate ao vírus. Pondo a lume que esse vírus não desaparecerá sem acesso a água potável para as pessoas que vivem em situação de vulnerabilidade.

Conclusões

Não restam dúvidas de que estamos a atravessar uma grave crise de água e saneamento. Reconhecer o direito à água e ao saneamento como direitos humanos foi o primeiro passo, mas evidentemente será necessário implementar diretrizes para permitir a universalização da água e saneamento e de forma igualitária. O princípio da utilização racional da água e o da sustentabilidade devem ser o alicerce das políticas públicas desses direitos. A gestão da água, seja pública ou privada, será o maior desafio desse início de milênio, com regras que permitam o investimento no desenvolvimento desses direitos, mas sobretudo a responsabilidade pela má gestão, afinal é um direito transindividual e atinge um número indeterminado de pessoas.

Utilizar a água sem desperdícios será uma medida de planejamento estatal com os setores agrícolas e industriais, que devem ser feitos em consonância com os produtores e os empresários, com bases sustentáveis. Como se observou, na Europa ou no âmbito internacional, a implementação do direito à água e ao saneamento precisa ser aprofundada, mas já possui diretrizes.

Por último, a pandemia COVID-19 descortinou de vez a necessidade de acelerarmos o âmbito de aplicação desses direitos, afinal muitas vidas poderiam ter sido poupadas, não só no período pandêmico, mas também no avanço da sociedade, se já tivessem sido implementada uma política eficaz de água e saneamento.

7
Universalização do Saneamento Básico: O Direito Humano à Saúde entre a Vulnerabilidade Social e a Cidadania

Fabiola Vianna Morais

Introdução

O saneamento básico constitui um dos pilares de desenvolvimento econômico, mas antes direito fundamental garantidor do direito à saúde e à vida, porquanto previne doenças e proporciona bem-estar físico e mental à pessoa humana, promovendo a sua dignidade.

No entanto, mundialmente, 2,5 bilhões de pessoas carecem de saneamento básico. Eles estão entre os 4,5 bilhões sem acesso a serviços de saneamento com segurança gerenciada.[1]

No Brasil, cerca de 35 milhões de brasileiros não têm acesso à água tratada. Quase metade da população não tem acesso aos serviços de coleta de esgoto. Dos efluentes coletados, apenas 45% são tratados. Além disso, 1.935 dos 5.570 municípios brasileiros, ou 34,7% do total, ainda registram epidemias ou endemias relacionadas à falta ou à deficiência de saneamento básico.[2]

Isto mostra que, apesar de o Brasil estar entre as dez maiores economias do mundo, não conseguiu universalizar o acesso ao saneamento básico.

[1] Dados da Organização Mundial da Saúde: *Guías para elsaneamiento y lasalud [Guidelinesonsanitationandhealth]. Ginebra: Organización Mundial de laSalud*, 2019. *In* ttps://apps.who.int/iris/bitstream/handle/10665/330097/9789243514703-spa.pdf?ua=1

[2] ConformeConfederaçãoNacionaldaIndústria: https://noticias.portaldaindustria.com.br/especiais/infografico-a-realidade-do-saneamento-basico-no-brasil/ Capturado em Fevereiro de 2020.

Em todo o país, 83,6% da população têm acesso ao abastecimento de água, enquanto a rede de esgoto atende a 53,2% dos brasileiros. E apenas 46,3% do esgoto gerado recebe tratamento no país.[3]

Quanto à coleta de esgoto, a situação mostra-se ainda mais precária, pois 47% da população brasileira não tem o serviço.[4]

Dentre as consequências, estão as 233 mil internações feitas, somente em 2018, por doenças de transmissão hídrica. Tal fato caracteriza a falta de saneamento básico como um problema de saúde pública. E as mais afetadas são as crianças de até 5 anos.[5]

Somente cerca de 3 mil municípios brasileiros, o equivalente a 55,2% do total, contam com coleta e tratamento de esgoto.[6]

Comparando duas regiões brasileiras, no Sudeste quase 92% da população tem acesso à água potável, cerca de 79% do esgoto coletado e 67,3% dele tratado, ao passo que no Norte a oferta de água alcança menos de 58% dos habitantes, onde aproximadamente 10% do esgoto é coletado e cerca de 80% dele não recebe tratamento, sendo quase todo o esgoto jogado nos rios.[7]

Sendo certo que a ausência de acesso ao saneamento básico atinge de forma mais grave os mais pobres, as regiões mais pobres, moradores de favelas ou periferias metropolitanas e de áreas rurais, moradores de comunidades, populações de rua e a população carcerária.

Além disso somente cerca de 3 mil municípios brasileiros, o equivalente a 55,2% do total, contam com coleta e tratamento de esgoto.[8]

[3] Conforme vigésimo quarto Diagnóstico dos Serviços de Água e Esgotos, elaborado a partir das informações e indicadores dos prestadores de serviços que participaram da coleta de dados do ano de 2019, tendo como ano de referência 2018, da Secretaria Nacional de Saneamento (SNS). Disponível em http://www.snis.gov.br/diagnostico-anual-agua-e-esgotos/diagnostico-dos-servicos-de-agua-e-esgotos-2018. Capturado em Fevereiro/2020.

[4] Sistema Nacional de Informação em Saneamento: https://cee.fiocruz.br/?q=node/1118. (2018). Capturado em Fevereiro de 2020.

[5] *Brasil corre risco de agravar doenças por falta de saneamento.* https://portal.fiocruz.br/noticia/brasil-corre-risco-de-agravar-doencas-por-falta-de-saneamentoFiocruz

[6] Agência Nacional das Águas: https://www.ana.gov.br/noticias-antigas/plano-nacional-de-saneamento-ba-sico-o-que-falta.2019-03-15.4665581007

[7] Confederação Nacional da Indústria: https://noticias.portaldaindustria.com.br/especiais/infografico-a-realidade-do-saneamento-basico-no-brasil/

[8] Conforme Agência Nacional de Águas: https://www.ana.gov.br/noticias-antigas/plano-nacional-de-saneamento-ba-sico-o-que-falta.2019-03-15.4665581007, de 15/03/2019. Capturado em Fevereiro de 2020.

No Brasil 100 milhões de pessoas não têm acesso ao serviço de coleta de esgoto, 35 milhões não têm água tratada, 59% das escolas do ensino fundamental não têm coleta de esgoto e em torno de 280 mil pessoas por ano são internadas por causa de diarreia.[9]

O marco regulatório do setor do saneamento por meio da Lei nº 14.026, de 15 de Julho de 2020 apresenta como um dos seus princípios fundamentais a universalização do acesso, que consiste em ampliar, progressivamente, o acesso de todos os domicílios ocupados ao saneamento básico.[10]

Como princípios fundamentais para os serviços públicos de saneamento são estabelecidos na referida lei: a universalização do acesso e a efetiva prestação do serviço; a integralidade,compreendida como o conjunto de atividades e componentes de cada um dos diversos serviços de saneamento que propicie à população o acesso a eles em conformidade com suas necessidades e maximize a eficácia das ações e dos resultados; abastecimento de água, esgotamento sanitário, limpeza urbana e manejo dos resíduos sólidos realizados de forma adequada à saúde pública, à conservação dos recursos naturais e à proteção do meio ambiente; disponibilidade, nas áreas urbanas, de serviços de drenagem e manejo das águas pluviais, tratamento, limpeza e fiscalização preventiva das redes, adequados à saúde pública, à proteção do meio ambiente e à segurança da vida e do patrimônio público e privado;adoção de métodos, técnicas e processos que considerem as peculiaridades locais e regionais;articulação com

[9] Conforme salientado em audiência pública sobre a universalização do saneamento básico No Brasil realizada pela Comissão de Serviços de Infraestrutura do Senado Federal, em 25/9/2019: https://www12.senado.leg.br/noticias/materias/2019/09/25/brasil-tem-48-da-populacao-sem-coleta-de-esgoto-diz-instituto-trata-brasil. Capturado em Fevereiro de 2020.

[10] Atualiza o marco legal do saneamento básico e altera a Lei nº 9.984, de 17 de julho de 2000, para atribuir à Agência Nacional de Águas e Saneamento Básico (ANA) competência para editar normas de referência sobre o serviço de saneamento, a Lei nº 10.768, de 19 de novembro de 2003, para alterar o nome e as atribuições do cargo de Especialista em Recursos Hídricos, a Lei nº 11.107, de 6 de abril de 2005, para vedar a prestação por contrato de programa dos serviços públicos de que trata o art. 175 da Constituição Federal, a Lei nº 11.445, de 5 de janeiro de 2007, para aprimorar as condições estruturais do saneamento básico no País, a Lei nº 12.305, de 2 de agosto de 2010, para tratar dos prazos para a disposição final ambientalmente adequada dos rejeitos, a Lei nº 13.089, de 12 de janeiro de 2015 (Estatuto da Metrópole), para estender seu âmbito de aplicação às microrregiões, e a Lei nº 13.529, de 4 de dezembro de 2017, para autorizar a União a participar de fundo com a finalidade exclusiva de financiar serviços técnicos especializados.

as políticas de desenvolvimento urbano e regional, de habitação, de combate à pobreza e de sua erradicação, de proteção ambiental, de promoção da saúde, de recursos hídricos e outras de interesse social relevante, destinadas à melhoria da qualidade de vida, para as quais o saneamento básico seja fator determinante; eficiência e sustentabilidade econômica;estímulo à pesquisa, ao desenvolvimento e à utilização de tecnologias apropriadas, consideradas a capacidade de pagamento dos usuários, a adoção de soluções graduais e progressivas e a melhoria da qualidade com ganhos de eficiência e redução dos custos para os usuários; transparência das ações, baseada em sistemas de informações e processos decisórios institucionalizados; controle social;segurança, qualidade, regularidade e continuidade; segurança, qualidade, regularidade e continuidade; educação e controle das perdas de água, inclusive na distribuição de água tratada, estímulo à racionalização de seu consumo pelos usuários e fomento à eficiência energética, ao reuso de efluentes sanitários e ao aproveitamento de águas de chuva; prestação regionalizada dos serviços, com vistas à geração de ganhos de escala e à garantia da universalização e da viabilidade técnica e econômico-financeira dos serviços; seleção competitiva do prestador dos serviços; e prestação concomitante dos serviços de abastecimento de água e de esgotamento sanitário.

Esses serviços devem ser prestados observando o planejamento, regulação e fiscalização definidos pelo titular dos serviços, os quais poderão delegar a organização, regulação, fiscalização e prestação desses serviços. Sendo certo que a sustentabilidade econômico-financeira dos serviços será assegurada, sempre que possível, mediante cobrança dos serviços, sendo definidas diretrizes para isso e previstos subsídios.

Destaca-se a prioridade para ações que promovam equidade social e territorial no acesso ao saneamento básico e a melhoria da qualidade de vida e das condições ambientais e de saúde pública, observando a ligação direta das diretrizes da política pública de saneamento com a política de saúde. Os subsídios governamentais visam garantir a universalização do acesso ao saneamento básico, especialmente para populações e localidades de baixa renda. E por fim, salienta-se a elaboração do Plano Nacional de Saneamento Básico[11] como eixo da atuação do Governo Federal, res-

[11] O Plano Nacional de Saneamento Básico, por sua vez, prevê a universalização da oferta de água potável e tratamento de esgoto até o ano de 2033.

ponsável pela definição de programas, ações e estratégia de investimento; institui e traça os objetivos do Sistema Nacional de Informações em Saneamento Básico (Sinis).

A lei do saneamento básico define-o como o conjunto de serviços, infraestruturas e instalações operacionais de abastecimento de água potável, esgotamento sanitário, limpeza urbana e manejo de resíduos sólidos e drenagem e manejo das águas pluviais urbanas.

Ao mesmo tempo, o saneamento básico constitui um direito humano e um dos objetivos do desenvolvimento do milênio (ONU, 2010 e 2015).

O presente estudo visa a contribuir para se estabelecer o vínculo entre saneamento e saúde, de modo que a administração pública priorize ações e investimentos neste setor para prevenção do surgimento e da propagação de moléstias, bem como para evitar danos ao meio ambiente. Ao mesmo tempo propugna-se a cidadania e a diminuição das vulnerabilidades e desigualdades regionais, nos sentidos que lhes confere a maioria dos Estados por meio de suas Constituições.

1. Problemas de saúde decorrentes da falta de saneamento básico

A saúde foi reconhecida como "direito de todos e dever do Estado, garantido mediante políticas sociais e econômicas que visem à redução do risco de doença e de outros agravos e ao acesso universal e igualitário às ações e serviços para sua promoção, proteção e recuperação." (Art. 196 da Constituição da República).

O saneamento básico contém quatro eixos: abastecimento de água, esgotamento sanitário, manejo de resíduos sólidos e drenagem pluvial.

O saneamento é entendido como o acesso e uso de instalações e serviços para a eliminação segura da urina e das fezes humanas. Um sistema de saneamento seguro é um sistema programado e utilizado para evitar o contato das pessoas com as excreções humanas em todas as etapas do serviço de saneamento, desde a contenção, transporte, tratamento até sua disposição final.

Um dos principais motivos para os problemas de saúde em todo o mundo são as condições não-adequadas da água e do saneamento básico. É o que mostra os dados do Relatório de Desenvolvimento Humano de 2006 "a água não limpa e as más condições de saneamento, constituem a segunda maior causa de mortalidade infantil no mundo e 443 milhões de dias de aulas são perdidos todos os anos devido a doenças relacionadas com a água."[12]

No Brasil são geradas 9,1 mil toneladas de esgoto por dia(essa carga de esgoto é medida em Demanda Bioquímica de Oxigênio (DBO), que corresponde à matéria orgânica presente nele). No entanto, conforme a Agência Nacional de Águas e Saneamento Básico (ANA)[13], 45% da população brasileira não têm acesso ao tratamento adequado de esgoto. 43% da população possui esgoto coletado e tratado e 12% utilizam-se de fossa séptica (solução individual), ou seja, 55% possuem tratamento considerado adequado; 18% têm seu esgoto coletado e não tratado e 27% não possuem coleta nem tratamento.

Ainda, das 9,1 mil toneladas de esgoto geradas por dia apenas 5,5 mil toneladas são tratadas, o que representa 39% do total, por isso o impacto é cada vez maior e mais grave nos rios. Conforme informações da ANA, mais de 110 mil quilômetros de trechos de rios estão com a qualidade comprometida devido ao excesso de carga orgânica despejada neles, isto é, esgoto não tratado adequadamente. Desse quantitativo de trechos de rio com qualidade comprometida, em 83.450 quilômetros não é mais permitida a captação para abastecimento público devido à poluição e em 27.040 quilômetros a captação pode ser feita, mas requer tratamento avançado.[14]

A falta de serviço de saneamento adequado, diz-se, seguro, provoca problemas de saúde pública, não apenas pela contaminação das águas e transmissão de doenças infecciosas, como também pela propagação de mosquitos transmissores de doenças.

[12] O relatório mostra que quase 2 milhões de crianças morrem todos os anos por falta e um copo de água limpa e banheiro em suas casas. Fora dos domicílios, a disputa pela água para produção se intensifica, prejudicando os menos favorecidos das áreas rurais e o meio ambiente. O texto recusa a ideia de que a crise mundial da água é resultado da escassez e defende que a pobreza, o poder e as desigualdades é que estão no âmago do problema. O relatório aponta que, no ritmo atual, as metas dos Objetivos de Desenvolvimento do Milênio relacionadas saneamento e água não serão cumpridas no prazo. Conforme:https://www.br.undp.org/content/brazil/pt/home/library/idh/relatorios-de-desenvolvimento humano/relatorio-do-desenvolvimento-humano-20006/

[13] Art.2º da Lei 14.026/2020.

[14] https://www.ana.gov.br/noticias/atlas-esgotos-revela-mais-de-110-mil-km-de-rios-com-comprometimento-da-qualidade-da-agua-por-carga-organica. Dados de 03/11/2017. Capturado em Fevereiro de 2020.

Assim, as diarreias repetitivas com resultado morte principalmente em crianças com menos de cinco anos de idade, as geohelmintoses, cólera, hepatite e febre tifóide, a esquistossomose, o tracoma, a febre do Nilo Ocidental, a filariose linfática, a disfunção entérica ambiental, responsáveis por má absorção de nutrientes (desnutrição), déficits de crescimento, da função cognitiva e desempenho escolar, bem como por mortes sobretudo de fetos.

No Brasil é comum a esquistossomose ("barriga d'água"), doença causada pelo Schistosoma mansoni, um verme encontrado em água doce, que aparece nos rios e lagos por meio das fezes de pessoas contaminadas. Esses dejetos levam os ovos do verme, que eclodem na água, liberando larvas que infestam seu hospedeiro intermediário, o caramujo.A doença é considerada um problema endêmico, com cerca de 1,5 milhão de pessoas vivendo em áreas de risco de contaminação. As regiões mais visadas do país são o Nordeste e estados do Sudeste como Minas Gerais e Espírito Santo.[15]

Essa triste realidade acaba por afetar também a indústria do turismo, como o caso relatado por pesquisas desenvolvidas pela Fiocruz de indivíduos da zona rural parasitados com o Schistosoma mansoni e que foram trabalhar em áreas turísticas no litoral daquele estado, como Porto de Galinhas.[16]

Sendo também o lixo o principal criadouro do mosquito da dengue.[17]

Segundo estudo recente realizado pela ONU, somadas as abstenções escolares de todos os alunos no mundo, problemas ligados à falta de saneamento e água fazem com que 443 milhões de dias letivos sejam perdidos todos os anos.[18]

Portanto verifica-se que a falta de saneamento não só gera problemas relacionados à saúde pública como também à educação.[19]

[15] https://www.saneamentobasico.com.br/esquistossomose-doenca-brasil/Dado de 20/2/2020. Capturado em Fevereiro de 2020.

[16] https://www.arca.fiocruz.br/bitstream/icict/35370/2/VERS%C3%83O%20FINAL%20-%20Mariana%20Izabel%20Sena%20Barreto%20de%20Melo%20Cavalcanti.pdf. Capturado em Fevereiro de 2020

[17] http://www.dengue.sc.gov.br/view/manual.php

[18] https://nacoesunidas.org/assembleia-geral-da-onu-reconhece-saneamento-como-direito-humano-distinto-do-direito-a-agua-potavel/ , de 04/1/2016. Capturado em Fevereiro de 2020.

[19] Conforme dados da Fiocruz: Pesquisas mostram como o não acesso à água e ao esgoto afeta outros direitos sociais: https://portal.fiocruz.br/noticia/pesquisas-mostram-como-o-nao-acesso-agua-e-ao-esgoto-afeta-outros-direitos-sociais. Publicado em 17/03/2017. Capturado em Fevereiro de 2020.

2. Saneamento básico e vulnerabilidade social

Etimologicamente, a palavra vulnerabilidade é originária do latim *vulnerare*, que significa ferir, lesar, prejudicar, e 'bĭlis, entendido como suscetível a.

Na Bioética, o conceito de vulnerabilidade como condição inerente ao ser humano, naturalmente necessitado de ajuda, diz do estado de ser/estar em perigo ou exposto a potenciais danos em razão de uma fragilidade atrelada à existência individual, eivada de contradições.

No entanto verifica-se que existem pessoas em situações de maior vulnerabilidade do que outras, o que decorre da sua condição socioeconômica, e por isso é compreendida como vulnerabilidade social.

A vulnerabilidade social resulta das estruturas políticas e econômicas e da ausência ou falha do Estado em criar políticas públicas no sentido de diminui-la e superá-la. Em razão da vulnerabilidade social, o ser humano se depara com menor acesso à saúde, à educação e também ao saneamento básico, essenciais para a dignidade da pessoa humana e o seu desenvolvimento. Desta forma, requer ação estatal proativa e sanatória, porquanto existe violação de direitos humanos definidos em normas internacionais.[20]

A título de ilustração da vulnerabilidade social em saneamento básico, um total de 15,5 milhões de pessoas se veem forçadas a defecar a céu aberto na América Latina e no Caribe.[21]Bolívia, Brasil, Colômbia, Haiti, México, Peru e Venezuela são países onde mais ocorre essa prática. O Haiti é o país da região com a maior porcentagem da população que defeca ao ar livre (20%) e com os níveis mais baixos de acesso a serviços básicos de água e saneamento da região (65,5% e 34,7%, respectivamente). Isso significa que muitos habitantes adoecem por causas relacionadas a essa prática, a exemplo da diarreia.[22]

[20] O VI Congresso Mundial de Bioética (2002) debateu a necessidade de a Bioética incorporar em seu campo de reflexão e ação temas políticos atuais, principalmente as desigualdades sociais e econômicas existentes entre países ricos e pobres, propondo que esse campo lide com alguns problemas persistentes típicos de países periféricos, como exclusão social, concentração de poder e efeitos negativos da globalização.

[21] Conforme Organização Pan-Americana da Saúde (OPAS):https://www.paho.org/bra/index.php?option=com_content&view=article&id=6063:quase-16-milhoes-de-pessoas-ainda-defecam-ao-ar-livre-na-america-latina-e-no-caribe&Itemid=839, de 19 de Novembro de 2019. Capturado em Fevereiro de 2020.

[22] Conforme Organização Pan-Americana de Saúde: https://www.paho.org/bra/index.php?option=com_content&view=article&id=6063:quase-16-milhoes-de-pessoas-ainda-defecam-ao-ar-livre-na-america-latina-e-no-caribe&Itemid=839. Dados de 19/11/2019. Capturado em Fevereiro de 2020.

Pessoas com renda mais baixa, grupos em situação de vulnerabilidade, populações rurais e povos indígenas são os mais afetados pelo saneamento deficiente.

Conforme estudos da Fiocruz, nos municípios com maior desigualdade e maior proporção de pobres, há maior parcela da população sem água e banheiro no domicílio. Maiores taxas de mortalidade infantil do município também estão associadas a maior proporção da população sem acesso a água e banheiro no domicílio. O percentual de pessoas em domicílios com abastecimento de água e esgotamento sanitário inadequados está também associado a indicadores socioeconômicos: em situações mais favoráveis quanto à renda per capita, IDHM, proporção de pobres e desigualdade do município a tendência é haver menor proporção de população com condições inadequadas de água e esgoto.[23]

Dados da Fiocruz nos informam que até 2012, 49,3% dos domicílios do país cujas famílias tinham renda de até meio salário mínimo não contavam com serviços de saneamento (oferta simultânea de água, esgotamento sanitário e coleta de lixo); para as famílias com renda superior a dois salários mínimos, esse percentual era de apenas 16,4%.[24]

O cenário que se apresenta em nível nacional e internacional traz à baila a necessidade de se discutir, e de se efetivar, a cidadania.

3. Cidadania e saneamento básico

A cidadania é tratada sob o enfoque dos direitos civis, políticos e sociais. A plenitude da cidadania logra-se com a titularidade dos três direitos. Em contrapartida ao ausente de direitos, que seria um não-cidadão.[25/26]

[23] D'ALBUQUERQUE, Raquel & MENICUCCI, Telma. *Política de saneamento vis–à-vis à política de saúde: encontros, desencontros e seus efeitos. In* Saneamento como política pública: Um olhar a partir dos desafios do SUS. Org. Léo Heller. Riode janeiro, RJ: Centro de Estudos Estratégicos da Fiocruz, 2018.:
http://www.cee.fiocruz.br/sites/default/files/2_Leo%20Heller%20et%20al_saneamento.pdf

[24] HELLER, Léo et all. *A busca pela universalização do acesso. In* Saneamento e Saúde: Saneamento: entre os direitos humanos, a justiça ambiental e a promoção da saúde. Org. Guilherme Franco Netto, Juliana Wotzasek Rulli Villardi e Virginia Maria Leite de Almeida. Fundação Oswaldo Cruz, Ministério da Saúde, 2018, p. 29. Disponível em https://portal.fiocruz.br/sites/portal.fiocruz.br/files/documentos/06_saneamento.pdf. Capturado em Fevereiro de 2020.

[25] Sobre processo histórico da cidadania e sua relação com a classe social, Marshall pondera que "A cidadania é um status concedido àquele que são membros integrais de uma comunidade. Todos aqueles que possuem o status são iguais com respeito aos direitos e obrigações perti-

Na categoria dos direitos civis (século XVIII) estão os fundamentais à vida, à liberdade, à propriedade, à igualdade. Deles decorrem a garantia de ir e vir;a livre iniciativa; a liberdade de manifestação do pensamento, de associação, a inviolabilidade do lar e da correspondência, de não ser preso a não ser pela autoridade competente e de acordo com as leis, de não ser condenado sem o devido processo legal. São eles garantidores do processo civilizatório e do próprio aspecto existencial da pessoa humana, sendo muitos deles, por isso mesmo, antes mesmo de se por a pessoa perante o Estado, considerados direitos da personalidade no que concerne à sua relação para com o seu titular e para com os outros, perante os quais se impõem e sem os quais não haveria nenhum processo civilizatório, porquanto garantem a vida em sociedade.

Por sua vez, os direitos políticos (século XIX) se referem à participação da pessoa no governo da sociedade e se restringem à parte da população designada como apta pelo Estado para o seu exercício e consistem nos direitos de votar e ser votado; de fazer demonstrações políticas e de organizar partidos.

Finalmente os direitos sociais (século XX) garantem a participação na riqueza coletiva, compreendendo, destarte, o direito à educação, ao trabalho, ao salário justo, à saúde, à aposentadoria. Visam a garantir um mínimo de bem-estar para todos, tendo como ideia central a justiça social.

Destarte o saneamento básico-seguro- insere-se como prestação de serviço público essencial a ser garantido pelos Estados, porquanto é indispensável à saúde da população, à dignidade da pessoa humana, ao seu desenvolvimento e ao bem-estar social.

nentes ao status... A classe social, por ouro lado, é um sistema de desigualdade. " (MARSHALL, T. H. *Cidadania, Classe Social e Status*. Trad. Metox Porto Gadelha, Rio de Janeiro: Zahar Editores, p. 76-77.

[26] Destacando a natureza histórica da cidadania, José Murilo de Carvalho explica que "ela se desenvolveu dentro do fenômeno, também histórico, a que chamamos de Estado-nação e que data da Revolução Francesa, de 1789. A luta pelos direitos, todos eles, sempre se deu dentro das fronteiras geográficas e políticas do Estado-nação. Era uma luta política nacional, e o cidadão que dela surgia era também nacional. Isto quer dizer que a construção da cidadania tem a ver com a relação das pessoas com o Estado e com a nação. As pessoas se tornavam cidadãs à medida que passavam a se sentir parte de uma nação e de um Estado." (CARVALHO, José Murilo de. *Cidadania no Brasil. O longo Caminho*. 3ª ed. Rio de Janeiro: Civilização Brasileira, 2002, p. 12)

No entanto para que se possa reconhecer cidadania às pessoas, é preciso retirar a vulnerabilidade de que sofrem nomeadamente os mais pobres,dar informações a respeito do serviço que é prestado, garantir o acesso (físico e financeiro) de todos à prestação adequada do serviço (qualidade e quantidade), permitir a participação nas decisões, acompanhar a fiscalização da prestação do serviço pelo Estado e ter a garantia da responsabilidade do Estado pela falha do serviço.

Diplomas internacionais, bem como o marco (e o novo marco) do saneamento básico no Brasil propõem medidas e instrumentos para sua universalização como um caminho à cidadania e consagração como direito humano.

4. O saneamento básico como direito humano em âmbito internacional – princípios norteadores e características

A Declaração da Assembleia Geral da Organização das Nações Unidas, de 2010, cuja Resolução 64/292 prevê que o acesso à água limpa e segura e ao saneamento básico são direitos humanos fundamentais, estabelece como um dos Objetivos de Desenvolvimento do Milênio a redução pela metade da proporção de pessoas que não possui acesso à água potável e o número de indivíduos sem saneamento básico.

Ainda no mesmo instrumento normativo, declara-se a água como bem cultural e social (art. 11), e não como simples recurso econômico, dando uma abordagem sustentável e considerado a disponibilidade do recurso no longo prazo. A disponibilidade e distribuição dos recursos hídricos deve levar em consideração diversos fatores (art. 12), incluindo a quantidade, qualidade adequada para o consumo humano e acima de tudo garantir o acesso independente das condições econômicas e sociais dos consumidores.

O diploma ainda proíbe (art. 13) qualquer tipo de discriminação ao acesso à água, fazendo referência ao combate a qualquer forma de discriminação presente em outros instrumentos internacionais, e preconiza que os Estados-partes estabeleçam políticas públicas visando o acesso a certas minorias descriminadas e marginalizadas.

Em 2018, a UN-Water produziu o Relatório de Síntese do SDG (*Sustainable Development Goal*) 6 2018 sobre Água e Saneamento e já no prefácio dispõe que: "*Water is life. Progress in nutrition, health, education, work, equality, environmental protection and international cooperation are all related to the availability and sustainable management of water and universal access to effective systems for disposing of our waste."*

Baseada na Agenda 2030 para o Desenvolvimento Sustentável, de 2015, que vem a ser um plano de ação para a pessoa, o planeta e a prosperidade, este Relatório salientou que haja vista o perigo que representa a crescente escassez de água em todo o mundo, é imprescindível que ocorra uma mudança na forma como o mundo administra a água para que se possa assegurar a disponibilidade e a gestão sustentável da água e saneamento para todas e todos.

Como problemas relacionados à água, destacaram-se o crescimento populacional no mundo, a migração das zonas rurais para as urbanas e proporcionalmente o aumento pela demanda de água, comida e energia; a vulnerabilidade das pessoas que habitam em áreas pobres, onde há falta de água potável e saneamento básico; as mudanças climáticas provocadas pela degradação ambiental.

4.1. Princípios do saneamento básico[27]

O direito humano ao saneamento confere a todas as pessoas o direito de aceder aos serviços de saneamento que proporcionem privacidade e garantam a dignidade, acessíveis do ponto de vista físico e financeiro e adequados do ponto de vista social e técnico.

Desta forma, é mister a observância dos princípios a partir dos quais as normas jurídicas sobre saneamento devem ser originadas:

A) Não-discriminação e da igualdade, segundo o qual todas as pessoas têm que ter acesso aos serviços de saneamento de maneira adequada e segura, sem discriminação, conferindo prioridade às pessoas e grupos mais vulneráveis e desfavorecidos.
B) Participação, pois toda pessoa deve poder participar nas decisões relacionadas com seu acesso ao saneamento sem discriminação.
C) Informação, porque os programas e projetos referentes ao saneamento e toda informação a respeito deve estar ao alcance e para todas as pessoas concernentes para livre acesso nos idiomas respectivos e por meios adequados.

[27] Conforme *Guías para elsaneamiento y lasalud [Guidelinesonsanitationandhealth]* da Organização Mundial da Saúde, de 2019.

D) Prestação de contas (monitoramento e acesso à justiça), porquanto os governos devem garantir o acesso ao saneamento e por conseguinte assumir a responsabilidade por qualquer falha na prestação adequada do serviço, supervisionando o acesso e a falta de acesso.
E) Sustentabilidade, uma vez que o acesso ao saneamento deve ser econômica e financeiramente sustentável, inclusive a longo prazo.

4.2. Caraterísticas do direito humano ao saneamento básico[28]

A) Disponibilidade: Deve existir um número de instalações sanitárias suficiente para todas as pessoas.
B) Acessibilidade física: Todas as pessoas devem ter fácil acesso às instalações sanitárias no interior e nas intermediações de cada lugar, estabelecimento de ensino ou de saúde, instituições e espaços públicos e ambientes de trabalho. A segurança física não deve, também, estar em risco quando do acesso às instalações sanitárias.

Além disso, a água potável e o esgotamento sanitário também devem ser de fácil acesso, estando nas proximidades dos lares, do local de trabalho e das escolas, sempre disponível no momento em que for preciso. O estabelecido pela Organização Mundial da Saúde é que a fonte de água não deve ultrapassar a distância de um quilômetro da moradia das pessoas.[29]

Insta salientar que a água acessível a todos e a qualquer momento evita o processo de armazenamento que pode criar um habitat propício para a proliferação de mosquito da dengue podendo causar um surto da doença.

C) Qualidade: As instalações sanitárias devem ser higiênicas e devem poder ser utilizadas de forma segura sob o ponto de vista técnico, de modo a garantir uma higiene adequada, sobretudo em momentos críticos[30].

[28] Conforme *Guías para elsaneamiento y lasalud [Guidelinesonsanitationandhealth]* da Organização Mundial da Saúde, de 2019.

[29] Em alguns países da África e da Ásia, as mulheres percorrem cerca de seis quilômetros para fazer o abastecimento de água.

[30] Como é o momento atual (2020) do Coronavírus,, para cuja prevenção os profissionais de saúde orientam amplamente a higienização das mãos com o fim de evitar a transmissão por meio das secreções a outros ambientes de contato.

D) Acessibilidade financeira: O preço do saneamento deve ser acessível para todas as pessoas, sem limitar sua capacidade para pagar por outras necessidade básicas garantidas pelos direitos humanos como a água, os alimentos, a habitação e à atenção à saúde.[31]

E) Aceitabilidade: Os serviços, em especial as instalações sanitárias, devem ser aceitáveis sob o ponto de vista cultural, de maneira a garantir a intimidade e a dignidade das pessoas.[32]

5. Sustentabilidade e direito humano ao saneamento básico

O direito à água prevê que seja garantido água para o uso pessoal e doméstico, mas não permite o seu uso ilimitado, visto que a água deve ser utilizada de modo sustentável para as presentes e futuras gerações, sem grandes desperdícios.

Considerando a forma e a velocidade com que a poluição em lençóis freáticos, lagoas, lagos, córregos, rios, mares e oceanos tem se propagado nas últimas décadas e como o consumo desse recurso tem aumentado (principalmente considerando a necessidade da indústria e agropecuária), não há o tempo necessário para que a recarga dos reservatórios aconteça. Esse quadro tem se agravado nos últimos anos.

De sorte que se não houver um planejamento urbano eficiente, a situação tende a piorar, pois projeções já reveladas por estudos da ONU apontam que em 2050 a média mundial de urbanização alcançará os 45%.[33] Em se tratando de planejamento urbano eficiente, um dos grandes proble-

[31] Relatório do Desenvolvimento Humano de 2006 indica, por exemplo, que nos bairros pobres da cidade de Jacarta as pessoas pagam cerca de 5 a 10 vezes do preço cobrado nos bairros mais ricos da região. Já nas Filipinas, em Manila, o custo da ligação à rede pública de água corresponde a três meses de rendimento familiar das famílias mais pobres.
Na Alemanha e na Bélgica é estabelecido um preço fixo para a ligação do serviço público de água e de saneamento básico e a cada residência é dada uma quantidade de água a ser gasta por dia e o que ultrapassar esse valor é pago a mais, dependendo do que foi consumido.

[32] Em 2007, constatou-se que instalações escolares do Senegal não propiciavam a separação por gêneros dos banheiros, o que fez com que muitas mulheres deixassem de ir ao banheiro e por conseguinte deixavam de beber água e em certas ocasiões não iam à escola. Conformehttps://www.un.org/waterforlifedecade/pdf/human_right_to_water_and_sanitation_media_brief_por.pdf. Capturado em Fevereiro de 2020.

[33] Salienta ainda que o mundo terá 3 bilhões de pessoas vivendo em favelas em 2050 caso não haja ideias para enfrentar a rápida urbanização. Conforme: https://nacoesunidas.org/onu-3-bilhoes-de-pessoas-viverao-em-favelas-em-2050-se-mundo-nao-enfrentar-rapida-urbanizacao/ Capturado em Fevereiro de 2020.

mas é o saneamento básico, principalmente quando considerado o esgotamento sanitário.

6. Investimentos, licitação e agências reguladoras

De acordo com o Ministério das Cidades, serão necessários R$ 420 bilhões nos próximos 20 anos para universalizar os serviços de saneamento no País, que incluem abastecimento, esgoto, resíduos sólidos e manejo das águas fluviais e drenagem.[34]

Em São Paulo, por exemplo, a Secretaria de Infraestrutura e Meio Ambiente assinou em21/1/20 a liberação de R$ 32 milhões para estudos, projetos e obras de recursos hídricos, saneamento e meio ambiente na capital e interior. Os recursos, do Fundo Estadual de Recursos Hídricos (Fehidro), serão destinados a projetos firmados com 53 contratos com municípios, órgãos estaduais e entidades da sociedade civil. As obras envolvem empreendimentos de combate a perdas de água, instalação de fossas sépticas, controle de erosão, obras de micro e macrodrenagem, além de ações focadas em resíduos sólidos urbanos.[35]

O novo marco legal do saneamento,visa ampliar a participação privada no mercado, por meio de licitação quando os estados e municípios contratarem um serviço de saneamento.[36][37]

Os contratos de prestação dos serviços públicos de saneamento básico deverão definir metas de universalização que garantam o atendimento de 99% (noventa e nove por cento) da população com água potável e de 90% (noventa por cento) da população com coleta e tratamento de esgotos até 31 de dezembro de 2033, assim como metas quantitativas de não

[34] Conforme Agência Nacional de Águas: https://www.ana.gov.br/noticias-antigas/ana-participa-da-elaboraassapso-do-plano-nacional.2019-03-15.5436044175. Capturado em Fevereiro de 2020.

[35] https://www.infraestruturameioambiente.sp.gov.br/2020/01/sima-libera-r-32-milhoes-para-obras-de-saneamento-na-capital-e-interior-de-sp/, de 21/1/2020. Capturado em Fevereiro de 2020.

[36] Até então as autoridades locais podiam optar por firmar o chamado "contrato de programa". Essa modalidade permitia que empresas estatais que prestassem serviços de saneamento fossem contratadas sem licitação – portanto, sem concorrência privada.

[37] Com investimento estimado em um total de R$ 500 bilhões até 2033.(http://www.economia.gov.br/noticias/2020/01/infraestrutura-e-pauta-prioritaria-para-o-desenvolvimento-do-pais-em-2020).

intermitência do abastecimento, de redução de perdas e de melhoria dos processos de tratamento.

Sendo certo que os contratos em vigor que não possuírem as metas referidas terão até 31 de março de 2022 para viabilizar essa inclusão.

Estabelece novas diretrizes para contratos da área de saneamento no Brasil, tendo como escopo: o abastecimento de água potável; a coleta e tratamento de esgoto; a limpeza urbana, e a redução e reciclagem de lixo.

Além disso, resgata a ideia original de atribuir à Agência Nacional de Águas e Saneamento Básico responsabilidade sobre a regulação do saneamento.[38]

Prevê também que o saneamento passe a ser prestado de forma regionalizada, ou seja blocos com cidades que prestarão os serviços do setor em conjunto – municípios vizinhos poderão integrar a mesma licitação, de forma a otimizar a prestação do serviço essencial.

Desta forma, a ANA deve desempenhar um papel central no saneamento brasileiro a partir do novo marco legal do setor.

Entre as funções que devem entrar no escopo da ANA estão o estabelecimento dos padrões de qualidade e eficiência que serão adotados no saneamento básico e a determinação das tarifas a serem cobradas dos consumidores dos serviços. A Agência também deve padronizar as diferentes metas do setor, considerando as condições de cobertura e viabilidade da prestação de serviços em cada local.

Discute-se, entretanto, se a entrada de empresas privadas irá de fato ampliar o acesso ao saneamento em regiões onde há maior carência pelos serviços. Além disso, questiona-se o risco de aumento de tarifas, haja vista que esses foram os motivos que levaram a algumas cidades a reestatizarem o saneamento.[39]

[38] O objetivo da ANA era administrar os rios e lagos, evitando que a soma desordenada dos interesses individuais resulte em prejuízo para o interesse coletivo, o que os economistas chamam de "tragédia do uso dos bens comuns". No caso dos rios, a tragédia se manifesta na forma de rios secos, devido à desordenada retirada de água, ou em rios poluídos, devido ao lançamento de esgoto sem tratamento.A Agência não tinha atribuição para o serviço de água e esgoto. Nos primeiros rascunhos de sua lei de criação, a ANA teria a responsabilidade de tratar também da área de saneamento. Todavia, essa prerrogativa se perdeu nas discussões subsequentes porque a Constituição não atribui à União a responsabilidade sobre o saneamento, ao contrário do que ocorre com a energia elétrica, por exemplo.

[39] Entre 2000 e 2017, foram registradas no mundo 267 cidades que reestatizaram os serviços de saneamento, segundo levantamento do Transnational Institute, centro holandês de estudos

Considerações finais

Independentemente de se ter por explícito ou não o direito ao saneamento básico como direito humano, certo é que se trata de um serviço essencial à vida humana, à sua saúde, ao desenvolvimento da pessoa e à sua dignidade.

A universalização do saneamento básico visa a ultrapassar os obstáculos existentes em razão das vulnerabilidades sociais, decorrentes da condição socioeconômica do indivíduo.

Quaisquer leis ou projetos de lei devem ter por prioridade a cidadania plena do ser humano e não aspectos meramente econômicos.

Ainda que se queira conferir ao saneamento básico um cunho exclusiva e meramente econômico, tal postura atenta não só contra os princípios e regras internacionais, como conduz também a consequências econômicas trágicas, haja vista a importância do serviço de saneamento sobretudo com o aumento populacional e a urbanização crescente.

No Direito qualquer medida deve ter como centro a pessoa humana, sem a qual sequer o Direito existe e as sociedades tendem à autodestruição.

em democracia e sustentabilidade. Na maioria dos casos, a volta da responsabilidade para o Estado esteve ligada a uma percepção de que as empresas que prestavam os serviços não eram capazes de cumprir com o total das obrigações envolvidas. Os serviços eram considerados ineficientes, com aumento de preços e investimentos insuficientes, nomeadamente na Europa, como nas cidades de Berlim, Paris e Budapeste. Só na França, 106 cidades reestatizaram o saneamento. Mas o fenômeno ocorreu também fora do continente europeu: Buenos Aires (Argentina) e La Paz (Bolívia) são alguns casos sul-americanos, enquanto Bamako (Mali), e Maputo (Moçambique) foram cidades africanas que passaram pelo processo.

8
A Seletividade

Hélio Silvio Ourém Campos

Introdução

É um desdobramento do princípio da praticabilidade. Aqui, abstrai-se a capacidade de contribuir de cada indivíduo, e parte-se para uma consideração de caráter estritamente objetivo, levando-se em conta o produto, a mercadoria ou o serviço (exemplo: a compra de um aeroplano, ou de um iate. Não interessa quem compra, mas apenas o que está sendo comprado). A Emenda Constitucional n. 18, de 10 de dezembro de 1965, que o introduziu enquanto norma constitucional, já fazia referência a esse princípio, ao afirmar no seu art. 11:

> "Compete à União o imposto sobre produtos industrializados. Parágrafo Único. O imposto é seletivo em função da essencialidade dos produtos, e não cumulativo, abatendo-se, em cada operação, o montante cobrado nos anteriores".

E, também, no art. 12, § 2º (imposto sobre operações relativas à circulação de mercadorias – ICM à época). O imposto é não cumulativo, abatendo-se, em cada operação, nos termos do disposto em lei complementar, o montante cobrado nas anteriores, pelo mesmo ou por outro Estado, e não incidirá sobre a venda a varejo, diretamente ao consumidor, de gêneros de primeira necessidade, definidos como tais por ato do Poder Executivo Estadual.

A seletividade no ordenamento jurídico

A atual Constituição do Brasil, por duas vezes, a ela também se refere. Assim, no art. 153, § 3º, inc. I e no art. 155, § 2º, inc. III:

> Art. 153. Compete à União instituir impostos sobre: [...] § 3º O imposto sobre produtos industrializados: I – será seletivo, em função da essencialidade do produto [...] Art. 155. Compete aos Estados e ao Distrito Federal instituir impostos sobre: [...] § 2º O imposto sobre operações relativas à circulação de mercadorias e sobre prestações de serviços de transporte interestadual e intermunicipal e de comunicação, ainda que as operações se iniciem no exterior: [...] III – poderá ser seletivo, em função da essencialidade das mercadorias e dos serviços.

Observe-se que, nesses dois casos, o que importa não é a pessoa do contribuinte, mas o produto, a mercadoria ou o serviço (caráter objetivo).

Assim, os gêneros de primeira necessidade (alimentação básica, vestuário, higiene, saúde etc.), acaso sejam isentos, serão adquiridos tanto por aqueles de maiores condições econômicas, quanto por aqueles mais pobres.

Entre nós, brasileiros, ficaram clássicas as palavras de Alfredo Augusto Becker, que, em sua Teoria Geral do Direito Tributário, defendeu a inconstitucionalidade da tributação dos gêneros de primeira necessidade. (BECKER, 1972, p. 452-457)

De fato, o que, verdadeiramente importa, é a indispensabilidade do bem à vida de um número considerável de indivíduos. Sendo assim, menor deverá ser a alíquota.

Para o imposto sobre produtos industrializados este é um comando assegurado constitucionalmente. Para o ICMS (em várias oportunidades, já ficou esclarecido o significado desta sigla do tributo circulatório esta 255O PODER DA LEI VERSUS A LEI DO PODER – a relativização da lei tributária dual), que teve a si estendido o princípio expresso da seletividade pela Constituição de outubro de 1988, não há a mesma imperatividade; pois preferiu o legislador constituinte apenas facultar às entidades tributantes a aplicação do princípio.

Assim, em função da natureza da mercadoria, poderá variar as alíquotas, tornando-se menos onerosa em face do caráter da necessidade de aquisição.

O Texto Constitucional de janeiro de 1967, dispunha para o antigo ICM a aplicação de alíquotas uniformes para todas as mercadorias, afastando o princípio da seletividade.

Logo, o que se divulga é que o caráter não imperativo deste princípio para o ICMS, derivou da necessidade de adaptação das administrações estaduais, e do Distrito Federal, a uma nova realidade.

Conclusões

A seletividade decorre do pensamento de que alguns objetos incorporam uma certa capacidade objetiva, e que aqueles que a eles têm acesso demonstram fortes indícios de que, em uma atitude de solidariedade social (art. 3o, inc. I, da atual Constituição do Brasil), podem contribuir, com maior intensidade, em favor daqueles a quem o Estado deve conferir o mínimo indispensável a uma vida com dignidade.

No entanto, não se pode perder de vista que estes impostos (IPI e ICMS), nos quais se vê aplicado o princípio da seletividade, terminam suportados pelo consumidor final, porquanto sejam transferidos, por industriais e comerciantes, os respectivos encargos tributários.

Enfim, encerradas as minhas reflexões sobre esse tema, já é hora de partir para um outro, o do devido processo legal.

Referências

BECKER, Alfredo Augusto. Teoria Geral do Direito Tributário. 2.ed. São Paulo: Saraiva. 1972.

BERFORD, Alvaro Bittencourt. O Estado Nacional e a constituição de novembro de 1937. Rio de Janeiro: DIP, 1944.

CAMPOS, Everardo. *Reforma Tributária*. Revista Alfândega. Rio Grande do Sul, v. 2, n. 4, p. 13-15, jan./mar. 1999.

CASTRO, Augusto Olympio Viveiros de. *História tributária do Brasil*. Brasília: ESAF, 1989. Coleção Memória Fazendária; n. 2.

9
Privatização da CEDAE: Consequências para o Saneamento no Estado do Rio de Janeiro

Paulo Guilherme de Sousa Vendrami

Introdução

Desde 2016, o Governo do Estado do Rio de Janeirovem tomando medidas econômicas para atenuar os efeitos da crise fiscal que se instalou nos últimos anos. Com a justificativa contraditória de salvar a economia do Rio de Janeiro e impulsionar investimentos na área de saneamento, o GovernoEstadual pretende se desfazer da Companhia Estadual de Águas e Esgotos do Rio de Janeiro – CEDAE.

O processo de privatização da CEDAE teve início com a assinatura do Decreto Estadual nº 45.692/2016 que declarou estado de calamidade públicano âmbito financeiro. Na sequência o Estado do Rio de Janeiro (ERJ) aderiu ao Regime de Recuperação Fiscal, comprometendo-se a aplicar os mecanismos legislativos necessários à adoção de medidas de austeridade nas contas públicas.

Em 2017, em meio à crise econômica, o ERJ aprova, em regime de urgência, a Lei Estadual nº 7.529/2017, cujo art. 1º autoriza o Poder Executivo "a alienar a totalidade das ações representativas do capital social da Companhia Estadual de Águas e Esgotos – CEDAE, inclusive quando importar transferência de controle". Na sequência o art. 2º permitiu o Poder Executivo contrair empréstimo de até 3,5 bilhões, com intuições financeiras nacionais ou internacionais antes mesmo de efetivar a alienação das ações. Para garantir a operação de crédito as ações da empresa poderiam ser dadas em garantia conforme § 1º e os recursos resultantes desta operação seriam destinados ao pagamento da folha dos servidores conforme § 2º.

Dando continuidade ao processo de privatização, o Banco Nacional do Desenvolvimento Econômico e Social – BNDES publicou, em 2019, o modelo de concessão previsto para Companhia. A modelagemapresentada pelo bancopreviu uma sensível redução dos serviços oferecidos, uma vez que a CEDAE ficaria somente com a produção de água tratada, concedendo os serviços de distribuição de água e tratamento de esgoto.

Essa redução no escopo dos serviços prestados poderá ter consequências danosas à qualidade do saneamento público oferecido à população, aos mais carentes, à própria Companhia e ao Estado do Rio de Janeiro.

A CEDAE opera no setor de saneamento, no qual o monopólio natural favorece a eficiência na prestação dos serviços. O surgimento das Companhias Públicas Estaduais de Saneamento – CESB, foi estabelecido na década de 70, a partir da adoçãodo Plano Nacional de Saneamento Básico – PLANASA.

Apesar de antigo o modelo é capaz produzir água em escala para população, o que garante retorno financeiro às companhias públicas e possibilitaos investimentos necessários ao setor de saneamento. Neste sentido, os números retirados das Demonstrações FinanceirasCEDAE, ano base 2019,apontam sua importânciapara a população do Rio de Janeiro. São 12 milhões de pessoas atendidas em 64 municípios do estado. O lucro da empresa no exercício de 2019 foi de 1,022 bilhão de reais o que garante investimentos de 3,4 bilhões na Baixada Fluminense (CEDAE, 2020).

Nesse contexto, o presente artigo tem por objetivo identificar as consequências da privatização da CEDAE.Tais consequências identificadas serão analisadas a partir modelo proposto pelo BNDES, que reduz o escopo da Companhia apenas à produção de água tratada, o que poderá comprometero acesso da população a um bem essencial à vida – água – e colocar em risco a continuidade da Companhia.

Desta forma este trabalho ficou dividido em 5 (cinco) itens além desta Introdução. No primeirosão apresentadas as características que evidenciam a importância da manutenção do saneamento públicono Estado. O segundo demonstra através de dados públicos a relevância da CEDAE para o saneamento no Rio de Janeiro. O terceiro evidencia a polêmica aprovação da Lei Estadual nº 7.529/17 que permitiu a privatização da Companhia. O quarto item apresenta o modelo de concessão, previsto pelo BNDES, e identifica as consequências de sua adoção para o saneamento no ERJ. Por fim, no quinto e último item são tecidos breves comentário à guisa da conclusão.

1. A importância do modelo público de saneamento para o ERJ

1.1. Monopólio natural

A despeito da teoria econômica clássica considerar a livre concorrência a melhor maneira de o mercado produzir o maior bem-estar aos indivíduos, setores específicos da economia estão inseridos numa falha de mercado chamada monopólio natural. Estes setores são mais bem aproveitados se forem operados em regime de monopólio natural. Os exemplos consagrados na economia são: transporte público, saneamento básico e distribuição de energia elétrica.

Conforme COSTA (2018), o monopólio natural consiste em uma situação de mercado na qual os custos fixos são muito elevados, de modo que o custo marginal seja inferior ao custo médio. Por ser um serviço de caráter essencial e devido à baixa elasticidade de sua demanda, o setor de saneamento básico incorre na possibilidade de extração de rendas significativas pelo prestador de serviços, o que torna necessária a presença de um arcabouço regulatório. Isto significa que as empresas do setor de saneamento operando em situação de concorrência necessitariam de subsídios para manter a operação, gerando ineficiência no setor.

1.2. Subsídios cruzados

Por subsídio cruzado, entende-se a aplicação do superávit que uma companhia estadual obtém em municípios de maior porte para viabilizar a prestação dos serviços em municípios menores, onde a prestação do serviço não dá retorno.

O subsídio cruzado também se pauta na seletividade, isto é, na cobrança diferenciada entre consumidores, variando conforme a natureza do consumo, nível de consumo, produtos (água ou esgoto) e entre municípios. O objetivo principal écompensar as perdas de receita decorrentes de cobranças com preços inferiores, com a receita adicional obtida em determinada classe de consumidores.

O monopólio praticado no setor de saneamento permite que a empresa prestadora do serviço cobre tarifas diferenciadas, conforme mencionado acima, e obtenha *superavit*. Este comportamento não visa maximizar os lucros, uma vez que a maioria delas se refere a companhia públicas e reguladas. O subsídio cruzado tem a finalidade de atender a população com a melhor qualidade possível e ao máximo de cidadãos, o que se traduz em universalidade de acesso (Cruz; Ramos, 2016). A própria Lei do Saneamentoem seu art. 3º prevê o subsídio como "instrumento econômico de política social para garantir a universalização de acesso ao saneamento básico, especialmente para populações e localidades de baixa renda".

1.3. Aspecto social

O saneamento promove a qualidade de vida da sociedade e é fator determinante na aplicação de políticas de desenvolvimento urbano e regional, combate à pobreza e sua erradicação, proteção ambiental, promoção da saúde, todos relevantes para o interesse social.

De forma a evidenciar a preocupação do Estado do Rio de Janeiro em promover acesso à camada menos favorecida da população e regiões de interesse social, traz-se à luz o Decreto Estadual nº 25.438/99 e as considerações que motivaram a edição da norma, com valores para aquele ano:

> Considerando a necessidade de fornecimento dos serviços de água e esgoto a toda a população do Estado, principalmente à camada menos favorecida, que tem nesses serviços uma importante ação preventiva de saúde;
>
> Considerando a necessidade da implementação de uma política de preços de fornecimento de serviços públicos, coerente com a capacidade de pagamento de cada área do Estado, aferida pelas características específicas da população local; e
>
> Considerando a necessidade de uma conscientização ampla de economia em todos os sentidos, principalmente no tocante a um bem vital e finito como a água potável,
>
> **DECRETA:**
>
> **Art. 1º** – A cota mínima mensal de água e esgoto para cada imóvel residencial localizado nas áreas identificadas como de interesse social será de R$ 5,00 (cinco reais)

Portanto, a preocupação social é uma característica intrínseca ao saneamento de maneira que resguarda a provisão dos serviços de água e esgoto àqueles que não tem condições financeiras de arcar com o pagamento.

2. Relevância da CEDAE para o saneamento no Estado do Rio de Janeiro

A CEDAE é uma empresa estatal de economia mista e está sediada no município do Rio de Janeiro. Tem como acionista majoritário o Governo do Estado, com 99,9% das ações, e o restante pulverizada entre acionistas minoritários. Desde 2009, a CEDAE foi declarada pelo Poder Executivo empresa não dependente do orçamento do Estado, de forma que não onera o Estado com despesas de custeio.

Presta serviços de fornecimento de água potável, coleta, tratamento e disposição final de esgoto, realiza estudos e projetos de saneamento e executa obras relativas a novas instalações e ampliação das redes. A Companhia está presente em 64 dos 92 municípios do estado.

Em 2007, a CEDAEiniciou um processo de reestruturação com ajuda da Fundação Getúlio Vargas que contribuiu para a condução de um modelo de gestão mais eficiente, equalização das finanças, prestação de contas, reestruturação organizacional, maior transparência, modernização de sua governança e, principalmente, à entrega qualificada de serviços de abastecimento e saneamento à população fluminense(FGV, 2010).

O novo modelo de gestão conseguiu reverter um cenário de insuficiência de caixa para resultados positivos nas contas. Em gestões anteriores,oERJ precisou aportar recursos financeiros para arcar com despesas de custeio da CEDAE. O planejamento financeiro da Companhia foi revisto e o montante da dívida de curto prazo foi refinanciado para longo prazo, liberando margem para a empresa custear suas despesas. Desde 2007, a CEDAE vem acessando o mercado de capitais por meio de novas operações de crédito e cessão de recebíveis por meio dos resultados positivos obtidos.

O surgimento gradativo de bons resultados pode ser observado na evolução da receita bruta operacional (faturamento) e do lucro líquido demostrado nos balanços financeiros da Companhia desde 2013, conforme figura abaixo:

Figura 1 – Evolução do faturamento bruto e lucro líquido a partir de 2013

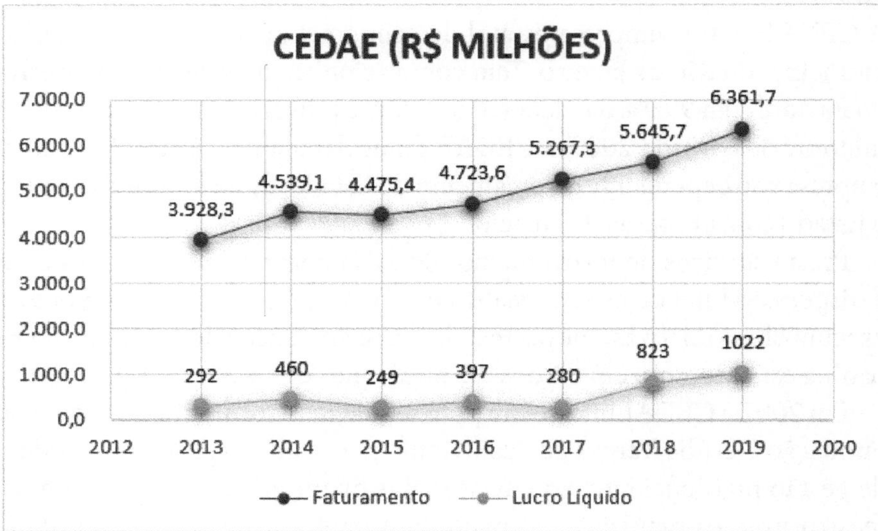

Fonte: Elaboração própria com dados das demonstrações financeiras da CEDAE (2014, 2016, 2018)

A reestruturação e independência financeira possibilitaram a melhoria da imagem da Companhia que por muito tempo esteve desgastada devido à ingerência política e má gestão.

A solidificação das contas tornou a empresa apta a captar novos empréstimos e aumentar a capacidade de investimento em ampliação de abastecimento de água e coleta e tratamento de esgoto (FGV, 2010).

Em 2014, objetivando aumentar a capacidade de abastecimento de água para regiões carentes, a CEDAE lançou o Programa de Abastecimento da Baixada Fluminense e o Novo Guandu, maior investimento em saneamento do Brasil (CEDAE, 2018). O programa, orçado em cerca de R$ 3,4 bilhões de reais, foi estruturado pela companhia por meio de operação de crédito junto à Caixa Econômica Federal para a obtenção de recursos onerosos.

O programa visa solucionar problemas de abastecimento de água na Baixada Fluminense com a construção da Estação de Tratamento de Água – Guandu 2 –, com capacidade de produção de 12 mil litros de água tratada por segundo, reservatórios de armazenamento de água com volume de 161 milhões litros e 800 quilômetros de troncos e redes de distribuição de água, e mais de 1000 ligações prediais (CEDAE, 2014). A Baixada é uma região historicamente carente de investimentos do Estado e abrange os municípios de Queimados, Nova Iguaçu, Mesquita, Nilópolis, São João de Meriti, Belford Roxo e Duque de Caxias.

Durante dois anos consecutivos (2017 e 2018) a empresa ganhou o prêmio de melhor empresa do país no setor de Infraestrutura. A CEDAE foi escolhida pelo anuário Melhores & Maiores, da revista Exame, como a melhor empresa do setor de Infraestrutura do Brasil (CEDAE, 2018). O prêmio recebido leva em consideraçãoinformações de caráter financeiro, como o crescimento das vendas líquidas, lucro líquido, patrimônio líquido, margem das vendas e rentabilidade. Possivelmente este reconhecimento não existiria se não fosse a capacidade operacional da Companhia em atender a população, devendo, portanto, a Companhia, devolver à população os ganhos financeiros em forma de novos investimentos no saneamento da área de sua responsabilidade.

Abaixo são apresentados os índices de cobertura de água e esgoto somente nos municípios onde a CEDAE atua. A Companhia apresenta números expressivos em percentual de distribuição de água, chegando a um índice de cobertura de 87,99% em 2019. O número de pessoas atendidas com abastecimento de água passou de 12 milhões, conforme quadro abaixo:

Figura 2 – Informações operacionais da CEDAE dos anos de 2018 e 2019

Informações Operacionais	2019	2018	Var. %
Índice de Atendimento de Água (%)	87,99	87,05	1,08
Índice de Atendimento de Esgoto (%)	36,86	36,82	0,11
População Atendida com Abastecimento de Água (Em Milhões de Hab.)	12,47	12,27	1,63
População Atendida com Coleta de Esgoto (Em Milhões de Hab.)	3,88	3,85	0,78
Ligações de Água (Em Milhares)	2.025,24	1.982,02	2,20
Ligações de Esgoto (Em Milhares)	474,49	472,93	0,33
Hidrometração (%)	67,98	68,35	-0,55

Fonte: Demonstrações Financeiras da CEDAE (2019)

Devido à capacidade técnica-operacional, quantidade de pessoas atendidas no Rio de Janeiro, geração de caixa para o Estado e solidez das contas, a CEDAE figura entre as maiores do setor no país. Atualmente é a segunda maior empresa pública de saneamento do Brasil, ficando atrás apenas da Companhia de Saneamento Básico do Estado de São Paulo –SABESP.

Uma empresa de saneamento, da magnitude da CEDAE, com capacidade instalada para produzir água para Região Metropolitana do Rio de Janeiro, que fatura 6 bilhões de reais ao ano– DFP 2019, que lucra e ainda distribui dividendos para o Estado, desperta a cobiça política.

A ingerência política sobre a Companhia ficou evidente quando a Legislativo aprovoulei oferecendo a CEDAE como garantia de empréstimos. Essa ação poderá comprometer a universalização dos serviços de saneamento no Estado, ao atingir diretamente a sobrevivência da Companhia.

3. A polêmica aprovação da Lei Estadual nº 7.529/17

A despeito da solidez da empresa, em março de 2017 a ALERJ aprovou, em meio a uma série de polêmicas, a Lei Estadual nº 7.529, a qual autorizou o Poder Executivo a praticar os atos necessários à privatização da companhia de saneamento estadual (GONÇALVES, 2017).

Em torno da decisão de venda das ações da CEDAE giram algumas disputas judiciais decorrentes de reviravoltas políticas que marcaram o triênio 2016/2017/2018.

A primeira delas diz respeito à edição de norma impeditiva à alienação do controle acionário da companhia.

Neste contexto, ocorreu uma disputa entre a Assembleia Legislativa do Estado do Rio de Janeiro – ALERJ e o então governador Luiz Fernando Pezão sobre a edição de Lei Complementar nº 182/18, cujo artigo 22, na prática, revogava o art. 1º da Lei Estadual nº 7.529/17, resultando na proibição da venda das ações da Companhia.

Ato contínuo, o Governador vetou o art. 22 da mencionada lei, sendo derrubado pela ALERJ, que aprovou o texto da LC 182/18 na íntegra. O Governo do Estado recorreu e a Justiça Estadual vetou o referido artigo alegando inconstitucionalidade e perigo para a adesão ao Regime de Recuperação Fiscal.

O art. 22 da LC 182/18 não obteve o resultado esperado, e somente protelou temporariamente a alienação das ações da CEDAE. Contudo acendeu no debate do saneamento os motivos pró e contra à privatização da Companhia. Dentre os motivos favoráveis à privatização pode-se destacar o baixo desempenho nos municípios da Baixada Fluminense. Dentre os argumentos contrários à privatização levantados por técnicos do setor de saneamento, podem-se destacar os seguintes: a Companhia passou por um processo de reestruturação, iniciado em 2008, que resultou no saneamento das suas contas. Agora é lucrativa, distribui dividendos para o Estado, é empresa mista não dependente do orçamento estadual e está investindo 3,4 bilhões de reais para expansão da cobertura de água na Baixada Fluminense.

Neste cenário, deu-se a segunda disputa judicial, consistente na discussão da compensação das ações da Cedae dadas em garantia pelos créditos da companhia com a União, conforme se passa a expor.

Aprovada a Lei 7.529/17, imediatamente o ERJ contraiu empréstimo de 2.9 bilhões com o banco privado francês BNP Paribas, tendo a União como avalista. À União, o ERJ ofereceu as ações da CEDAE como garantia, se comprometeu em alienar a participação acionária na Companhia – vender a empresa – e pagar o empréstimo com o dinheiro obtido.

Nos termos do art. 9º do Decreto Federal nº 9.109/2017,"para fins da avaliação do valor das empresas estatais a serem privatizadas, o Estado deverá contratar, mediante processo licitatório, empresa especializada para a realização de avaliação". Foi o que ocorreu e a empresa contratada, Fundação Getúlio Vargas – FGV, avaliou a CEDAE em 8 bilhões.

Sem entrar no mérito da avaliação da FGV sobre a Companhia, foi levantada a possibilidade de substituir a garantia das ações pelo valor que a União deve à CEDAE, conforme decisão proferida pelo STF, que reconhece o direito de imunidade tributária à Companhia quanto aos impostos federais. A decisão, proferida na Ação Cível Originária (ACO) nº 2.757, garante a imunidade e a devolução dos impostos cobrados até 5 anos antes da proposição da ação, que somam mais de 3.3 bilhões de reais, conforme demonstrações financeiras de 2018.

Além destas, deu-se ainda uma terceira disputa judicial, agora no STF, na tentativa de impugnar a Lei Estadual nº 7.529/17. Isto porque, diante da conscientização da classe do saneamento e de políticos contrários à alienação das ações da CEDAE, foi ajuizada a Ação Direta de Inconstitucionalidade – ADIN nº 5.683 junto ao STF, com relatoria do Ministro Roberto Barroso. A ação questiona a constitucionalidade material da lei estadual e pede medida cautelar para suspender sua eficácia até o julgamento final da ação.

A constitucionalidade da lei ainda está em análise no STF, porém a permissão para o ERJ fazer empréstimos ficou mantida.

4. A modelagem de concessão proposta pelo BNDES

A partir da aprovação da Lei Estadual nº 7.529/17,o Banco Nacional do Desenvolvimento Econômico e Social – BNDES vem publicando estudos de modelos de concessão para Companhia. Em dezembro de 2019, o banco publicou um modelo que prevê a concessão da empresa em quatro partes. Os blocos de concessão são formados a partir das Áreas de Planejamento (AP) do município do Rio de Janeiro acrescentando-se outros municípios do estado.

Conforme consta no escopo do projeto de modelagem do BNDES, somente a produção da água tratada ficaria com a CEDAE, concedendo toda a distribuição e tratamento de esgoto, conforme figura abaixo:

Figura 3 – Modelo de concessão da CEDAE proposto BNDES: redução do escopo da Companhia

Fonte: BNDES (2019)

Observa-se que a CEDAE, pela característica de sociedade de economia mista, concorre em condições iguais com o privado, o que proporciona ao mercado condições de escolha. O município pode conceder ao que oferecer melhor condições de prestação do serviço.

A decisão de deixar a CEDAE somente com a produção da água impossibilita a empresa de exercer a plenitude de sua operação, sendo suprimida a possibilidade de oferecer seus serviços aos municípios. Ou seja, o abandono do setor de distribuição da empresa significa perder a concessão de todos os 64 municípios atendidos, deixandode oferecer dois serviços ao mesmo tempo: o de distribuição de água e o de tratamento de esgoto. Isto gera uma dupla perda no seu faturamento pois estes serviços são distintos e cobrados separadamente.

Deixar a CEDAE somente com a produção de água tratada significa deixar o Estado apenas com os custos da produção. Implica abandonar o negócio mais rentável da empresa, perder competitividade, abdicar de faturamento para o Estado, implica sair do negócio minimizando a operação da CEDAEno momento que a empresa está em franca ascensão. Essa escolha, sobretudo, retira dos municípios a possibilidade de permanecer concedendo o serviço para CEDAE, tendo em vista que a empresa não irá mais distribuir água tratada diretamente.

A CEDAE opera no setor de saneamento, no qual o monopólio natural favorece a eficiência na prestação dos serviços. O custo maior de uma companhia de saneamento está na produção da água. Energia elétrica e produtos químicos são os insumos mais dispendiosos da produção, sendo o primeiro o maior custo de uma companhia de saneamento, depois da folha de pessoal. A captação de água bruta, produção e bombeamento de água tratada são feitos utilizando-se energia elétrica. Os produtos químicos são indispensáveis ao tratamento de água e esgoto e sua compra é projetada para os dozes meses consecutivos. Não pode faltar.

Devido aos altos custos da produção e manutenção, a entrada de mais agregados na cadeia produtiva pode gerar ineficiências e tenderia a aumentar o preço da tarifa paga pelos consumidores.

Portanto, a modelagem proposta, extingue o serviço de distribuição, abdica de oferecer saneamento diretamente para a população do Estado para atender interesses corporativos de alguns concessionários, põe em risco o equilíbrio financeiro da empresa ao abdicar de faturamento, onera mais ainda o Estado que está endividado, põe em risco o emprego de mais de 5 mil empregados diretos da CEDAE, afeta o subsidio cruzado porque dificilmente uma empresa privada, que opera com lucro em um município, distribuirá os resultados com municípios que operam com prejuízo. A lógica da iniciativa privada é o lucro, o que subverte a lógica social do saneamento que preconiza o acesso à água, um direito humano essencial.

Levando-se em consideração a quantidade de pessoas carentes no Rio de Janeiro, privatizar a Companhia significa pôr em risco o subsídio público oferecido pelo Estado para atender as demandas de abastecimento dessa população. Diante da situação de crise econômica vivenciada, nem todos terão como arcar com o aumento da conta de água, sobretudo a população mais carente.

Conclusões

Conforme análise empreendida, observa-se quea venda da Companhia Estadual de Águas e Esgotos do Rio de Janeiro (CEDAE) para garantir o pagamento da folha salarial dos ativos, inativos e pensionistas, conforme preconizou o art. 2º da Lei 7.529/17, atende objetivos imediatistas do Estado e não guarda relação com ampliação do investimento em saneamento.

As consequências da privatização da CEDAE terão um efeito multiplicador danoso do ponto de vista econômico e social, uma vez que atingirão ao mesmo tempo a Companhia, o ERJ e sobretudo a população mais carente do estado.

Para a Companhia,o modelo de concessão proposto tem por consequênciauma sensível redução no seu escopo de atuação e,consequentemente, do faturamento, porque deixaria de vender água tratada, com valor agregado, para 12 milhões de consumidores no Rio de Janeiro para vender águaa valor de custo para 4 concessionários. Este cenário também compromete os bons resultados operacionais obtidos ao longo dos últimos anos e abre mercado para concorrência o que vai contra a eficiência operacional de monopólio natural.

Para o Estado do Rio de Janeiro, significa perda de competitividade pois a CEDAE, na condição de companhia pública explora uma atividade econômica em iguais condições com o particular.Além de retirar dos municípios a possibilidade de permanecer concedendo o serviço para CEDAE. Abdicar de prestar o serviço de distribuição de água põe em risco o equilíbrio financeiro da empresa ao abdicar de faturamento juntamente, onerando mais ainda o ERJ que está endividado.O lucro que a empresa aufere na exploração da atividade econômica (1,022 bilhão de reais em 2019) deixará de ir para os cofres do Estado acarretando perda do potencial de reinvestimento no setor.

Para a população, a modelagem proposta pelo BNDES, reduz o potencial do Estado de levar saneamento público a preços módicos para os cidadãos do Rio de Janeiro, sujeitando-os ao aumento do valor cobrado pela água e esgoto.O impacto social é considerado o efeito colateral mais perverso e sentido de imediato pela população. Seja onerando o cidadão com o aumento da conta ou afetando a população mais carente com a perda do subsídio estatal.

A visão de negócio das empresas privadas é o lucro, diferentemente da visão social do saneamento público,o que cria, inclusive, risco de perda de emprego para os mais de 5 mil empregados diretos atualmente da Companhia.

Existem soluções alternativas à concessão da CEDAE para o Rio de Janeiro avançar na universalização do saneamento. Uma solução seria o Governo do Estado priorizar o investimento na CEDAE, via financiamento do próprio BNDES, aproveitando seu potencial de produção e alcance da população, ao invés de incentivar a desconstrução do saneamento público. Outra solução seria abrir o capital da Companhia na Bolsa de Valores, mantendo o controle acionário do Estado, com objetivo de aumentar os níveis de governança corporativa da empresa e minimizar ingerência política.

Para concluir, o saneamento é um setor que exige muito envolvimento do Estado seja para investir, regular, fiscalizar, atuar diretamente ou em parceria com o privado, devendo exercer o papel de mediador entre os interesses públicos e privados e, sobretudo, garantir acesso universal a água – um bem essencial, e, ao saneamento – um direito humano.

Referências

BNDES (2019). Seminário BNDES com "S" de Social e de Saneamento – Projeto Saneamento CEDAE. Disponível em:<https://www.bndes.gov.br/wps/wcm/connect/site/0bbdee09-54db-4bd79c99ff9aeca53cb1/Apresenta%C3%A7%C3%A3o+CEDAE++Painel+Projetos.pdf?MOD=AJPERES&CVID=mX.Ntij>Acesso em: 18 ago. 2020.

BRASIL. Decreto nº 9.109, de 27 de julho de 2017. Disponível em: <http://www.planalto.gov.br/ccivil_03/_ato2015-2018/2017/decreto/D9109.htm>. Acesso em: 18 ago. 2020

CEDAE.*Demonstrações Financeiras de 2014*. CEDAE, 2015. Disponível em: <https://www.cedae.com.br/ri_informacoes>. Acesso em: 18 dez. 2019.

______. *Demonstrações Financeiras de 2017*. CEDAE, 2018. Disponível em: <https://www.cedae.com.br/portals/0/governanca/Relatorio_Anual_de_Auditoria-Exercicio_2017.pdf>. Acesso em: 18 dez. 2019.

______. *Demonstrações Financeiras de 2018*. CEDAE, 2019. Disponível em: <https://www.cedae.com.br/portals/0/ri_cedae/financeiras/demonstracoes_financeiras/demonstracoes_financeiras_padronizadas/DFP_2018.pdf>. Acesso em: 18 dez. 2019.

______. *Demonstrações Financeiras de 2019*. CEDAE, 2020. Disponível em: <https://www.cedae.com.br/portals/0/ri_cedae/financeiras/demonstracoes_financeiras/demonstracoes_financeiras_padronizadas/DFs%202019%20DFP%20CVM%20-%2020200525.pdf.> Acesso em: 17ago. 2020.

Costa, Thaissa Brandão Lobo. *Saneamento básico no Brasil: capital privado, BNDES e entraves à universalização*. Rio de Janeiro, 2018. Monografia (Graduação em Economia), Pontifícia Universidade Católica do Rio de Janeiro.

Cruz, Karlos Arcanjo; Ramos, Francisco de Sousa. *Evidências de subsídio cruzado no setor de saneamento básico nacional e suas consequências*. Nova Economia, v. 26, n. 2, p. 623-651, 2016.

Felix, Bernardo dos Santos. *Modelos de saneamento – execução da política e processo de privatização*. Rio de Janeiro, 2016. Escola Brasileira de Administração Pública e de Empresas, Fundação Getúlio Vargas.

FUNDAÇÃO GETÚLIO VARGAS. A nova CEDAE: um case de sucesso na gestão pública. *2010*. Disponível em:<http://fgvprojetos.fgv.br/sites/fgvprojetos.fgv.br/files/cedae_baixa.pdf> Acesso em: 18 dez. 2019.

Gonçalves, Mariana Berardinelli Vieira Braz. *Privatização Da Cedae: Na Contramão Do Movimento Mundial De Remunicipalização Dos Serviços De Saneamento*. Geo UERJ, n. 31, p. 81-103, 2017.

RIO DE JANEIRO (Estado). Lei nº 7.529, de 07 de março de 2017.Disponível em:<http://alerjln1.alerj.rj.gov.br/CONTLEI.NSF/c8aa0900025feef6032564ec0060dfff/7bc7d46b545146a1832580df005fb7ad?OpenDocument> Acesso em 18 ago. 2020.

______. Decreto nº 25.438, de 21 de julho de 1999.Disponível em:<http://alerjln1.alerj.rj.gov.br/decest.nsf/ca382ee09e6ab7f803256a11007e6769/dd8cd6cb8fd708e003256a4e006c664f?OpenDocument>. Acesso em 18 ago. 2020.

10
O Saneamento Básico como um Direito Fundamental e sua Importância na Sociedade

Raphael Eyer Soares de Paiva
Ana Carolina Baldin de Miranda Andrade

Introdução

Esse artigo científico aborda o tema de privatização no setor de saneamento básico na presente conjuntura política e jurídica brasileira com o objetivo de informar e conscientizar o leitor acerca dos ônus e bônus atrelados a este tipo de política pública.

Para tanto, o trabalho parte do pressuposto teórico de que, atualmente, o saneamento básico é prestado de forma ineficiente pelo Poder Público, e organiza sua abordagem científica para elaborar e situar o leitor num panorama geral do atual cenário, evitando a abordagem prolixa que costumeiramente se evidencia nos textos de direito.

Dessa forma, o trabalho foi estruturado da seguinte maneira, a saber:

No primeiro capítulo, o leitor é inserido no âmbito do Direito Constitucional e Administrativo para compreender a importância das cidades na concretização dos direitos fundamentais.

No segundo capítulo, o artigo científico explica a relevância de uma prestação eficiente de um serviço público essencial, como abastecimento e esgotamento sanitário, e descreve a precariedade atual do saneamento básico brasileiro.

No terceiro capítulo, o trabalho adentra no tópico da privatização. Nesta seção, trabalha-se a noção do que é privatização, do que é retrocesso social, quais são os principais argumentos pelos opositores e defensores da desestatização e traça a atual conjuntura política e jurídica elencando o lado positivo e negativo desse tipo de política pública.

Ressalta-se que o esforço acadêmico realizado no presente trabalho não se presta a reforçar os argumentos de resistência à mudanças em si, pelo contrário, acredita-se que as mudanças são essenciais para a vida em sociedade e a adaptação do Estado em relação aos seus administrados.

Portanto, o objetivo principal é justamente conscientizar sobre os lados positivos e negativos atrelados à política pública de desestatização para que possa auxiliar o leitor na formação de um pensamento crítico e informado a respeito do tema.

1. Os direitos fundamentais e as cidades

Esta seção do artigo será destinada a análise da relevância dos direitos fundamentais para a sociedade e como as cidades possuem uma função essencial na concretização desses direitos.

a) Direitos fundamentais

De início, deve-se ressaltar que este tópico não se presta ao debate de teorias doutrinárias e nem se aprofundará no arcabouço histórico dos direitos fundamentais. Esta seção do artigo é direcionada para a compreensão basilar do instituto para que o leitor, independente de sua trajetória acadêmica, possa compreender sua essencialidade nas sociedades e qual a proposta dos modelos estatais.

Feita as respectivas considerações, destaca-se abaixo as palavras de Leonardo Vizeu sobre direitos fundamentais que, didaticamente, assim escreve:

> Do cotejo de todos os conceitos supra delineados, resta claro que os direitos fundamentais são todas as normas declaratórias de constituição, atuação, contenção e representação popular dos Poderes Constituídos do Estado, postos à disposição dos membros da sociedade (...) são classificados de acordo com o bem jurídico que tutelam em:
>
> a) Direitos Fundamentais de 1ª geração ou dimensão: protegem o regime de liberdades individuais em face da atuação do Poder Público, impondo a este condutas de abstenção em relação às pessoas;
>
> b) Direitos Fundamentais de 2ª geração ou dimensão: efetivam medidas de integração social, justiça distributiva e participação igualitária de rendas, impondo ao Estado a prática de diversas ações;

c) Direitos Fundamentais de 3ª geração ou dimensão: cuidam da tutela dos interesses transindividuais da sociedade, a fim de promover a coexistência pacífica e fraterna dos indivíduos como um todo;

d) Direitos Fundamentais de 4ª geração ou dimensão: tutelam os interesses transnacionais oriundos do processo de integração política e econômica das Nações soberanas.[1]

Ressalta-se que a doutrina já avançou ao ponto de debater sobre a existência de direitos fundamentais de dimensões além das supramencionadas, contudo, não serão analisadas neste trabalho, pois fogem ao escopo de manter a abordagem científica direcionada e simplificada sobre o assunto.

Adiante, cabe mencionar que as definições tratadas acima são o resultado de anos de debates doutrinários que se debruçaram sobre um considerável período histórico. Nota-se, assim, que o estudo sobre direitos fundamentais perpassa a análise histórica de diversos modelos de Estados.

Nesse momento, cumpre tecer breves comentários acerca dos seguintes modelos estatais: estado absolutista, estado liberal, estado do bem-estar social e o estado democrático de direitos.

O Estado absolutista é aquele modelo caracterizado pela concentração de poder ilimitado nas mãos do rei[2], ao passo que o Estado liberal surgiu como forma de oxigenar a sociedade sufocada pelos abusos cometidos pelo arbítrio real do estado absolutista, gerando neste momento, a concepção dos princípios de liberdade e igualdade, os quais foram essenciais na fundamentação do afastamento da ingerência estatal na liberdade individual.

Em que pese o trauma histórico, a sociedade ainda defendia a presença do Estado que, apesar de o enxergar como um mal necessário mantinha sua existência e a mínima ingerência, apenas nas relações sociais. De resto, no Estado Liberal, a sociedade deveria ser livre para viver, produzir e se desenvolver.[3]Todavia, historicamente, este modelo provou-se ser um modelo de Estado extremamente ausente, deixando de intervir em questões relevantes na sociedade em prol da liberdade econômica dos

[1] FIGUEIREDO, Leonardo Vizeu. *Lições de Direito Constitucional.* Rio de Janeiro: Forense, 2013, p. 188 e 193.

[2] SARMENTO, Daniel. *Direitos Fundamentais e Relações Privadas.* Rio de Janeiro: Lumen Juris, 2004, p. 21

[3] SADDY, André. *Formas de Atuação e Intervenção no Estado Brasileiro na Economia.* 2. ed. Rio de Janeiro: Lumen Juris, 2016, p. 26/27.

particulares, motivo pelo qual deu margem ao agravamento das desigualdades sociais.[4]

Em sequência à ruptura do Estado liberal surgiu a ideia do Estado do bem-estar social, modelo pelo qual se prezava por maior atuação do Poder Público para corrigir as falhas evidenciadas pelo modelo antecessor.

A ideia era ter um governo que assumisse responsabilidades como garantir condições mínimas nas áreas de saúde, educação, habitação, seguridade social, que intervisse na economia para dar maior estabilidade e proteção aos trabalhadores, em vez de focar majoritariamente nas relações individuais e patrimoniais.[5]

Por sua vez, este modelo apresentou problemas na outra ponta. Isto porque, o Estado de ausente passou a ficar excessivamente inflado e não arrecadava o suficiente para manter suas políticas públicas sociais, já que a economia estava excessivamente controlada pelas rédeas do Estado.

Por fim, há a figura do Estado Democrático de Direitos que também surgiu para corrigir as falhas dos modelos antecedentes. Assim como no liberal e social, este é um modelo de Estado de Direitos, na medida em que o Estado se submete às próprias regras, porém, é um Estado Democrático, uma vez que as leis são criadas para o povo, por meio de seus representantes eleitos democraticamente.[6]

Na leitura do Preâmbulo da Constituição Federal de 1988, o Estado Democrático de Direito deve garantir o "exercício dos direitos sociais e individuais, a liberdade, a segurança, o bem-estar, o desenvolvimento, a igualdade e a justiça". Trata-se de forma complexa de Estado[7] que abarca toda sociedade.[8]

O artigo 6º da Carta Magna de 1988 destaca como direitos sociais: "a educação, a saúde, o trabalho, a moradia, o lazer, a segurança, a previdência social, a proteção à maternidade e infância e a assistência dos

[4] OLIVEIRA, Rafael Carvalho Rezende. *Administração Pública, Concessões e Terceiro Setor.* 3. ed. São Paulo: Método, 2015, p. 36.

[5] SARMENTO, Daniel. *Direitos Fundamentais e Relações Privadas.* Rio de Janeiro: Lumen Juris, 2004, p. 34/35

[6] CARVALHO, Erick Beyruth de. *Democracia Direta no Brasil: Condições e Possibilidades.* Rio de Janeiro: Lumen Juris, 2018, p. 23.

[7] SILVA, José Afonso da. *Curso de Direito Constitucional Positivo.* 5. ed. São Paulo: Revista dos Tribunais, 1989, p. 105.

[8] TORRES, Ricardo Lobo. *Direitos fundamentais sociais: estudos de direito constitucional, internacional e comparado.* (Org) Ingo Wolfgang Sarlet. Rio de Janeiro: Renovar, 2003, p. 113.

desamparados".[9] Estes são, em verdade, ensinamentos herdados dos modelos passados que, acrescidos da submissão do Poder Público à Constituição, configuram os objetivos do atual Estado Democrático de Direito brasileiro.

b) A cidade como instrumento de concretização dos direitos fundamentais

Dentre os fundamentos da república brasileira, cumpre destacar o inciso III do artigo 1º da Carta Magna de 1988, pois com o advento do Estado Democrático de Direitos a antiga ótica patrimonialista cedeu espaço para uma ótica existencialista voltada para o ser humano e em sua qualidade de vida.

Em verdade, houve relevante deslocamento no eixo normativo do texto constitucional, de modo que a dignidade da pessoa humana passou a ser disseminada por todo arcabouço jurídico, causando drásticas modificações nas mais diversas ramificações do direito pátrio como, por exemplo, no direito de propriedade.

Todavia, a fim de evitar explanações desnecessariamente longas e que fogem ao escopo deste trabalho, a análise adiante será direcionada para a qualidade de vida nas cidades com enfoque especial na questão do saneamento básico.

Como sabido, o ser humano é um ser altamente sociável que há anos sobrevive em comunidade.[10] Isso é possível, pois a organização social possibilita a exploração dos pontos fortes dos membros da comunidade, de modo a compensar por seus pontos fracos. Dessa forma, cria-se uma relação simbiótica e sustentável que reduz as limitações e dependências individuais dos seres humanos no longo prazo.

Essas aglomerações de seres humanos nem sempre tiveram o nome de cidade, porém sempre reuniram uma gama complexa de individualidades com dois propósitos específicos – a sobrevivência e perpetuação da espécie.

Atualmente, a cidade não mais se restringe a isso, pois conforme as relações sociais se tornam mais avançadas e complexas, a cidade se adapta e passa a cumprir funções anteriormente inconcebíveis.

Viagens que duravam semanas passaram a ser realizadas em algumas poucas horas com o surgimento dos carros; informações relevantes pas-

[9] BRASIL. Planalto. Disponível em: http://www.planalto.gov.br/ccivil_03/constituicao/constituicao.htm. Acesso em: 21/07/2020.

[10] MACIEL, Fabianne Manhães. *O Direito da Cidade e Função Social da Cidade*. In: Transformações do direito de propriedade privada (coords.) Maurício Mota e Marcos Alcino Torres. Rio de Janeiro: Elsevier, 2009, p. 192.

saram a ser transmitidas com poucos minutos de atraso entre continentes com o implemento da internet; ensinamentos que ficavam restritos a determinada localidade passaram a ser amplamente divulgados pela superação da publicação física pela eletrônica, dentre outros inúmeros exemplos.

Neste momento, cabe ao leitor se atentar para o seguinte fato: conforme os indivíduos avançam nas mais diversas áreas (social, econômica, tecnológica, jurídica etc.) melhor será a qualidade de vida nas áreas que reúnem essas características. Esses avanços fizeram com que a população passasse a viver melhor e estendesse sua expectativa de vida[11] em comunidade.

Esse fenômeno foi percebido pela sociedade brasileira e como consequência, em meados de 1950, iniciou-se um grande processo de urbanização da população. Entre 1960 e 2000, as aglomerações tornaram-se cada vez mais volumosas fazendo com que as cidades abarcassem um maior número de habitantes e tivessem que se adaptar para manter o grau de qualidade de vida que uma vez foi ponto decisivo da mudança de várias famílias.[12]

Até 2050, estima-se que 90% da população brasileira estará concentrada em áreas urbanas,[13] motivo pelo qual as cidades assumem um papel cada vez mais importante na promoção e na manutenção da qualidade de vida em sociedade.

Atualmente, compreende-se como função da cidade a garantia dos seguintes direitos fundamentais: educação, saúde, transporte e o lazer, porém, a eles não se restringe. Nas palavras de Vania Aieta:

> No ano de 1933, a Carta de Atenas delimitou os conceitos funcionais da cidade moderna, durante o Congresso Internacional de Arquitetura Moderna (CIAM), então realizado na Grécia. Naquela oportunidade, restou assentado a existência de quatro funções da cidade, a saber: habitação, trabalho, circulação e recreação (...)

[11] IBGE. Disponível em: https://censo2020.ibge.gov.br/2012-agencia-de-noticias/noticias/26103-expectativa-de-vida-dos-brasileiros-aumenta-para-76-3-anos-em-2018.html. Acesso em: 21/07/2020.

[12] Maricato, Ermínia. *Urbanismo na periferia do mundo globalizado: metrópoles brasileiras.* Disponível em: https://www.scielo.br/pdf/spp/v14n4/9749.pdf. Acesso em: 23/07/2020.

[13] IPEA. *Revista de Informações e Debates do Instituto de Pesquisa Economica Aplicada.* Disponível em: https://www.ipea.gov.br/desafios/index.php?optioncom_content&view=article&id=994. Acesso em: 22/07/2020.

> Em 1988 foi firmada a Nova Carta de Atenas, a partir da visão do Conselho Europeu de Urbanistas sobre as cidades do séc. XXI (...) Resumidamente, a Nova Carta estabeleceu dez conceitos básicos para as aglomerações urbanas, no sentido de que: a cidade serve a todos, precisa ser participativa, funcionar como refúgio saudável, produtiva, inovadora, ter acessibilidade, preservar a ecologia, a história e desenvolver a cultura.[14]

Por sua vez, o saneamento básico é uma espécie inserida no gênero da saúde pública, direito fundamental social expressamente reconhecido no texto da Carta Magna de 1988.

Nas palavras de Paulo José Villela Lomar:

> Em outras palavras, todos têm direito fundamental à cidade que possibilite a vida digna. Tal cidade deve ser aquela dotada de infra-estrutura adequada, que abrange a destinada ao saneamento básico, e na qual sejam prestados os serviços públicos compreendidos por este conceito, sem prejuízo da moradia, do trabalho, do transporte urbano e do lazer. A maioria da população vive nas cidades onde exerce a cidadania e os seus direitos fundamentais e, portanto, tem direito à vida digna numa sociedade livre, justa e solidária.[15]

A concretização desses direitos fundamentais supra-elencados atende a um objetivo final, a saber: a promoção da dignidade da pessoa humana na vida urbana, princípio no qual caminha lado a lado com o princípio do mínimo existencial, conforme ensinamento de Ricardo Lobo Torres, *in verbis*:

> (...) sem o mínimo necessário à existência, cessa a "possibilidade de sobrevivência do homem e desaparecem as condições iniciais da liberdade", não podendo retroceder a dignidade humana e as condições materiais da existência aquém de um mínimo". O mínimo existencial exibe as características básicas dos direitos da liberdade: "é pré-constitucional, posto que inerente à pessoa humana, constitui direito público subjetivo do cidadão, não sendo

[14] AIETA, Vania. *A Função Social da Cidade, as Cidades Sustentáveis e a Propriedade.* In. Cadernos de Direito da Cidade: Estudos em homenagem à professora Maria Garcia. Serie I. Rio de Janeiro: Lumen Juris, 2014, p. 238 e 240.

[15] LOMAR, Paulo José Villela. *Dos Princípios Fundamentais.* Saneamento Básico: Diretrizes Gerais – Comentários à Lei 11.445 de 2007. (Coord). MUKAI, Toshio. Rio de Janeiro. Lumen Juris. 2007, p. 16/17.

> outorgado pela ordem jurídica, mas condicionando-a; tem validade *erga omnes*, aproximando-se do conceito e das consequências do estado de necessidade; não se esgota no elenco do art. 5º da Constituição nem em catálogo preexistente, é dotado de historicidade, variando de acordo com o contexto social.[16]

Para complementar a compreensão da importância da dignidade da pessoa humana, destacam-se as palavras de Alan Robson Alexandrino Ramos que, acertadamente, afirmou que "o conceito de dignidade da pessoa humana não é estático e imutável, depende das condições históricas e sociais e se altera com as mudanças sociais, mormente na relação de poder entre Estado e Homem".[17]

Apesar de não se ter um conceito estático e imutável de dignidade da pessoa humana, por conta do dinamismo da vida em sociedade, no futuro a compreensão certamente continuará passando pelo atendimento das necessidades mínimas para a manutenção da qualidade de vida do ser humano em sociedade.

2. A precariedade do saneamento básico no Brasil

Em que pese a sua importância para a coletividade, poucas vezes o saneamento básico é assunto abordado durante as corridas eleitorais, às vezes sequer é abordado nos debates travados entre os candidatos ao cargo de chefia no Poder Executivo.

Frequentemente, assuntos como educação, moradia, segurança, mobilidade urbana, trabalho, e previdência social ofuscam a relevância do tema que, quando lembrado, passa despercebido dentro de discussões abstratas a respeito da saúde.

Ainda que estes configurem direitos sociais essenciais, imprescindíveis para a coletividade, nos moldes do artigo 6º da Carta Magna, o saneamento básico encontra-se incipientemente dimensionado no contexto político como um todo, pois ele está umbilicalmente conectado à vida e à existência minimamente digna da população.

[16] TORRES, Ricardo Lobo. *O Mínimo Existencial e os Direitos Fundamentais*. RDA, nº 177, 1989, p. 29-30 e 32.

[17] RAMOS, Alan Robson Alexandrino. *Do conceito de dignidade da pessoa humana às políticas públicas aos indígenas*. Revista Jus Navigandi, ISSN 1518-4862, Teresina, ano 19, n. 4134, 26 out. 2014. Disponível em: *https://jus.com.br/artigos/31289*. Acesso em: 22 jul. 2020.

A título de dimensionamento da relevância do assunto, segundo relatório divulgado pela Organização Mundial da Saúde (OMS), estima-se que para cada R$ 1,00 investido em saneamento básico, o Poder Público economizaria R$ 4,00 de investimentos na área de saúde, uma vez que a prevenção seria o melhor meio para auxiliar no combate às mazelas da saúde da população.[18]

Antes de adentrar na situação do saneamento brasileiro, é imperioso delimitar sua conceitualização, sem, contudo, levar o leitor a exaustão com inúmeros entendimentos doutrinários.

O antigo Marco Regulatório, Lei nº 11.445/2007, trazia a seguinte definição:

> Art. 3º. Para efeitos desta Lei, considera-se:
>
> I – Saneamento básico: conjunto de serviços, infra-estrutura e instalações operacionais de:
>
> a) **abastecimento de água potável**: constituído pelas atividades, infra-estruturas e instalações necessárias ao abastecimento público de água potável, desde a captação até as ligações prediais e respectivos instrumentos de medição;
>
> b) **esgotamento sanitário**: constituído pelas atividades, infra-estruturas e instalações operacionais de coleta, transporte, tratamento e disposição final adequados dos esgotos sanitários, desde as ligações prediais até o seu lançamento final no meio ambiente;
>
> c) **limpeza urbana e manejo de resíduos sólidos**: conjunto de atividades, infra-estruturas e instalações operacionais de coleta, transporte, transbordo, tratamento e destino final do lixo doméstico e do lixo originário da varrição e limpeza de logradouros e vias públicas;
>
> d) **drenagem e manejo das águas pluviais urbanas**: conjunto de atividades, infra-estruturas e instalações operacionais de drenagem urbana de águas pluviais, de transporte, detenção ou retenção para o amortecimento de vazões de cheias, tratamento e disposição final das águas pluviais drenadas nas áreas urbanas.[19]

18 ORGANIZAÇÃO MUNDIAL DA SAÚDE (OMS). Disponível em: https://nacoesunidas.org/oms-para-cada-dolar-investido-em-agua-e-saneamento-economiza-se-43-dolares-em-saude-global/. Acesso em: 21/07/2020.

19 BRASIL, Planalto. Disponível em: http://www.planalto.gov.br/ccivil_03/_ato2007-2010/2007/lei/l11445.htm. Acesso em: 21/07/2020.

Percebe-se que esta é uma definição ampla[20] do instituto, com o fito de dirimir quaisquer dúvidas doutrinárias acerca de sua abrangência. Como bem asseverado por Adriana Freitas Antunes Camatta, em seu sentido literal, "sanear significa tornar salutar, habitável".[21] O que, na circunscrição das cidades, incumbe ao Poder Público dentro de suas funções típicas de administrar a vida de seus cidadãos tornando-as minimamente dignas ao promover a função social da cidade.

Ressalta-se que com o advento do Novo Marco Regulatório do Saneamento Básico, sancionado em 15/07/2020, o conceito legal trazido anteriormente pela legislação de 2007 não sofreu alterações.

Adiante, cabe salientar que o direito ao saneamento e à vida digna na cidade perpassa especialmente pela dogmática do Direito do Consumidor, dentre outras, na medida em que as pessoas físicas e jurídicas são os destinatários finais da prestação do serviço público, nos moldes do artigo 2º da Lei nº 8.078/1990.

Assim, nas palavras de Carlos Pinto Coelho de Motta, o saneamento básico pode ser compreendido como "um serviço essencial de utilidade pública, cuja prestação eficaz constitui direito público subjetivo do usuário-consumidor".[22]

A Carta Magna de 1988, elenca a União como o titular da competência constitucional para traçar diretrizes gerais sobre saneamento, nos moldes do artigo 21, inciso XX. Entretanto, a prestação do serviço público de saneamento básico compete aos Municípios, nos termos do artigo 30, inciso V, do referido diploma legal.

3. O advento do novo Marco Regulatório e a possibilidade de privatizações no setor de saneamento básico brasileiro

Inicialmente, cumpre esclarecer o que se entende por processo de desestatização ou privatização. Em poucas palavras, privatizar pode ser com-

[20] LOMAR, Paulo José Villela. *Dos Princípios Fundamentais*. In. Saneamento Básico: Diretrizes Gerais – Comentários à Lei 11.445 de 2007. (Coord). MUKAI, Toshio. Rio de Janeiro. Lumen Juris. 2007, p. 24.

[21] CAMATTA, Adriana Freitas Antunes. *Saneamento Básico: desafios da universalização frente aos impasses econômicos e sociais*. Rio de Janeiro. Lumen Juris. 2015, p. 69.

[22] MOTTA, Carlos Pinto Coelho. *O Saneamento Básico no Brasil: desafios e perspectivas sob o prisma do direito administrativo aplicado*. In. Saneamento Básico: estudos e pareceres à luz da Lei nº 11.445/2007. (Org). PICININ, Juliana; FORTINI, Cristiana. Belo Horizonte. Editora Fórum. 2009, p. 108.

preendido como o processo que permite a transferência a particulares de incumbências que pertencem ao Poder Público, como a gestão de atividades e produção de bens e serviços em prol do interesse coletivo.[23]

A discussão política acerca de um modelo de Estado mais interventor ou mais liberal não é nova no mundo acadêmico. Em verdade, remonta à debates travados no início dos cursos de Direito e de Ciência Política quando se analisa a revolução francesa e inglesa para explicar a evolução dos princípios fundamentais e seus pilares.

Como anteriormente sinalizado, a evolução da conceitualização dos direitos fundamentais é fruto de uma amarga história de desigualdade entre classes desde o Estado Absolutista.

Nessa esteira, a privatização divide opiniões e está longe de encontrar um consenso, uma vez que, atualmente, o instituto instaura um justo receio de que a política pública de privatização de empresas prestadoras de serviços públicos essenciais configure um retrocesso social potencialmente danoso e de grave reparação à sociedade.

Isto porque, a essencialidade desses serviços impacta diretamente na dignidade da maior parcela da sociedade, já vez que as concessionárias estatais como a SABESP, COPASA, SANEPAR e CEDAE, por exemplo, possuem maior abrangência, abastecendo e esgotando os efluentes em uma área territorial muito mais vasta do que as concessionárias particulares concorrentes do ramo.

Aqueles que se opõe à privatização acreditam que o argumento de ineficiência das empresas estatais é uma generalização que não representa a realidade em todo o território nacional.

Por vezes reconhecem que sempre há espaço para melhorias e investimentos e alegam que a privatização não é uma melhoria no cenário e nem é sinônimo de solução dos problemas existentes, mas sim um retrocesso social, pois as empresas privadas tomariam para si somente as áreas com maior poder aquisitivo e com melhores infraestruturas, abandonando as localidades mais carentes.

No que diz respeito a retrocesso social, cabe destacar as palavras de Canotilho para melhor compreensão sobre o tema:

[23] FILHO, José Soares. *Serviço Público: conceito, privatização*. Universidade Católica de Pernambuco. Revista Jus et Fides. Ano 2. N. 1. Julho/2002, p. 99. Disponível em: https://www.maxwell.vrac.puc-rio.br/4169/4169.PDF. Acesso em: 23/07/2020.

> A ideia aqui expressa também tem sido designada como proibição de contra-revolução social ou da evolução reaccionária. Com isto quer dizer-se que os direitos sociais e econômicos (ex.: direito dos trabalhadores, direito à assistência, direito à educação), uma vez obtido um determinado grau de realização, passam a constituir, simultaneamente, uma garantia institucional e um direito subjectivo. A "proibição de retrocesso social" nada pode fazer contra as recessões e crises econômicas (reversibilidade fáctica), mas o princípio em análise limita a reversibilidade dos direitos adquiridos [...] A violação do núcleo essencial efectivado justificará a sanção de inconstitucionalidade relativamente a normas manifestamente aniquiladoras da chamada justiça social [...] assim: o núcleo essencial dos direitos sociais já realizado e efectivado através de medidas legislativas ("lei da segurança social", "lei do subsídio de desemprego", "lei do serviço de saúde) deve considerar-se constitucionalmente garantido, sendo inconstitucionais quaisquer medidas estaduais que, sem a criação de outros esquemas alternativos ou compensatórios, se traduzam, na prática, numa "anulação", "revogação" ou "aniquilação" pura a simples desse núcleo essencial. [24]

Aliado ao argumento de retrocesso social, um dos tópicos principais dos opositores da privatização é a modicidade tarifária. Afinal, a tarifa deve ser módica e os investimentos na manutenção e modernização das técnicas e infraestruturas devem ser constantes. Argumento bastante utilizado é de que isso não seria mais possível com a prestação dos serviços de abastecimento e esgotamento de efluentes pelas concessionárias privadas que somente visarão o lucro para prestação do serviço em áreas economicamente mais favorecidas.

Além disso, argumentam que as concessionárias estatais gozam de privilégios tributários que as desoneram do dever de recolher o ICMS da comercialização do serviço de abastecimento e esgotamento sanitário. Em que pese a veracidade deste argumento, o mercado iria se reajustar para manter o equilíbrio econômico-financeiro do contrato administrativo que concedeu a prestação desses serviços à empresas particulares para que possam ter margens competitivas.

Ressalta-se, ainda, que o futuro é incerto e não há garantias de que esse privilégio não possa vir a ser estendido às demais concessionárias priva-

[24] CANOTILHO, J. J. Gomes. *Direito constitucional e teoria da Constituição.* 7. ed. Coimbra: Almedina, 2003. p. 338-340.

das que atuam com mais eficiência no mesmo setor das concessionárias públicas.

Por outro lado, há quem defenda a privatização justamente pela recorrente ineficiência na prestação dos serviços públicos pelo Poder Público.

Os adeptos da desestatização argumentam que a distribuição das áreas não depende exclusivamente da vontade das empresas particulares, mas sim dos entes públicos titulares da competência para prestar diretamente ou por meio de concessão esses serviços. Assim, a escolha seria feita pelo representante popular eleito democraticamente na busca do melhor interesse coletivo.

Ademais, no que diz respeito a modicidade tarifária, cumpre relembrar que a tarifa é instituída no edital de licitação e no contrato de concessão, ou seja, a precificação não segue a clássica regra de oferta e demanda, motivo pelo qual não se sustenta o argumento de tarifa mais cara somente pelo fato da concessionária prestadora do serviço estar inserida na iniciativa privada.

Nessa esteira, destaca-se, ainda, que a política tarifária é o instrumento pelo qual é possível assegurar as condições de regularidade, continuidade, atualidade, generalidade, segurança, cortesia e eficiência que se esperam de uma prestação adequada dos serviços de saneamento.

Em 2019, o governo de Jair Messias Bolsonaro, anunciou o desejo de privatizar diversas empresas federais para o ano de 2020.[25] Os principais argumentos que justificam esse processo de privatização são: a redução da ineficiência das empresas estatais, redução das despesas estatais e fomento ao livre desenvolvimento econômico das empresas inseridas no mercado de capitais nacional, o que vai ao encontro dos princípios basilares e específicos do Direito Administrativo no tocante à matéria dos serviços públicos.

Sempre que houver uma mudança brusca desse tipo na política pública, o cidadão crítico deve se indagar a respeito de quais motivos impulsionaram as mudanças e quem mais se beneficiará ao término deste processo.

Atualmente, a política pública de privatização é majoritariamente encarada como algo negativo à população de forma geral. Entretanto, essa é uma premissa rasa e equivocada, na medida em que toda política pública possui suas vantagens e desvantagens. De certo a mudança causa suspeitas no início, porém permanecer no modelo que se provou ineficiente e

[25] GLOBO. Disponível em: https://g1.globo.com/economia/noticia/2019/08/21/governo-anuncia-plano-para-privatizar-nove-empresas-estatais.ghtml. Acesso em: 21/07/2020.

insatisfatório ao longo dos anos não é caminhar para frente em busca de uma melhor qualidade de vida para a população no médio e longo prazo.

O processo de modificação é necessário em toda a sociedade para que se evite o engessamento do maquinário estatal. É isto, inclusive, que permite ao direito fugir de sua estaticidade para acompanhar e se adaptar ao dinamismo intrínseco à vida urbana e atender suas crescentes demandas, ainda que em ritmo mais moroso.

Em que pese a essencialidade dos serviços de abastecimento e esgotamento de efluentes no Brasil, o saneamento básico ainda não é para todos. Isto porque, atualmente, 35,7% dos brasileiros vivem sem esgoto,[26] 16,4% da população não tem acesso à água potável, 46,9% não conta com serviço de coleta de esgoto e apenas 46,3% de todo esgoto produzido em território nacional é tratado.[27]Destaca-se, ainda, as ponderações da BRK ambiental sobre esse panorama:

> Das 100 maiores cidades brasileiras, 90 apresentam mais de 80% da população com água tratada. Por outro lado, apenas 46 municípios têm mais de 80% da população com coleta de esgoto. Com relação ao tratamento de esgotos, os dados são piores: apenas 22 municípios tratam mais de 80%.
>
> Mais de 80% dessas grandes cidades têm perdas de água potável nos sistemas de distribuição superiores a 30%, o que indica um grande desafio a ser vencido no setor.[28]

Esse cenário de ineficiência operacional das maiores concessionárias públicas prestadoras do serviço de abastecimento e esgotamento de efluentes pode, novamente, ser visualizado no ranking das melhores e piores concessionárias prestadoras desse tipo de serviço público.[29]

Justamente pela recorrente ineficiência na prestação dos serviços de saneamento prestados pelas empresas estatais, o advento do Novo Marco

[26] PORTAL SANEAMENTO BÁSICO. Disponível em: https://www.saneamentobasico.com.br/ibge-brasileiros-vive-esgoto/. Acesso em: 23/07/2020.

[27] PAINEL SANEAMENTO BRASIL. Disponível em: https://www.painelsaneamento.org.br/explore/ano?SE%5Ba%5D=2018. Acesso em: 23/07/2020.

[28] BRK AMBIENTAL. Disponível em: https://blog.brkambiental.com.br/saneamento-basico-no-brasil/. Acesso em: 23/07/2020.

[29] TRATA BRASIL. Disponível em: http://www.tratabrasil.org.br/images/estudos/itb/ranking-2019/Relat%C3%B3rio_-_Ranking_Trata_Brasil_2019_v11_NOVO_1.pdf. Acesso em: 22/07/2020.

Regulatório de Saneamento Básico (Lei nº. 14.026/2020) prevê nos artigos 13, §1º, 14 e 19, § único, meios para a desestatização ou privatização no setor, a possibilitando maiores recursos e, portanto, maiores reinvestimentos para a melhoria na qualidade do serviço no setor que o Brasil tanto precisa.[30]

Conclusões

Nessa linha, nota-se que a prestação dos serviços públicos deve sempre atender sua finalidade social, isto é, o interesse da coletividade. Nesse momento, cumpre ao cidadão crítico refletir novamente, porém, dessa vez, deve analisar se o processo de privatização efetivamente visa o interesse coletivo ou ao interesse particular, desvirtuação da atuação administrativa que se busca combater.

Como sabido, a atuação da Administração Pública, seja vinculada, seja discricionária, fundamentada no princípio da supremacia dos interesses deve sempre estar pautada no interesse coletivo. Assim, acredita-se que, no médio e longo prazo, a possibilidade de privatização tem potencial para melhorar drasticamente o notório cenário de ineficiência dos serviços de abastecimento e esgotamento de efluentes em todo território nacional.

De certo, não se trata apenas de uma questão orçamentária e balanços superavitários das concessionárias estatais. O objetivo é justamente a eficiência operacional e melhor governança corporativa, pois se uma empresa estatal notoriamente ineficaz consegue ser superavitária, seus resultados seriam melhor geridos e reinvestidos caso os recursos fossem geridos por um empresa particular.

O artigo científico empenhou-se em demonstrar ao leitor a atual conjuntura sócio-política do saneamento básico carioca e desconstruir determinadas crenças que são transmitidas como verdades absolutas.

Do mesmo jeito que há vantagens e desvantagens na prestação estatal, a prestação pela iniciativa privada não é necessariamente um absurdo ou um retrocesso social. Pelo contrário, tentou-se aqui evidenciar a histórica ineficiência do serviço público de saneamento básico e o seu relevante potencial de melhoria com sua privatização.

De certo, não se defende aqui a privatização total no setor ao ponto de se flertar com o modelo de Estado Liberal, sob pena de efetivamente

[30] BRASIL. Planato. Dispónível em: http://www.planalto.gov.br/ccivil_03/_Ato2019-2022/2020/Lei/L14026.htm#art6. Acesso em: 23/07/2020.

se configurar um retrocesso social. No entanto, defende-se a privatização estratégica de modo a possibilitar a melhor eficiência operacional na prestação de um serviço essencial para a dignidade e a qualidade de vida da população carioca como um todo.

Assim, munido com as informações trazidas neste artigo, o cidadão deve se indagar se a prestação do serviço de abastecimento e esgotamento de efluentes prestados pelo Poder Público, em sua localidade, realmente é eficiente e se atende às necessidades basilares para que se possa garantir uma qualidade de vida para a população brasileira, que se espera em pleno século XXI.

Referências

AIETA, Vania. A função social da cidade, as cidades sustentáveis e a propriedade. In. Cadernos de Direito da Cidade: Estudos em homenagem à professora Maria Garcia. Serie I. Rio de Janeiro: Lumen Juris, 2014.

CAMATTA, Adriana Freitas Antunes. Saneamento Básico: desafios da universalização frente aos impasses econômicos e sociais. Rio de Janeiro. Lumen Juris. 2015.

CANOTILHO, J. J. Gomes. *Direito constitucional e teoria da Constituição.* 7. ed. Coimbra: Almedina, 2003.

CARVALHO, Erick Beyruth de. Democracia Direta no Brasil: Condições e Possibilidades. Rio de Janeiro: Lumen Juris, 2018.

FIGUEIREDO, Leonardo Vizeu. Lições de Direito Constitucional. Rio de Janeiro: Forense, 2013.

FILHO, José Soares. Serviço Público: conceito, privatização. Universidade Católica de Pernambuco. Revista Jus et Fides. Ano 2. N. 1. Julho/2002, p. 99. Disponível em: https://www.maxwell.vrac.puc-rio.br/4169/4169.PDF. Acesso em: 23/07/2020.

LOMAR, Paulo José Villela. Dos Princípios Fundamentais. *Saneamento Básico: Diretrizes Gerais – Comentários à Lei 11.445 de 2007.* (Coord). MUKAI, Toshio. Rio de Janeiro. Lumen Juris. 2007, p. 24.

LOMAR, Paulo José Villela. Dos Princípios Fundamentais. *Saneamento Básico: Diretrizes Gerais – Comentários à Lei 11.445 de 2007.* (Coord). MUKAI, Toshio. Rio de Janeiro. Lumen Juris. 2007.

MACIEL, Fabianne Manhães. O Direito da cidade e função social da cidade. In: Transformações do direito de propriedade privada (coords.) Maurício Mota e Marcos Alcino Torres. Ed. Elsevier. Rio de Janeiro, 2009.

MARICATO, Ermínia. Urbanismo na periferia do mundo globalizado: metrópoles brasileiras. Disponível em: https://www.scielo.br/pdf/spp/v14n4/9749.pdf. Acesso em: 23/07/2020.

MOTTA, Carlos Pinto Coelho. O Saneamento Básico no Brasil: desafios e perspectivas sob o prisma do direito administrativo aplicado. *Saneamento Básico: estudos e pareceres à luz da Lei nº 11.445/2007.* (Org). PICININ, Juliana; FORTINI, Cristiana. Belo Horizonte. Editora Fórum. 2009.

Oliveira, Rafael Carvalho Rezende. Administração Pública, Concessões e Terceiro Setor. 3. Ed. São Paulo: Método, 2015.

Ramos, Alan Robson Alexandrino. Do conceito de dignidade da pessoa humana às políticas públicas aos indígenas . Revista Jus Navigandi, ISSN 1518-4862, Teresina, ano 19, n. 4134, 26 out. 2014. Disponível em: https://jus.com.br/artigos/31289. Acesso em: 22 jul. 2020.

Saddy, André. Formas de Atuação e Intervenção no Estado Brasileiro na Economia. 2. Ed. Rio de Janeiro: Lumen Juris, 2016.

Sarmento, Daniel. Direitos Fundamentais e Relações Privadas. Rio de Janeiro: Lumen Juris, 2004.

Silva, José Afonso da. Curso de direito constitucional positivo. 5. Ed. São Paulo: Revista dos Tribunais, 1989.

Torres, Ricardo Lobo. Direitos fundamentais sociais: estudos de direito constitucional, internacional e comparado. (Org) Ingo Wolfgang Sarlet. Rio de Janeiro: Renovar, 2003.

Torres, Ricardo Lobo. O Mínimo Existencial e os Direitos Fundamentais. RDA, nº 177, 1989.

BRASIL, Planalto. Disponível em: http://www.planalto.gov.br/ccivil_03/_ato2007-2010/2007/lei/l11445.htm. Acesso em: 21/07/2020.

BRASIL. Planalto. Disponível em: http://www.planalto.gov.br/ccivil_03/constituicao/constituicao.htm. Acesso em: 21/07/2020.

BRASIL. Planato. Dispónível em: http://www.planalto.gov.br/ccivil_03/_Ato2019-2022/2020/Lei/L14026.htm#art6. Acesso em: 23/07/2020.

BRK AMBIENTAL. Disponível em: https://blog.brkambiental.com.br/saneamento--basico-no-brasil/. Acesso em: 23/07/2020.

GLOBO. Disponível em: https://g1.globo.com/economia/noticia/2019/08/21/governo--anuncia-plano-para-privatizar-nove-empresas-estatais.ghtml. Acesso em: 21/07/2020.

IBGE. Disponível em: https://censo2020.ibge.gov.br/2012-agencia-de-noticias/noticias/26103-expectativa-de-vida-dos-brasileiros-aumenta-para-76-3-anos-em-2018.html. Acesso em: 21/07/2020.

IPEA. Revista de Informações e Debates do Instituto de Pesquisa Economica Aplicada. Disponível em: https://www.ipea.gov.br/desafios/index.php?optioncom_content&view=article&id=994. Acesso em: 22/07/2020.

Organização Mundial da Saúde (OMS). Disponível em: https://nacoesunidas.org/oms-para-cada-dolar-investido-em-agua-e-saneamento-economiza-se-43-dolares--em-saude-global/. Acesso em: 21/07/2020.

PAINEL SANEAMENTO BRASIL. Disponível em: https://www.painelsaneamento.org.br/explore/ano?SE%5Ba%5D=2018. Acesso em: 23/07/2020.

PORTAL SANEAMENTO BÁSICO. Disponível em: https://www.saneamentobasico.com.br/ibge-brasileiros-vive-esgoto/. Acesso em: 23/07/2020.

TRATA BRASIL. Disponível em: http://www.tratabrasil.org.br/images/estudos/itb/ranking-2019/Relat%C3%B3rio_-_Ranking_Trata_Brasil_2019_v11_NOVO_1.pdf. Acesso em: 22/07/2020.

11

A Problemática da Cobrança da Tarifa de Esgoto à Luz do Recurso Repetitivo – Da Teoria à Prática Observada nos Processos Judiciais no Tribunal De Justiça do Estado do Rio de Janeiro

Raphael Eyer Soares de Paiva
Roberta Pellegrini Naice
Alciane Sara Bordin

Introdução

Por excelência, o Estado é o responsável constitucional pela prestação de serviços essenciais à coletividade podendo prestar diretamente ou delegar às concessionárias a prestação de alguns serviços públicos como, por exemplo, o serviço de saneamento básico.

Saneamento básico pode ser compreendido como uma espécie dentro do gênero de saúde pública, no qual consiste na prevenção ao alastramento de doenças, através da implementação de uma rede de infraestrutura adequada a manutenção da dignidade da pessoa humana na estrutura das cidades. Embora não se limite a esses dois, comumente é concebida sob a ótica do abastecimento de água potável e esgotamento dos efluentes sanitários.

Em que pese a relevância do estudo acerca dos demais elementos integrantes do saneamento básico, o esforço acadêmico restringirá seu escopo para especificamente analisar a questão do esgotamento sanitário e sua finalidade para, assim, demonstrar a legalidade da cobrança da tarifa de esgoto, em sua integralidade, ainda que não estejam presentes todas as quatro etapas componentes do tratamento dos resíduos sólidos. Para tanto, adotou-se essencialmente a metodologia empírica para a análise da legislação específica e da jurisprudência, bem como o emprego da metodologia bibliográfica para reforçar a pesquisa.

Nesse sentido, o trabalho científico foi estruturado da seguinte maneira, a saber:

O primeiro capítulo foi formulado para esclarecer as diferenças entre os sistemas de tratamento de esgoto existentes, bem como para explicar quando incide a cobrança da tarifa de esgoto referente à prestação do respectivo serviço público.

O segundo capítulo foi direcionado para demonstrar a divergência jurisprudencial entre o Superior Tribunal de Justiça – STJ – e alguns órgãos fracionários do Tribunal de Justiça do Estado do Rio de Janeiro – TJ/RJ. Nesse sentido, abarca-se o conteúdo do julgado vinculante fixado pela Corte Superior, bem como o conteúdo das decisões estaduais que o desrespeitam, sem amparo jurídico que respalde seu afastamento.

Por fim, o terceiro capítulo foi destinado a descrever os impactos financeiros e regulatórios que advém da insegurança jurídica causada por parcela dos órgãos componentes do TJ/RJ que, ao tentar privilegiar o consumidor, ignoram a decisão vinculante da Corte Superior e, consequentemente acabam prejudicando uma coletividade de consumidores muito superior à parcela beneficiada judicialmente em que se discutem meramente questões individuais.

1. Esgotamento Sanitário

O serviço de esgotamento sanitário envolve fases complexas, custosas e fundamentais a preservação do meio ambiente e a qualidade de vida da população. Antes da alteração da Lei de Diretrizes Nacionais para o Saneamento Básico – Lei n. 11.445/2007 – o conceito era restrito ao conjunto de atividades, infraestruturas e instalações operacionais de coleta, transporte, tratamento e disposição final adequada dos efluentes sanitários.

Nota-se queque a recente Lei nº 14.026/2020 alterou o artigo 3º, inciso I, alínea "b", da Lei nº 11.445/2007, para complementar o conceito de esgotamento sanitário. A definição foi estendida para trazer não apenas a expressão serviço público, mas também todas as infraestruturas e as instalações operacionais envolvidas nas atividades, desde a ligação predial até a destinação final no meio ambiente dos efluentes, além da disponibilização do serviço e a manutenção do sistema.

Quando se analisa a recém-chegada legislação, observa-se que o legislador andou bem quando ampliou de forma expressa a definição de esgotamento sanitário para:

> Art. 3º Para fins do disposto nesta Lei, considera-se:
>
> I – saneamento básico: conjunto de serviços públicos, infraestruturas e instalações operacionais de:
>
> (...)
>
> b) esgotamento sanitário: constituído pelas atividades e pela disponibilização e manutenção de infraestruturas e instalações operacionais necessárias à coleta, ao transporte, ao tratamento e à disposição final adequados dos esgotos sanitários, desde as ligações prediais até sua destinação final para produção de água de reuso ou seu lançamento de forma adequada no meio ambiente; (Redação pela Lei nº 14.026, de 2020).[1]

Por isso, entende-se que não somente quando presente uma ou mais etapas (coleta, transporte, tratamento e disposição final) o serviço público de esgotamento sanitário estará devidamente configurado, mas como também quando houver a disponibilização do mesmo e a manutenção do sistema.

No mesmo sentido, na área de saneamento, o diploma legal inovou ao inserir a definição para os tipos de prestação do esgotamento sanitário, quais sejam: o sistema unitário e o separador absoluto.

a) Sistema Unitário

Considera-se sistema unitário quando não há disponibilidade de rede exclusiva para o desague do esgotamento sanitário. Nesta modalidade, utiliza-se de forma concomitante a mesma rede de drenagem das chuvas para o escoamento da parte líquida e não poluente dos resíduos sanitários.

Este sistema tem seu perfeito funcionamento quando corretamente implantado e mantido, já que exige que os imóveis disponham, na parte interna, de tratamento primário. O beneficiamento prévio que pode ser feito por unidades de tratamento individuais ou coletivas, que separam a parte líquida não poluente da parte sólida tóxica, conhecida como lodo.

[1] BRASIL. Planalto. Novo Marco Regulatório do Saneamento Básico Nacional. Disponível em: http://www.planalto.gov.br/ccivil_03/_Ato2007-2010/2007/Lei/L11445.htm. Acesso em: 18/08/2020.

Assim, promover o tratamento primário antes do lançamento dos efluentes no sistema unitário é essencial e obrigatório. Ressalte-se que será apenas a parte líquida não poluente dos resíduos sanitários que será destinada para a mesma rede de coleta e direcionamento das águas pluviais.

A crítica que pode ser feita quanto a utilização do sistema unitário decorre não de sua existência, mas sim, de sua implantação parcial ou da conexão clandestina que acaba por direcionar todos os resíduos do imóvel, sem qualquer tratamento preliminar,à rede, que seria o lançamento *in natura*, o que é inadmissível.

No sistema unitário, necessariamente deve existir o tratamento primário do esgotamento sanitário, mas este se limita a separar a matéria sólida e a iniciar o processo de decomposição, sendo que o tratamento secundário será obrigação da concessionária a ser realizado nas Estações de Tratamento de Esgoto – ETE.

A parte sólida resultante deste primeiro processo de filtragem e separação deve ser retirada rotineiramente do imóvel, com o auxílio de caminhão limpa-fossas, e submetida a tratamento complementar, para diminuir sua carga poluente, capaz de gerar danos ambientais. Por outro lado, a parte líquida (não poluente) resultante deste processo de decomposição pode ser direcionada às Galerias de Águas Pluviais – GAP – com destinação ao corpo hídrico.

Esta modalidade de esgotamento foi inclusive inserida pela Lei nº 14.026/20, art. 3º, inciso XIX, que conceituou o sistema unitário como "conjunto de condutos, instalações e equipamentos destinados a coletar, transportar, condicionar e encaminhar conjuntamente esgoto sanitário e águas pluviais".[2]

Assim, nas dependências dos imóveis que são atendidos pelo sistema unitário, a existência do tratamento primário com a utilização de fossas sépticas ou de estações próprias para estabilização do lodo é obrigatória e sua implantação é de responsabilidade dos consumidores e não das concessionárias, já que se trata da parte interna do imóvel, nos moldes do §1º,

[2] BRASIL. Planalto. Novo Marco Regulatório do Saneamento Básico Nacional. Disponível em: http://www.planalto.gov.br/ccivil_03/_Ato2007-2010/2007/Lei/L11445.htm. Acesso em: 18/08/2020.

do Decreto nº 553, de 16 de janeiro de 1976,[3] no mesmo sentido dispõe o §1º, do art. 86 do Decreto nº 22.872, de 28 de dezembro de 1996.[4]

A utilização do sistema unitário deve ser considerada como uma modalidade intermediária, inclusive foi esta a vontade da recente legislação que incluiu a determinação da implantação de metas progressivas para substituí-la pelo sistema separador absoluto.

Observa-se que nesta parte o legislador poderia ter melhor disposto quando permitiu que enquanto não houver a substituição dos sistemas, apenas nos períodos de estiagem deve ser obrigatório o tratamento (art. 44, §3º, da Lei nº 14.026/2020).

Entende-se que o tratamento do lodo deve ser realizado, independente de condições climáticas, sendo necessário que todo o resíduo sólido seja direcionado à ETE para o tratamento secundário e destinação final adequada em aterro sanitário. Apenas em casos excepcionais, pode-se permitir a utilização do sistema unitário sem o tratamento primário como, por exemplo, nos casos de coleta a tempo seco em áreas carentes.

b) Sistema do Separador Absoluto

O sistema separador absoluto é aquele quando existe uma rede exclusiva de coleta para os resíduos de esgoto que serão direcionados às ETE ou aos emissários marítimos regionais, a depender da localidade do imóvel.

Este sistema é completo na medida em que os efluentes líquidos não são direcionados para as GAP,mas sim transportados em rede exclusiva para essa finalidade, não se comunicando com as águas pluviais. Nesse sistema, a concessionária realiza todas as etapas do serviço de esgotamento sanitário, sem a necessidade de tratamento primário prévio.

Desta forma, trata-se do sistema completo e desejável, porém para que o mesmo seja possível são necessários elevados investimentos para sua implantação, o que nem sempre ocorre, principalmente nas regiões economicamente deficitárias.

[3] RIO DE JANEIRO. ALERJ. Assembleia Legislativa do Estado do Rio de Janeiro. Disponível em: http://alerjln1.alerj.rj.gov.br/decest.nsf/c8ea52144c8b5c950325654c00612d63/9950280c47bc1fb803256b72006247f5?OpenDocument&Highlight=0,553. Acesso em: 18/08/2020.

[4] RIO DE JANEIRO. ALERJ. Assembleia Legislativa do Estado do Rio de Janeiro. Disponível em: http://alerjln1.alerj.rj.gov.br/decest.nsf/532ff819a4c39de50325681f0061559e/c533a4a11c79ed8d03256b790066397e?OpenDocument. Acesso em: 18/08/2020.

Mas, em caso de implantação, a partir do momento que o sistema esteja disponível, os imóveis devem ser notificados para providenciar a conexão, nos termos da Lei nº 14.026/2020:

> Art. 45. As edificações permanentes urbanas serão conectadas às redes públicas de abastecimento de água e de esgotamento sanitário disponíveis e sujeitas ao pagamento de taxas, tarifas e outros preços públicos decorrentes da disponibilização e da manutenção da infraestrutura e do uso desses serviços.
>
> §4º. Quando disponibilizada rede pública de esgotamento sanitário, o usuário estará sujeito aos pagamentos previstos no caput deste artigo, sendo-lhe assegurada a cobrança de um valor mínimo de utilização dos serviços, aind que a sua edificação esteja conectada à rede pública;
>
> §6º. A entidade reguladora ou o titular dos serviços públicos de saneamento básico deverão estabelecer prazo não superior a 1 (um) ano para que os usuários conectem suas edificações à rede de esgotos, onde disponível, sob pena de o prestador do serviço realizar a conexão mediante cobrança do usuário.[5]

A recente alteração legal buscou desvincular a cobrança da tarifa apenas à conexão ao sistema e sim, informa que a disponibilidade do mesmo, independente da conexão ensejará a cobrança.

Entende-se que esta alteração é extremamente importante para desvincular a ideia de possibilidade de contrapartida dos usuários apenas pela conexão. Nesta mesma linha, o artigo inseriu também a possibilidade de conexão compulsória dos imóveis que não tiverem a sua ligação realizada pelos responsáveis no prazo estabelecido.

Após analisadas as modalidades de esgotamento sanitário, observa-se que as alterações na norma contribuem positivamente para encerrar diversas discussões quanto a possibilidade da cobrança integral da tarifa de esgoto, mesmo que as etapas sejam atendidas de forma parcial ou até mesmo quando estas etapas sejam apenas disponibilizadas ao consumidor e mantidas pela concessionária.

Dessa forma, percebe-se que a cobrança da tarifa de esgoto é legítima, independente da modalidade prestada pela concessionária, desde que o

[5] BRASIL. Planalto. Novo Marco Regulatório do Saneamento Básico Nacional. Disponível em: http://www.planalto.gov.br/ccivil_03/_Ato2019-2022/2020/Lei/L14026.htm. Acesso em: 18/08/2020.

serviço de esgotamento sanitário esteja presente ou à disposição do consumidor, já que ocorre a efetiva prestação do serviço público com o afastamento dos efluentes sanitários do imóvel.

2. A legitimidade da Cobrança Integral da Tarifa de Esgoto na hipótese de não cumprimento de todas as etapas segundo entendimento vinculante do STJ

Com o surgimento de diversas demandas discutindo a legalidade da cobrança da Tarifa de Esgoto, constatou-se uma divergência nos órgãos julgadores do TJ/RJ. À época, os magistrados estavam divididos, o que gerou um grave momento de instabilidade jurisprudencial e insegurança jurídica para as partes envolvidas.

Nesse contexto, sob a sistemática dos repetitivos (tema 565), o STJ fixou entendimento pela cobrança da Tarifa de Esgoto, em sua integralidade, ainda que não estivessem presentes todas as etapas. Confira-se:

> ADMINISTRATIVO. RECURSO ESPECIAL. AÇÃO DE REPETIÇÃO DE INDÉBITO. SERVIÇO DE ESGOTAMENTO SANITÁRIO. PRESTAÇÃO DE SERVIÇOS DE COLETA E TRANSPORTE DOS DEJETOS. INEXISTÊNCIA DE REDE DE TRATAMENTO. TARIFA. LEGITIMIDADE DA COBRANÇA.
>
> 1. Não há violação do artigo 535 do CPC quando a Corte de origem emprega fundamentação adequada e suficiente para dirimir a controvérsia.
>
> 2. À luz do disposto no art. 3º da Lei 11.445/2007 e no art. 9º do Decreto regulamentador 7.217/2010, justifica-se a cobrança da tarifa de esgoto quando a concessionária realiza a coleta, transporte e escoamento dos dejetos, ainda que não promova o respectivo tratamento sanitário antes do deságue.
>
> 3. Tal cobrança não é afastada pelo fato de serem utilizadas as galerias de águas pluviais para a prestação do serviço, uma vez que a concessionária não só realiza a manutenção e desobstrução das ligações de esgoto que são conectadas no sistema público de esgotamento, como também trata o lodo nele gerado.
>
> 4. O tratamento final de efluentes é uma etapa posterior e complementar, de natureza sócio-ambiental, travada entre a concessionária e o Poder Público.
>
> 5. A legislação que rege a matéria dá suporte para a cobrança da tarifa de esgoto mesmo ausente o tratamento final dos dejetos, principalmente porque não estabelece que o serviço público de esgotamento sanitário somente existirá quando todas as etapas forem efetivadas, tampouco proíbe a cobrança

da tarifa pela prestação de uma só ou de algumas dessas atividades. Precedentes: REsp 1.330.195/RJ, Rel. Min. Castro Meira, Segunda Turma, DJe 04.02.2013; REsp 1.313.680/RJ, Rel. Min. Francisco Falcão, Primeira Turma, DJe 29.06.2012; e REsp 431121/SP, Rel. Min. José Delgado, Primeira Turma, DJ 07/10/2002.

6. Diante do reconhecimento da legalidade da cobrança, não há o que se falar em devolução de valores pagos indevidamente, restando, portanto, prejudicada a questão atinente ao prazo prescricional aplicável as ações de repetição de indébito de tarifas de água e esgoto.

7. Recurso especial provido, para reconhecer a legalidade da cobrança da tarifa de esgotamento sanitário. Processo submetido ao regime do artigo 543-C do CPC e da Resolução 8/STJ.[6]

Como se observa, a prestação de serviço de esgotamento não se configura apenas quando presente todas suas etapas, pelo contrário, a cobrança possui respaldo legal ainda que esta hipótese não esteja presente no caso concreto e sua exigência não é vedada pela lei específica, quando não estiverem presentes todas as etapas.

De certo, não se admite a cobrança da tarifa de esgoto para os casos em que efetivamente não haja prestação do respectivo serviço público, ou seja, hipótese na qual as quatro etapas estão ausentes. Todavia, restou decidido pela cobrança integral da tarifa ainda que esteja presente uma dessas etapas.

Em que pese a tentativa de pacificar a discussão e uniformizar as decisões de segunda instância, o repetitivo supra colacionado não unificou as decisões fluminenses, pois ainda é possível verificar decisões em divergentes no Estado do Rio de Janeiro.

2.1. Divergência Jurisprudencial acerca desta metodologia

Como destacado acima, em tese, a jurisprudência deveria estar uniformizada e este assunto pacificado, em virtude de tese firmada na sistemática dos repetitivos, contudo, não é isso que se verifica na praxe forense.

Essa ruptura ocorre porque alguns órgãos fracionários do Egrégio Tribunal de Justiça, munidos com o Código de Defesa do Consumidor,

[6] BRASIL. Superior Tribunal de Justiça. REsp n. 1.339.313/RJ. Disponível em: https://ww2.stj.jus.br/processo/revista/documento/mediado/?componente=ITA&sequencial=1194164&num_registro=201200593117&data=20131021&formato=PDF. Acesso em: 18/08/2020.

divergem do repetitivo, assim como dos mandamentos entabulados em legislação específica e vigente sobre o tema de saneamento.

Ao assim julgar, esta parcela do Tribunal acaba inovando no ordenamento jurídico, pois cria um critério desprovido de respaldo na jurisprudência vinculante e na legislação pertinente, que permite uma cobrança parcial da tarifa, proporcional ao número de etapas presentes no serviço de tratamento de esgoto na localidade de cada consumidor que aciona o Poder Judiciário.

A título exemplificativo,confira-se um julgado que evidencia os argumentos levantados para fundamentar essa inovação jurídica pelo Tribunal de Justiça:

> DIREITO DO CONSUMIDOR. CEDAE. ESGOTAMENTO SANITÁRIO. AÇÃO DE REPETIÇÃO DO INDÉBITO. DISCUSSÃO JURÍDICA EM TORNO DA LEGITIMIDADE DA COBRANÇA DA TARIFA DE ESGOTO. SENTENÇA DE IMPROCEDÊNCIA. APELAÇÃO CÍVEL INTERPOSTA PELO AUTOR, PUGNANDO PELA REFORMA INTEGRAL DA SENTENÇA.
>
> 1. Ofensa ao princípio constitucional da isonomia – O tratamento igualitário a consumidores que se encontram em situações completamente distintas ofende, inequivocamente, o princípio constitucional da isonomia. De forma alguma, podem ser cobrados, com base em idêntico critério tarifário, os consumidores que usufruem do serviço de esgotamento sanitário em sua integralidade ("desde as ligações prediais até o seu lançamento final no meio ambiente" - art. 3º, alínea "b", da Lei nº. 11.445/07) e os consumidores que não usufruem do serviço – só porque a concessionária realiza uma ou algumas das atividades descritas no artigo 9º, do Decreto nº. 7.217/10.
>
> 2. Ausência de prestação integral do serviço – "O destino do esgoto coletado no logradouro da autora não foi identificado pelo Perito". Foge à teleologia do sistema remuneratório a cobrança da tarifa integral para serviço parcialmente prestado, vez que, por diretriz, a tarifa contratada serve, ente outros fatores, para recuperação dos custos incorridos na prestação do serviço, em regime de eficiência, e para remuneração adequada do capital investido pelos prestadores dos serviços. No modelo tarifário atual, há locupletamento indevido da concessionária, na medida em que recebe por serviços que não presta e é remunerada por investimentos não realizados.
>
> 3. Nova concepção contratual – Na seara das modernas tendências contratuais, são repudiados, de modo contundente, quaisquer excessos, exage-

ros, abusos. A ideia que deve prevalecer é a do equilíbrio razoável da relação jurídica, em todos os seus aspectos (formais, materiais, econômicos e éticos). A primazia não é mais da vontade, mas, sim, da justiça contratual. E esta, afinal, não está mais identificada com a liberdade individual, mas, sim, percebida como virtude relacional e social.

4. Ressalvado o entendimento pessoal deste Relator, curvo-me aos efeitos do artigo 543-C, do CPC, conferidos ao REsp 1.339.313, já mencionado. Logo, forçoso admitir-se a cobrança de tarifa de esgoto pela RÉ, ainda que não respeitado o princípio da integralidade do serviço (art. 2º, II, Lei n. 11.445/2007).

(...)

6. Remuneração proporcional. Causa sinalagmática. Possibilidade – À luz da legislação consumerista, é abusiva – e, portanto, nula de pleno direito – qualquer estipulação de pagamento integral por um serviço que assim não é prestado, de acordo com o artigo 51, IV, do Código de Proteção e Defesa do Consumidor. O consumidor não pode ser compelido a pagar a remuneração por serviços que não lhe são fornecidos, o que compromete, irremediavelmente, o sinalagma contratual. A admitir-se a cobrança da tarifa de esgoto pela simples comprovação de desempenho de alguma das atividades descritas no artigo 9º, do Decreto n. 7.217/10, por simetria, equidade e boa-fé (artigo 4º, III e artigo 51, IV, ambos do CDC), tal remuneração deve guardar proporcionalidade com os benefícios que são auferidos. Do contrário, estar-se-á conferindo natureza tributária à remuneração – em afronta aos posicionamentos do E. Supremo Tribunal Federal e do próprio Superior Tribunal de Justiça. A remuneração da concessionária deve atentar para os princípios estabelecidos no artigo 29, §1º, da Lei nº 11445/2007 que, entre outras diretrizes, se destina à "recuperação dos custos incorridos na prestação do serviço, em regime de eficiência" (inciso V) e à "remuneração adequada do capital investido pelos prestadores dos serviços" (inciso VI). A não realização deste ajuste estabeleceria tratamento desigual entre as partes, exporia o consumidor a um ônus excessivo e a desvantagem exagerada, gerando, ao revés, o locupletamento indevido da concessionária, em ofensa ao princípio da par conditio entre os contratantes (art. 6º, II, do CDC).

7. Atento ao verbete nº 85, da Súmula da Jurisprudência deste Tribunal, que considera "incabível a devolução em dobro pelo fornecedor e pela concessionária, se a cobrança por eles realizada estiver prevista em regulamento, havendo repetição simples do indébito" e a orientação majoritária conferida ao tema, no âmbito do Superior Tribunal de Justiça, ressalvando, novamente,

o entendimento pessoal deste Relator, a repetição dos valores pagos a maior pela Autora deve se dar de modo simples.

8. Quanto ao prazo prescricional aplicável à repetição de indébito, deverá ser observado o alcance prescricional que, in casu, é o prazo de 10 (dez) anos previsto no artigo 205 do Código Civil, diploma regente na hipótese. Verbete nº 412 do Col. STJ.

9. E por assim ser, reafirma-se o entendimento anteriormente firmado por este Colegiado, no sentido de se determinar a redução da cobrança de tarifa proporcional para 50% a título de esgoto sanitário, até que o lodo oriundo do logradouro em que o apelante reside passe a ser totalmente tratado e adequadamente disposto no meio ambiente, bem como a devolução, na forma simples, dos valores pagos a maior pela parte Autora, observada a prescrição decenal.

10. RECURSO AO QUAL SE DÁ PARCIAL PROVIMENTO.[7]

Entretanto, esse e os demais julgados nesse sentido não levam em consideração o impacto regulatório de suas decisões, e isso é facilmente percebido, pois as decisões inovatórias vêm desacompanhadas de critérios que justifiquem essa proporcionalidade fictícia entre as etapas, o que gera, novamente, a insegurança jurídica que se buscava afastar inicialmente com o julgamento do repetitivo.

Como cediço, no Estado Democrático de Direito o Estado se submete às próprias regras no intuito de limitar o exercício do poder, evitar abusos e assegurar direitos fundamentais.[8] De igual forma, os agentes públicos que o apresentam também possuem sua atuação balizada nos limites estabelecidos no ordenamento jurídico, não devendo ultrapassar as competências legalmente a eles atribuída.[9]

Feita esta consideração, nota-se que a discussão acerca da legalidade da cobrança de tarifa de esgoto em sua integralidade está inserida no bojo do

[7] RIO DE JANEIRO. Tribunal de Justiça do Estado do Rio de Janeiro. APL. Processo n. 0052571-85-2015.8.19.0205. Disponível em: http://www1.tjrj.jus.br/gedcacheweb/default.aspx?UZIP=1&GEDID=000426B3E55F3542192B395FBE1E245C323EC5093011414B&USER=. Acesso em: 18/08/2020.

[8] SARLET, Ingo Wolfgang. *A Eficácia dos Direitos Fundamentais*. Porto Alegre: Livraria do Advogado, 2006, p. 70

[9] FIGUEIREDO, Leonardo Vizeu. *Lições de Direito Constitucional*. Rio de Janeiro: Forense, 2013, p; 447

Direito Público, motivo pelo qual o intérprete do direito deve enquadrar-senos respectivos princípios basilares deste regime jurídico mais rígido.[10]

Desta forma, merece especial destaque o princípio da legalidade que, no âmbito público, ganha contorno diferenciado do comumente tratado na esfera do Direito Privado. Isto porque, esta permite que o particular aja da forma que bem entender desde que não contrarie as determinações legais, ao passo que naquela, a legalidade possui contornos mais restritos, de modo que o agente público somente pode atuar se houver determinação expressa em lei que o permita agir e não poderá exceder a atuação descrita em lei.[11]

Assim, imperiosa a análise acerca do ordenamento jurídico que abarca a atuação do magistrado, bem como da sistemática dos recursos repetitivos nas cortes superiores.

O Novo Código Processual Civil – NCPC – entrou em vigor no dia 18 de março de 2016 e, apesar de recente, trouxe modificações substanciais nas normas de condução processual em âmbito nacional. Nesse contexto, cabe destacar a importância da sistemática dos repetitivos.

O art. 1.036 do NCPC dispõe que quando houver multiplicidade de recursos especiais com fundamento em idêntica controvérsia, a análise do mérito recursal pode ocorrer por amostragem, mediante a seleção de recursos que representem de maneira adequada, a controvérsia.[12]Portanto, recurso repetitivo é aquele que representa um grupo de recursos especiais que tenham teses idênticas, ou seja, que possuam fundamento em idêntica questão de direito.

Essa sistemática tem como objetivo concretizar os princípios da celeridade na tramitação de processos, da isonomia de tratamento às partes processuais e da segurança jurídica.

Em apertada síntese, trata-se de sistemática que suspenderá o curso dos demais processos semelhantes em âmbito nacional e, ao final, seu julgamento deverá ser obedecido e replicados nos demais casos que estavam suspensos aguardando decisão nos processos paradigmas.[13]

[10] SARMENTO, Daniel. *Direitos Fundamentais e Relações Privadas.* Rio de Janeiro: Lumen Juris, 2004, p. 313/314.

[11] MEIRELLES, Hely Lopes. *Direito Administrativo Brasileiro.* 39 edição. São Paulo: Editora Malheiros, 2013, p. 91.

[12] BRASIL. Planalto. Disponível em: http://www.planalto.gov.br/ccivil_03/_ato2015-2018/2015/lei/l13105.htm. Acesso em: 18/08/2020.

[13] CÂMARA, Alexandre Freitas. *O Novo Processo Civil Brasileiro.* São Paulo: Atlas, 2015, p. 548.

Como se sabe, é possível a ocorrência de entendimento divergente daquele encampado pelo repetitivo nos casos excepcionais casos de *distinguishing* e de *overruling*, todavia, não se verifica estas hipóteses com frequência, principalmente nas causas de cobrança de tarifa de esgoto.

Apesar dos argumentos trazidos pelos votos divergentes,as características fáticas e de direitos são idênticas, não havendo motivo para o afastamento do entendimento vinculante e sequer a inovação de uma proporcionalidade ficta desacompanhada de estudos técnicos que a fundamente. As decisões que determinam a proporcionalidade de cobrança da tarifa de esgoto estão aplicando de forma equivocada o repetitivo supramencionado, uma vez que o mesmo é claro ao dizer que a tarifa é devida em sua integralidade quando presente a prestação do serviço público, ainda que ausente uma de suas fases.

Em que pese a inexistência de hierarquia entre as etapas na prestação de serviço de esgotamento (são todas igualmente importantes), é irrefutável que há relevantes diferenças entre elas, principalmente no que diz respeito a questões como o investimento necessário em logística, capacidade técnica e infraestrutura adequada para o implemento de cada fase. Isto porque, o custo para operacionalizar a etapa de coleta é muito inferior ao custo de operacionalizar a etapa de tratamento dos resíduos sólidos, por exemplo.

Ocorre que o Egrégio Tribunal de Justiça do Estado do Rio de Janeiro vem adotando proporções que, além de desprovidas de amparo legal, não possuem o devido balanceamento, pois as etapas não possuem peso financeiros iguais e por vezes os magistrados atribuem, equivocadamente, um peso de 25% para cada uma das quatro fases componentes do serviço de esgotamento sanitário, o que provoca impactos negativos substanciais no equilíbrio contratual.

Essa distorção ignora todos os aspectos gerenciais e financeiros envolvidos no contrato administrativo de prestação do serviço público e adota uma divisão fantasiosa baseada em uma simples operação matemática, desprovida de qualquer estudo de impacto econômico e regulatório que analise a saúde financeira das concessionárias após o desrespeito ao entendimento vinculante da Corte Superior.

No ordenamento jurídico pátrio não se evidencia a possibilidade de desrespeitar entendimento vinculante de Corte Superior baseado em divergência de convencimento pessoal. Pelo contrário, como se sabe o Poder

Judiciário deve resguardar o direito de concorrência, livre iniciativa, continuidade da empresa, nos moldes do inciso IV do art. 170 da Carta Magna de 1988,[14] e justamente por isso, que se modificou o texto da Lei de Introdução das Normas ao Direito Brasileiro – LINDB – Lei n. 12.376 de 2010.

A partir da leitura dos artigos 20, 21 e 22 da LINDB, pode-se notar que o peso da decisão do magistrado não pode vir desacompanhada de maiores reflexões acerca das suas consequências práticas.[15] Nessa esteira, a preocupação legislativa ao consequencialismo das decisões judiciais não se restringe ao diploma supramencionado, pelo contrário, aliado a ele encontra-se o artigo 25 do Código de Ética da Magistratura que assim dispõe: "Especialmente ao proferir decisões, incumbe ao magistrado atuar de forma cautelosa, atento às consequências que pode provocar".[16] Todavia, não é isso o que se vislumbra na prática.

Infelizmente, o que se verifica na praxe forense é o recorrente desrespeito, por uma parcela do TJ/RJ, ao entendimento vinculante fixado pela Corte Superior que determina a legalidade da cobrança integral da tarifa de esgoto, ainda que não estejam presentes todas as fases.

3. A repercussão prática de decisões judiciais conflitantes

Como dito anteriormente, no âmbito do Estado do Rio de Janeiro, a despeito da admissão e análise do Recurso Especial repetitivo (REsp. n° 1.339.313/RJ) e trânsito em julgado de decisão do STJ admitindo a cobrança da tarifa de esgoto caso prestada qualquer uma das quatro fases afetas ao serviço (coleta, transporte, tratamento e disposição final), magistrados e câmaras cíveis do TJ/RJ não acolheram a tese formulada pelo STJ e continuaram a julgar as ações em desfavor das concessionárias que atuam no ramo do saneamento básico.

Alguns magistrados entendem, também, erroneamente, pela necessidade de observância de tarifa proporcional de esgoto, destoando da estrutura tarifária aprovada pela Agência Reguladora de Energia e Saneamento Básico do Estado do Rio de Janeiro – AGENERSA.

[14] BRASIL. Planalto. Constituição da República Federativa do Brasil de 1988. Disponível em: http://www.planalto.gov.br/ccivil_03/constituicao/constituicao.htm. Acesso em: 18/08/2020.

[15] BRASIL. Planalto. Lei de Introdução às Normas do Direito Brasileiro. Disponível em: http://www.planalto.gov.br/ccivil_03/decreto-lei/del4657compilado.htm. Acesso em: 18/08/2020.

[16] CNJ. Conselho Nacional de Justiça. Código de Ética da Magistratura. Disponível em: https://www.cnj.jus.br/codigo-de-etica-da-magistratura/. Acesso em: 18/08/2020.

Tais decisões geram um grande impacto econômico e financeiro às concessionárias fluminenses,visto que as ações judiciais sobre o tema, além de representarem boa parte do acervo de processos de maior complexidade, comprometem não somente o poder de reinvestimentos em projetos para expansão dos serviços, mas, em verdade, a própria manutenção de suas atividades ordinárias.

O prejuízo à coletividade se torna muito superior ao daquele consumidor específico que ingressou em juízo, uma vez que as concessionárias assumem um passivo e um contingenciamento financeiro considerável quando sucumbentes nessas ações, haja vista as condenações em devolução de valores pagos pelos usuários a título da tarifa de esgotamento sanitário, sem falar nas hipóteses em que há o prejuízo correspondente àquilo que deixou de ser arrecadado diante da impossibilidade de cobrança.

A perda de arrecadação e, ainda, a necessidade de devolução dos valores que foram cobrados anteriormente, impacta no planejamento a longo prazo e nos investimentos que já eram porventura realizados pelas concessionárias, bem como aqueles planejados para incremento da prestação dos serviços.

E, sobre a prestação de serviços públicos de saneamento quando feita mediante concessão, em geral acarreta a aquisição e construção de bens, cujos investimentos são recuperados justamente mediante a cobrança da tarifa. Nesses casos, o planejamento desenvolve-se, sobretudo, como instrumento hábil a definir os objetivos e meios mais apropriados a se atingir as metas e resultados pretendidos e, uma vez impactado, influencia na possibilidade de investimentos e melhorias dos serviços prestados à população.

Ademais, em se tratando de concessionárias estatais, a construção e a manutenção de todo o complexo para a prestação do serviço depende de recursos advindos, precipuamente, das tarifas pagas pelos usuários, visto a escassez de recursos públicos, a necessidade de direcionamento destes para outras demandas da população e, ainda, as limitações de investimento pelo gestor.

E, ainda: nesses casos, para a reversão das decisões dos magistrados há o desnecessário dispêndio de recursos públicos, uma vez que demanda a atuação do corpo técnico e jurídico da estatal e a realização de contratações externas para tema que já foi amplamente debatido, analisado, decidido pelo STJ.

Portanto, observa-se que mesmo que sacramentada pelo STJ, a sistemática de cobrança de tarifa de esgoto ainda é tema divergente no TJ/RJ, com decisões judiciais conflitantes ao julgado no REsp. nº 1.339.313-RJ, o que acaba por gerar prejuízos econômicos e jurídicos relevantes às concessionárias fluminenses que atuam no ramo do saneamento básico, impactando não somente na sua principal fonte de receita, mas também gerando custos para as suas defesas judiciais, refletindo diretamente no atendimento à população.

Conclusões

A possibilidade da cobrança da tarifa de esgoto, mesmo quando não presentes todas as etapas da prestação de serviço de esgotamento sanitário, ainda é discussão travada entre as concessionárias e usuários, no âmbito do Poder Judiciário.

Com efeito, a legislação, ao especificar as atividades contempladas no conceito de serviço público de esgotamento sanitário, referiu-se à coleta, ao transporte, ao tratamento e à disposição final, evidenciando que a cobrança pelos serviços de esgotamento sanitário abrange desde as ligações prediais até sua disposição final.

Vê-se que a norma que rege a matéria não estabelece que o serviço público de esgotamento sanitário somente existirá quando todas as etapas forem efetivadas, tampouco proíbe a cobrança da tarifa pela prestação de uma só ou de algumas dessas atividades, dando suporte para a cobrança da tarifa de esgoto mesmo que não presente todas as etapas.

A exemplo disso, quando a concessionária realiza a coleta, transporte e escoamento dos dejetos e não promove o respectivo tratamento sanitário antes do deságue, a cobrança não deve ser afastada pelo fato de serem utilizadas as galerias de águas pluviais para a prestação do serviço, vez que, neste caso, é realizada a manutenção e desobstrução das ligações de esgoto que são conectadas no sistema público de esgotamento, bem como o tratamento do lodo nele gerado, de forma que a cobrança da tarifa de esgoto é justificada.

Em outras palavras, o fato de não ser prestada a fase do tratamento, antes de sua disposição final, não afasta a cobrança da tarifa, eis que a remuneração há de ser devida como contraprestação pela instalação, operação e manutenção da infraestrutura de coleta e descarga do esgoto.

Assim, embora não efetivadas todas as atividades que subdividem o serviço de esgotamento sanitário, sendo alguma das fases prestada, há o dispêndio financeiro pela prestação do serviço pela concessionária e, como tal, deve ser devidamente ressarcida.

Isso corrobora a ideia de que o serviço de esgotamento sanitário é formado por um complexo de atividades, explicitando que qualquer uma delas é suficiente para, autonomamente, permitir a cobrança da respectiva tarifa.Entender diversamente seria, na prática, inviabilizar a prestação do serviço pelas concessionárias, o que prejudica toda a população, visto que a finalidade da cobrança é justamente manter a previsibilidade de receita e manter o equilíbrio financeiro contratualmente pactuados, possibilitando a prestação contínua do serviço público.

Aliás, caminha nesse sentido o Novo Marco Regulatório do Saneamento Básico Nacional, na medida em que insere no conceito de esgotamento sanitário a disponibilidade do serviço, evidenciando, assim, que para a legitimidade da cobrança o imóvel sequer precisaria estar conectado ao sistema.

Dessa forma, o juiz deve estar consciente dos impactos econômicos e financeiros que potencialmente pode causar às empresas em suas decisões, até porque as sanções indevidamente ponderadas, e consequentemente excessivas, prejudicam uma coletividade muito superior àquele consumidor específico que ingressou em juízo.

E em que pese a decisão vinculante pelo STJ acerca da legalidade da cobrança de tarifa de esgoto em sua integralidade nos casos de ausência de alguma fase componente do serviço de esgotamento, no âmbito da sistemática dos repetitivos, o que se observa na praxe forense do Tribunal de Justiça do Estado do Rio de Janeiro é o reiterado descumprimento do entendimento da corte superior por parcela dos órgãos julgadores, o que perpetua a insegurança jurídica entre as partes envolvidas.

Além de violar as regras constitucionais e processuais, tais decisões geram impactos econômicos e financeiros às concessionárias, diminuindo seu poder de reinvestimentos e, por consequência, inversamente à finalidade precípua que se busca, prejudicam toda a coletividade. E o que resta, ao fim, é a seguinte incoerência: o Poder Judiciário espera melhor prestação do serviço público, com menores falhas, enquanto retira o poder de reinvestimento nas infraestruturas das concessionárias com suas decisões.

Referências

CÂMARA, Alexandre Freitas. *O Novo Processo Civil Brasileiro*. São Paulo: Atlas, 2015.

FIGUEIREDO, Leonardo Vizeu. *Lições de Direito Constitucional*. Rio de Janeiro: Forense, 2013.

MEIRELLES, Hely Lopes. *Direito Administrativo Brasileiro*. 39 edição. São Paulo: Editora Malheiros, 2013.

SARLET, Ingo Wolfgang. *A Eficácia dos Direitos Fundamentais*. Porto Alegre: Livraria do Advogado, 2006.

SARMENTO, Daniel. *Direitos Fundamentais e Relações Privadas*. Rio de Janeiro: Lumen Juris, 2004.

BRASIL. Planalto. Constituição da República Federativa do Brasil de 1988. Disponível em: http://www.planalto.gov.br/ccivil_03/constituicao/constituicao.htm. Acesso em: 18/08/2020.

BRASIL. Planalto. Disponível em: http://www.planalto.gov.br/ccivil_03/_ato2015-2018/2015/lei/l13105.htm. Acesso em: 18/08/2020.

BRASIL. Planalto. Lei de Introdução às Normas do Direito Brasileiro. Disponível em: http://www.planalto.gov.br/ccivil_03/decreto-lei/del4657compilado.htm. Acesso em: 18/08/2020.

BRASIL. Planalto. Novo Marco Regulatório do Saneamento Básico Nacional. Disponível em: http://www.planalto.gov.br/ccivil_03/_Ato2007-2010/2007/Lei/L11445.htm. Acesso em: 18/08/2020.

BRASIL. Superior Tribunal de Justiça. REsp n. 1.339.313/RJ. Disponível em: https://ww2.stj.jus.br/processo/revista/documento/mediado/?componente=ITA&sequencial=1194164&num_registro=201200593117&data=20131021&formato=PDF. Acesso em: 18/08/2020.

CNJ. Conselho Nacional de Justiça. Código de Ética da Magistratura. Disponível em: https://www.cnj.jus.br/codigo-de-etica-da-magistratura/. Acesso em: 18/08/2020.

RIO DE JANEIRO. ALERJ. Assembleia Legislativa do Estado do Rio de Janeiro. Disponível em: http://alerjln1.alerj.rj.gov.br/decest.nsf/c8ea52144c8b5c950325654c00612d63/9950280c47bc1fb803256b72006247f5?OpenDocument&Highlight=0,553. Acesso em: 18/08/2020.

RIO DE JANEIRO. ALERJ. Assembleia Legislativa do Estado do Rio de Janeiro. Disponível em: http://alerjln1.alerj.rj.gov.br/decest.nsf/532ff819a4c39de50325681f0061559e/c533a4a11c79ed8d03256b790066397e?OpenDocument. Acesso em: 18/08/2020.

RIO DE JANEIRO. Tribunal de Justiça do Estado do Rio de Janeiro. APL. Processo n. 0052571-85-2015.8.19.0205. Disponível em: http://www1.tjrj.jus.br/gedcacheweb/default.aspx?UZIP=1&GEDID=000426B3E55F3542192B395FBE1E245C323EC5093011414B&USER=. Acesso em: 18/08/2020.

12

Evolução Histórica do Saneamento Básico no Brasil – Do PLANASA até o Novo Marco Legal do Saneamento (Lei nº 14.026/2020)

RODRIGO SANTOS HOSKEN

Introdução

A realidade do saneamento básico no país vem evoluindo de maneira aquém do que a maioria das pessoas gostaria, sendo que uma análise da evolução legislativa mais recente do país ajuda a entender quais foram os erros e acertos que nos levaram até o momento em que vivemos.

Nesse diapasão, o presente artigo se propõe de maneira sintética a levantar os aspectos históricos legais e algumas questões políticas atuais que nos auxiliam a entender a evolução legislativa e verificar se de fato iremos alcançar a tão sonhada universalização para todos os brasileiros e brasileiras.

A história do saneamento nacional, em especial, dos anos 60 até os dias atuais é a demonstração cabal da falta de prioridade no estabelecimento e continuidade de uma política pública de saneamento ambiental para que esse importante serviço levasse ao desenvolvimento social e econômico do Brasil.

Acredito firmemente que a maioria dos gestores públicos brasileiros, ainda que não falem expressamente, ainda acreditam que se um brasileiro ou uma brasileira cair no esgoto nada lhe acontecerá e que obra enterrada não gera votos.

Apenas a visão míope dos governantes ou sua total falta de aptidão para o cargo pode justificar que até o ano de 2020 ainda hajam cerca de trinta e cinco milhões de brasileiros sem acesso à água potável e mais de cem milhões sem tratamento do esgoto doméstico.

Portanto, diante desses números gigantescos de brasileiros e brasileiras sem acesso aos serviços públicos de saneamento básico, é importante estudarmos os eventos que nos levaram até o presente momento e, em especial, os últimos anos.

É possível realizar uma divisão histórica do saneamento em três momentos. Em um primeiro momento ainda no início do século 20 estabeleceu-se uma visão sanitarista do problema de saneamento. Os médicos sanitaristas, à época, entenderam que era essencial para uma vida de qualidade em sociedade que todos tivessem acesso a água limpa e potável e que os dejetos dos esgotos fossem removidos.

Então a partir do início do século 20, o Brasil experimentou o primeiro movimento sanitarista pelo do saneamento parte da instituição de algumas parcerias públicos privadas sendo que os municípios iriam ser os responsáveis pela prestação dos serviços. Entretanto não houve grandes avanços.

Assim iniciou-se, no início dos anos de 1960, o segundo grande momento do setor de saneamento no país com a constituição do Plano Nacional de Saneamento (Planasa) sendo que os principais idealizadores já não eram mais médicos sanitaristas mas sim os engenheiros sanitários. Na mesma época da criação do PLANASA também fora criada Associação Brasileira de Engenharia Sanitária (ABES)[1].

Como término do PLANASA, no final dos anos 80 e início dos anos 90, houve um vácuo institucional que somente fora preenchida com a lei nº 11.445/2007, que estabeleceu novas linhas gerais para o saneamento

[1] Fundada em 1966, a mais atuante entidade brasileira do setor de saneamento ambiental nasceu como ideia no início da década de 1960, quando um grupo de engenheiros sanitaristas do Estado do Rio de Janeiro, aliados principalmente a colegas de São Paulo, Rio Grande do Sul, Minas Gerais e Bahia, iniciou a mobilização a partir de um congresso da Aidis realizado em Bogotá, na Colômbia. Primeiramente, buscou-se a fusão da antiga seção brasileira da Aidis com a Associação Brasileira de Engenharia de Saneamento (Abesan), formada por antigos profissionais do hoje extinto Departamento Nacional de Obras de Saneamento (DNOS, posteriormente Dnocs). Foram pioneiros nesse primeiro passo os engenheiros Enaldo Cravo Peixoto (que veio a ser o primeiro presidente da ABES), Adilson Seroa da Mota e Carlos Philiphovisek, pela Aidis; Jaime Rotstein, Sidney Campos Rekety e Carlos Krebis Filho, além de alguns engenheiros da antiga Fundação Sesp, do Ministério da Saúde, pela Abesan.
Este grupo, que participou dos dois primeiros congressos da Aidis – um no Rio de Janeiro e outro no Rio Grande do Sul -, fundou finalmente a ABES durante a realização do terceiro congresso da entidade interamericana, realizado em Brasília, em 1965.

nacional, tendo sido um importante marco legal, para a retomada do setor de saneamento básico, contudo após 11 (onze) anos da sua edição os níveis de cobertura de esgotamento sanitário e de abastecimento de água, ainda estavam muito aquém do necessário para se atingir as metas de universalização dos serviços de esgotamento sanitário.

Portanto, após 2 anos de intensos debates e da edição de duas medidas provisórias, houve a promulgação da lei nº 14.026/2020, que inicia-se de maneira clara a terceira fase do setor de saneamento, que é a sua visão econômica, sendo o setor visto preponderantemente como uma equação econômico-financeira, de modo a dar sustentabilidade às concessões, de preferência privadas, para então atingir a tão sonhada universalização até os idos de 2033, podendo ser atingidas até 2040.

1. Do Planasa

Até o final dos anos de 1960, os serviços de saneamento básico eram geridos pelos Serviços Autônomos de Águas e Esgotos (SAAE), em sua maioria, sendo que o Departamento Nacional de Obras e Saneamento (D.N.O.S.), por meio da Lei nº 819 de 19/09/1949, detinha o papel de ser um dos principais órgãos de apoio para municípios e Estados para realizar obras vinculadas ao setor de saneamento básico, em especial, drenagem, irrigação e defesa contra enchentes, embora sua efetividade fosse questionada por ser demasiadamente centralizada[2].

Assenta-se que no artigo 160 da Constituição de 1967 estabelecia que a lei iria dispor sobre o regime das empresas concessionárias de serviços públicos, conforme verifica-se abaixo:

> Art 160 – A lei disporá sobre o regime das empresas concessionárias de serviços públicos federais, estaduais e municipais, estabelecendo:
>
> I – obrigação de manter serviço adequado;
>
> II – tarifas que permitam a justa remuneração do capital, o melhoramento e a expansão dos serviços e assegurem o equilíbrio econômico e financeiro do contrato;
>
> III – fiscalização permanente e revisão periódica das tarifas, ainda que estipuladas em contrato anterior.

[2] Tratado sobre o marco regulatório do saneamento básico no direito brasileiro., Augusto Neves Dal Pozzo; José Roberto Pimenta Oliveira; Rodrigo de Pinho Bertoccelli (coordenadores)- São Paulo: Editora Contracorrente, 2017. (Pag.109)

Nesse contexto, a partir da edição do Decreto-Lei nº 949 de 13 de outubro de 1969, possibilitou-se o financiamento por parte do Banco Nacional da Habitação (BNH), além de seus próprios recursos, os do Fundo de Garantia de Tempo de Serviço (FGTS) para implantação e melhoria dos serviços de águas e esgotos.

Apenas a partir da histórica edição do Plano Nacional de Saneamento-PLANASA houve o estabelecimento de uma política pública efetiva de saneamento a nível nacional. Segundo Antônio Carlos Parlatore[3]:

> "A realidade atual do saneamento básico brasileiro é o resultado de um processo histórico cumulativo inteiramente condicionado e determinado, a partir de meados da década de 1960, pela instituição, implementação, evolução e deterioração do Plano Nacional de Saneamento- PLANASA, gerido pelo Banco Nacional de Habitação-BNH. Quaisquer que tenham sido os arranjos institucionais vigentes no saneamento básico dos Municípios e Estados brasileiros naquele momento, os mesmo foram modificados para ajustarem-se plenamente às características desse plano"

O Plano Nacional de Saneamento (PLANASA) foi formulado e posto em execução, pelo BNH, a partir de 1971, sendo que previa como principais objetivos, segundo Wanderly J. Manso de Almeida: [4]

> Os seguintes objetivos são declarados como "permanentes":
>
> "a) eliminação do déficit no setor de saneamento básico através de programação adequada, que permita atingir o equilíbrio entre a demanda e a oferta desses serviços, no menor tempo, com um mínimo de custo;
>
> b) manutenção, em caráter permanente, do equilíbrio atingido entre a demanda e a oferta de bens e serviços no campo do saneamento básico;
>
> c) atendimento a todas as cidades brasileiras mesmo aos núcleos urbanos mais pobres;
>
> d) instituição de uma política tarifária de acordo com as possibilidades dos consumidores e com a demanda de recursos e serviços de forma a obter um equilíbrio permanente entre receita e despesa;

[3] Tratado sobre o marco regulatório do saneamento básico no direito brasileiro., Augusto Neves Dal Pozzo; José Roberto Pimenta Oliveira; Rodrigo de Pinho Bertoccelli (coordenadores)- São Paulo: Editora Contracorrente, 2017. (pag.30)

[4] Abastecimento de água à população urbana: uma avaliação do Planasa por Wanderly J. Manso de Almeida. Rio de Janeiro, IPEA/INPES, 1977 (pag. 4)

e) instituição de uma política de redução de custos operacionais em função de uma economia de escala com reflexos diretos no esquema tarifário;

f) desenvolvimento de programas de pesquisa, treinamento e assistência técnica."

O Planasa também estimulou a criação das Companhias Estaduais de Saneamento Básico (CESBs) como instrumento para dar acesso à recursos federais para os municípios e também para viabilizar o ganho de escala regional com o intuito de poder dar equilíbrio econômico financeiro para as operações de abastecimento de água e esgotamento sanitário, já que a maioria dos municípios não tinham condições de sustentarem economicamente suas operações.

Segundo Dinorá Adelaide MusettiGrotti[5], o Planasa possuía como objetivos e metas:

> Um dos principais objetivos do PLANASA era eliminar as carências da área de saneamento básico, através da autossustentação financeira do sistema e a eliminação do déficit no setor. Sua meta era estender o fornecimento de água potável a 80% da população urbana e os serviços de esgotamento sanitário a 50% da mesma.

Portanto, o modelo do Planasa contava com agentes financeiros, que eram os bancos estaduais regionais e federais credenciados pelo BNH que enviavam recursos para os agentes promotores ou executores que seriam na maior parte das companhias Estaduais de água foram criadas nesse período. Além disso, haveriam os órgãos de suporte técnico em nível Estadual que seriam os órgãos ambientais CETESB em São Paulo e no Rio de Janeiro, FEEMA que atualmente é o Inea e outros órgãos respectivos.

Conforme visto, o Planasa pretendia por meio dos pilares financeiros e técnicos garantir a sustentabilidade econômico-financeira para gerir as operações e com isso expandiu os investimentos, especialmente para os serviços de ampliação dos sistemas de água.

Nesse diapasão, compete destacar que a Lei nº 6.528 de 11 de maio de 1978 dispôs sobre as tarifas dos serviços públicos de saneamento básico,

[5] Tratado sobre o marco regulatório do saneamento básico no direito brasileiro., Augusto Neves Dal Pozzo; José Roberto Pimenta Oliveira; Rodrigo de Pinho Bertoccelli (coordenadores)- São Paulo: Editora Contracorrente, 2017. (pag.112)

de forma que competia ao então Ministério do Interior, estabelecer as condições de operação dos serviços públicos de saneamento básico integrados ao Plano Nacional de Saneamento Básico – PLANASA. Competia ao Ministério do Interior: (I) estabelecer normas gerais de tarifação, bem como fiscalizar sua aplicação; (II) coordenar, orientar e fiscalizar a execução dos serviços de saneamento básico e (III) assegurar a assistência financeira quando necessária[6].

O Decreto nº 82.587 de 6 de novembro de 1978 estabelecia normas gerais de tarifação, visando a regulamentar os estudos, a fixação e o reajuste dos serviços públicos de saneamento básico integrados ao Plano Nacional de Saneamento – PLANASA – a que se refere a Lei nº 6.528, de 11 de maio de 1978.

Dentre as obrigações constantes no mencionado Decreto, destaca-se as competências atribuídas às companhias estaduais de saneamento básico, conforme se observa do art. 9º do mencionado Decreto:

> Art . 9º – Às companhias estaduais de saneamento básico caberá:
>
> a) – executar a programação estadual de saneamento básico, em consonância com os objetivos e metas do PLANASA;
>
> b) – elaborar planos, estudos e propostas tarifárias, de acordo com as normas estabelecidas, submetendo-os ao BNH;
>
> c) – aplicar os reajustes tarifários concedidos, de acordo com as autorizações emitidas pelo Ministro de Estado do Interior;
>
> d) – cumprir as normas expedidas pelo BNH, relativas ao Sistema Financeiro de Saneamento (SFS).

Analisando as competências das Companhias Estaduais, bem como os demais artigos do referido Decreto, verifica-se um excesso de centralização, já que dependida do BNH a aprovação dos planos, estudos de propostas tarifárias, bem como da autorização do Ministério do Interior para que fossem concedidos os reajustes inflacionários, aliado a tais fatores, havia a total exclusão da participação municipal no processo decisório.

Segundo estudos da época, o excesso de centralização e ausência de participação nos processos decisórios dos municípios e a posterior escassez de recursos públicos acarretaram no colapso do Planasa com a extinção do BNH em 1987.

[6] Parágrafo único do art. 1º da leinº 6.528, de 11 de maio de 1978.

2. PÓS PLANASA (1987 – 2006)

Após a extinção do BNH, em 1987 e a posterior revogação do Decreto nº 82.587, pelo Decreto s/ nº de 5 de setembro de 1991, pelo ex-Presidente Fernando Collor de Mello, o setor de saneamento básico sofreu uma enorme descontinuidade, já que a principal política pública do setor fora desmontada e não fora devidamente substituída.

No interim desse momento histórico, fora promulgada a Constituição da República de 1988, o que aumentou discussões históricas no setor, já que não definia de maneira clara a competência para a execução dos serviços de saneamento básico.

Conforme afirmado pelo ex-ministro do Supremo Tribunal Federal Nelson Jobim a implantação das companhias estaduais de saneamento básico não foi acompanhado de uma definição de regras em relação a titularidade do serviço o que acarretava no aumento da confusão na medida em que recursos de instalação de novos sistemas adivinha do Governo Federal, mesmo após a promulgação da Constituição da República de 1988 ainda persistiu a imprecisão sobre a competência do serviço público de saneamento básico.

Os incisos IX e X do art. 23 da Constituição da República 1988 atribuem a competência comum aos entes federativos para promover a melhoria das condições de saneamento básico e combater as causas da pobreza por meio da promoção da integral social dos setores menos favorecidos conclusão da implementação de programas de construção de moradias e de melhoria das condições habitacionais de saneamento básico.

Da mesma forma a Constituição reserva os municípios a competência para estabelecer e prestar diretamente ou sob regime de concessão ou permissão os serviços públicos de interesse local tendo em vista a realidade enfrentada em seu território conforme se depreende do artigo 30, V.

Além disso a constituição prevê a competência dos Estados para instituição de regiões metropolitanas, conforme se depreende do artigo 25 parágrafo 3º, que assim dispõe:

> Os estados poderão mediante lei complementar instituir regiões metropolitanas aglomerações urbanas é microrregiões constituídas por agrupamentos de municípios limítrofes para integrar a organização o planejamento e a execução de funções públicas de interesse comum.

Como se pode observar,mesmo após a CF de 88 persistiu uma grande dúvida sobre a titularidade do serviço público de abastecimento de água e esgotamento sanitário.

Nesse contexto, de dificuldades no setor de saneamento básico sem um plano nacional e com uma indefinição quanto ao titular dos serviços, houve a necessidade de estabelecimento de um marco legal de saneamento básico, tendo sido editado apenas em 2007.

Embora houvesse ainda a dúvida quanto à competência, fora possível a obtenção de um acordo político para possibilitar a edição do marco legal de saneamento básico por meio da lei nº 11.445 de 5 de janeiro de 2007.

3. Do Marco Legal do Saneamento Básico (Lei Nº 11.445/2007)

Com a edição da Lei Federal nº 11.445, de 5 de janeiro de 2007 (LNSB) foram instituídas diretrizes nacionais para o saneamento básico, estabelecendo-se, que a matéria compreende o conjunto de serviços, infraestruturas e instalações operacionais de (i) abastecimento de água potável, (ii) esgotamento sanitário, (iii) limpeza urbana e manejo de resíduos sólidos e (iv) drenagem e manejo das águas pluviais urbanas (art. 3º).

Regulamentada pelo Decreto nº 7.217, de 21 de junho de 2010, trouxe diversos conceitos e novas diretrizes para o setor.

Assenta-se que sendo o saneamento um serviço público que demanda altos investimentos, nem sempre a municipalidade terá recursos para investir ou nem sempre o Município dará plenas condições para o custeio da instalação/ampliação do serviço. Municípios menores, por exemplo, com menor potencial de pagamento pelo serviço, tendem a ser prejudicados nesta corrida pela universalização. É neste contexto que existe e se justifica a política de subsídios cruzados inerente ao setor.

O art. 2º da já mencionada Lei de Diretrizes Nacionais para o Setor de Saneamento Básico no Brasil, estabelece que, para efeitos legais, *"subsídio é instrumento econômico de política social para garantir a universalização do acesso ao saneamento básico, especialmente para populações e localidades de baixa renda."*

Mais a frente, no art. 29, §2º há a previsão da possibilidade de serem adotados subsídios tarifários e não-tarifários para os usuários e localidades que não tenham capacidade de pagamento ou escala econômica suficiente para cobrir o custo integral dos serviços."

Dessa feita, fora mantida um dos pilares do Planasa que é a autossustentação financeira das concessões, inclusive com a expansão dos serviço para população de baixa renda que não possui condições de, por si só, financiar os serviços de saneamento básico.

Outra importante novidade legislativa trazida fora o estabelecimento do Plano Nacional de Saneamento Básico (PLANSAB) e do Sistema Nacional de Informações sobre o Saneamento Básico, o SNIS[7]:

> A LNSB institui o SNIS – Sistema Nacional de Informações sobre Saneamento Básico, com informações públicas e acessíveis a todos na internet (art. 53)72. Os dados do SNIS são essenciais para o diagnóstico das condições da prestação dos serviços, para caracterização da demanda e da oferta, para monitoramento e avaliação de resultados, para o planejamento e regulação do setor e, finalmente, para o exercício do controle externo realizado pelo Ministério Público sobre os serviços em questão.
>
> As informações divulgadas no portal do SNIS são coletadas anualmente e autodeclaradas por prestadores de serviços ou por órgãos municipais responsáveis pela gestão dos serviços. Insta mencionar que a Portaria nº 719, de 12 de dezembro de 2018, do extinto Ministério das Cidades (atual Ministério do Desenvolvimento Regional), institui metodologia para auditoria e certificação de informações do SNIS, relacionada aos serviços de abastecimento de água e esgotamento sanitário, sob responsabilidade das entidades reguladoras. Espera-se que a implementação dos procedimentos de auditoria e certificação possa contribuir para o incremento da confiabilidade das informações declaradas pelos prestadores de serviços de abastecimento de água potável e esgotamento sanitário ao SNIS.

Contudo, embora tenha trazido alguns conceitos advindos do Planasa, bem como instituído algumas novidades, o marco legal pecava pela ausência de definição da competência, tendo esta sido definida apenas pelo Supremo Tribunal Federal na ADI 1.842/RJ, cuja a ementa assim dispôs:

> Ação direta de inconstitucionalidade. Instituição de região metropolitana e competência para saneamento básico. Ação direta de inconstitucionalidade contra Lei Complementar n. 87/1997, Lei n. 2.869/1997 e Decreto n. 24.631/1998, todos do Estado do Rio de Janeiro, que instituem a Região Metropolitana do Rio de Janeiro e a Microrregião dos Lagos e transferem a

[7] Manual de Atuação do Ministério Público do Estado do Rio de Janeiro na temática do Saneamento Básico / Ministério Público do Estado do Rio de Janeiro, CAO Meio Ambiente e Patrimônio Cultural. – Rio de Janeiro, RJ: MPRJ, 2019.

titularidade do poder concedente para prestação de serviços públicos de interesse metropolitano ao Estado do Rio de Janeiro. 2. Preliminares de inépcia da inicial e prejuízo. Rejeitada a preliminar de inépcia da inicial e acolhido parcialmente o prejuízo em relação aos arts. 1º, caput e § 1º; 2º, caput; 4º, caput e incisos I a VII; 11, caput e incisos I a VI; e 12 da LC 87/1997/RJ, porquanto alterados substancialmente. 3. Autonomia municipal e integração metropolitana. A Constituição Federal conferiu ênfase à autonomia municipal ao mencionar os municípios como integrantes do sistema federativo (art. 1º da CF/1988) e ao fixá-la junto com os estados e o Distrito Federal (art. 18 da CF/1988). A essência da autonomia municipal contém primordialmente (i) autoadministração, que implica capacidade decisória quanto aos interesses locais, sem delegação ou aprovação hierárquica; e (ii) autogoverno, que determina a eleição do chefe do Poder Executivo e dos representantes no Legislativo. O interesse comum e a compulsoriedade da integração metropolitana não são incompatíveis com a autonomia municipal. O mencionado interesse comum não é comum apenas aos municípios envolvidos, mas ao Estado e aos municípios do agrupamento urbano. O caráter compulsório da participação deles em regiões metropolitanas, microrregiões e aglomerações urbanas já foi acolhido pelo Pleno do STF (ADI 1841/RJ, Rel. Min. Carlos Velloso, DJ 20.9.2002; ADI 796/ES, Rel. Min. Néri da Silveira, DJ 17.12.1999). O interesse comum inclui funções públicas e serviços que atendam a mais de um município, assim como os que, restritos ao território de um deles, sejam de algum modo dependentes, concorrentes, confluentes ou integrados de funções públicas, bem como serviços supramunicipais. 4. Aglomerações urbanas e saneamento básico. O art. 23, IX, da Constituição Federal conferiu competência comum à União, aos estados e aos municípios para promover a melhoria das condições de saneamento básico. Nada obstante a competência municipal do poder concedente do serviço público de saneamento básico, o alto custo e o monopólio natural do serviço, além da existência de várias etapas – como captação, tratamento, adução, reserva, distribuição de água e o recolhimento, condução e disposição final de esgoto – que comumente ultrapassam os limites territoriais de um município, indicam a existência de interesse comum do serviço de saneamento básico. A função pública do saneamento básico frequentemente extrapola o interesse local e passa a ter natureza de interesse comum no caso de instituição de regiões metropolitanas, aglomerações urbanas e microrregiões, nos termos do art. 25, § 3º, da Constituição Federal. Para o adequado atendimento do interesse comum, a integração municipal do serviço de saneamento básico pode ocorrer tanto voluntariamente, por meio de gestão associada, empregando convênios de cooperação ou consórcios públicos, consoante o arts. 3º, II, e 24 da Lei Federal 11.445/2007 e o art. 241 da Constituição Federal, como compulsoriamente, nos termos em que prevista na lei complementar estadual que institui as aglomerações urbanas. A instituição de regiões metropolitanas, aglomerações urbanas ou microrregiões pode vincular a participação de municípios limítrofes, com o objetivo de executar e planejar a função pública do saneamento básico, seja para atender adequadamente às exigências de higiene e saúde pública, seja para dar viabilidade econômica e técnica aos municípios menos favorecidos. Repita-se que este caráter compulsório da integração metropolitana não esvazia a autonomia municipal. 5. Inconstitucionalidade da transferência ao estado-membro do poder concedente de funções e serviços públicos de interesse comum. O estabelecimento de região metropolitana não significa simples transferência de competências para o estado. O interesse comum é muito mais que a soma de cada interesse local envolvido, pois a má condução da função de saneamento básico por apenas um município pode colocar em risco todo o esforço do conjunto, além das consequências para a saúde pública de toda a região. O parâmetro para aferição da constitucionalidade reside no respeito à divisão de responsabilidades entre municípios e estado. É necessário evitar que o poder decisório e o poder concedente se concentrem nas mãos de um único ente para preservação do autogoverno e da autoadministração dos municípios. Reconhecimento do poder concedente e da titularidade do serviço ao colegiado formado pelos municípios e pelo estado federado. A participação dos entes nesse colegiado não necessita de ser paritária, desde que apta a prevenir a concentração do poder decisório no âmbito de um único ente. A participação de cada Município e do Estado deve ser estipulada em cada região metropolitana de acordo com suas particularidades, sem que se permita que um ente tenha predomínio absoluto. Ação julgada parcialmente procedente para declarar a inconstitucionalidade da expressão "a ser submetido à Assembleia Legislativa" constante do art. 5º, I; e do § 2º do art. 4º; do parágrafo único do art. 5º; dos incisos I, II, IV e V do art. 6º; do art. 7º; do art. 10; e do § 2º do art. 11 da Lei Complementar n. 87/1997 do Estado do Rio de Janeiro, bem como dos arts. 11 a 21 da Lei n. 2.869/1997 do Estado do Rio de Janeiro. 6. Modulação de efeitos da declaração de inconstitucionalidade. Em razão da necessidade de continuidade da prestação da função de saneamento básico, há excepcional interesse social para vigência excepcional das leis impugnadas, nos termos do art. 27 da Lei n. 9868/1998, pelo prazo de 24 meses, a contar da data de conclusão do julgamento, lapso temporal razoável dentro do qual o legislador estadual deverá reapreciar o tema, constituindo modelo de prestação de saneamento básico nas áreas de integração metropolitana, dirigido por órgão colegiado com participação dos municípios pertinentes e do próprio Estado do Rio de Janeiro, sem que haja concentração do poder decisório nas mãos de qualquer ente.

Após a definição da competência constitucional para o exercício da titularidade dos serviços públicos de saneamento por parte do Supremo Tribunal Federal, aliada a ausência de expansão dos serviços de modo a atingir a universalização dos serviços de saneamento e também uma pressão crescente para que houvesse uma maior participação do setor privado na prestação dos serviços de saneamento, já que até os idos de 2018, o setor privado correspondia a aproximadamente 6% do total, houve diversas tentativas de alteração do marco legal.

4. Das tentativas de alteração do Marco Legal por meio de medidas provisórias

A partir do governo do Presidente, Michel Temer (2017-2018), houve duas tentativas de alteração significativa da Lei nº 11.445/2007, através da edição de duas medidas provisórias, a MP nº 844 e a MP nº 868.

A Medida Provisória nº 844 de 6 de julho de 2018 alterou o marco jurídico do saneamento básico no país (Lei nº 11.445/2007) e instituiu diversas inovações, dentre elas: (i) a definição da titularidade da prestação dos serviços de saneamento básico por parte dos municípios, como regra, embora haja exceções quando o interesse é comum; (ii) possibilidade de transmutações de contratos de programas em contratos de concessão, quando houver alienação do controle acionário das empresas estatais; (iii) a instituição do edital de chamamento público, antes de realizar a dispensa de licitação para a contratação por meio de contrato de programa para as empresas estatais; (iv) a subdelegação de parte dos serviços de saneamento básico pelo prestador de serviço e (v) o papel de responsável pelas normas de referência nacionais para a prestação dos serviços de saneamento básico pela ANA (Agência Nacional de Águas).

As medidas provisórias careciam de segurança jurídica, embora tenha sido este dos fundamentos constantes na exposição de motivos "EMI nº00006/2018 M Cidades MMA MP", que justifica a instituição da medida provisória, conforme se afere abaixo:

> Encaminhamos à elevada apreciação de Vossa Excelência minuta de Medida Provisória que altera as Leis nº9.984, de 17 de julho de 2000, nº11.445, de 5 de janeiro de 2007, com objetivo de garantir maior segurança jurídica aos investimentos no setor de saneamento básico e aperfeiçoar a legislação de gestão dos recursos hídricos e a de saneamento básico, assim como a interação entre as políticas públicas dessas duas áreas.

Primeiramente, é nítido que medida provisória e segurança jurídica não caminham de mãos dadas, sendo claro que nesse aspecto nenhuma empresa iria realizar qualquer investimento na ordem de centenas de milhões de reais com base numa medida provisória que poderia, ou não, ser aprovada pelo Congresso Nacional.

Ademais, as MPs previam que a Agência Nacional de Águas (ANA) instituiria as normas de referência nacionais para a regulação da prestação de serviços públicos de saneamento básico por seus titulares e suas entidades reguladoras e fiscalizadoras responsáveis, observadas as diretrizes para a função de regulação estabelecidas na Lei nº 11.445, de 5 de janeiro de 2007.

Inclusive, havendo limitação ao acesso de recursos federais para aqueles municípios que não observarem as normas da ANA, nos termos do §1º do artigo 25-A da Lei nº 11.445/07:

> (...)
>
> § 1º O acesso aos recursos públicos federais ou à contratação de financiamentos com recursos da União ou com recursos geridos ou operados por órgãos ou entidades da administração pública federal, quando destinados aos serviços de saneamento básico, será condicionado ao cumprimento das normas de referência nacionais para a regulação da prestação dos serviços públicos de saneamento básico estabelecidas pela ANA, observado o disposto no art. 50 desta Lei e no art. 4º-B da Lei nº 9.984, de 17 de julho de 2000.

Portanto, o papel da ANA seria decisivo para o setor de saneamento básico já que, além de instituir as normas gerais, a observância destas por parte de todas as agências reguladoras estaduais e municipais será obrigatória, sob pena de não receber a principal fonte de investimento no setor nacional, que são os recursos do Fundo de Investimentos do FGTS (FI- FGTS).

As graves máculas constitucionais constantes nas medidas provisórias aliadas à ausência de efetiva expertise no setor de saneamento básico da nova agência reguladora do setor, ao invés de ampliar os investimentos poderiam trazer maior insegurança para os investidores e a consequência seria futuras licitações sem interessados, diante do alto investimento a ser realizado e da baixa segurança jurídica oferecida.

Nesse contexto histórico, traz-se à baila o que a Comissão Especial de Saneamento, Recursos Hídricos e Sustentabilidade do Conselho Federal da Ordem dos Advogados do Brasil (CESRHS) descreveu sobre:

> (...)desde a edição da medida provisória nº 844 de 06 de julho de 2018, que pretendia uma maior abertura do mercado de saneamento básico para empresas privadas, entre outras mudanças.
>
> Contudo, devida a alta complexidade e capilaridade do setor, já que atinge diretamente todos os municípios do país e afeta a vida da população brasileira, a mudança por meio de medida provisória não foi bem aceita em virtude de provocar uma substancial alteração sem um profundo debate.
>
> Apenas para se ter dimensão das dificuldades enfrentadas pela medida provisória nº 844/2018, esta foi objeto de propositura de duas ações diretas de inconstitucionalidade (ADIs nº 5993 e 6006), as quais foram extintas sem julgamento do mérito em virtude da perda de eficácia. Apóstal fato, fora editada uma nova medida provisória, em 28 de dezembro de2018, a Medida Provisória nº 868/2018, que também perdeu a validade sem ter sua apreciação realizada no Congresso Nacional em 2019.

Apenas corroborando o acima exposto, assenta-se que o Partido dos Trabalhadores (PT) e o Partido Socialista Brasileiro (PSB) apresentaram ao Supremo Tribunal Federal (STF), respectivamente, as Ações Diretas de Inconstitucionalidade (ADI) 6006 e 5993, com pedido de liminar, contra a Medida Provisória (MP) 844/2018, que atualiza o marco legal do saneamento básico. Entre outros argumentos, os partidos alegavam ausência de urgência e relevância que justificariam a edição da norma.

Posteriormente o mesmo Partido dos Trabalhadores (PT) ajuizou no Supremo Tribunal Federal (STF) a Ação Direta de Inconstitucionalidade (ADI) 6128, com pedido de liminar, contra a Medida Provisória (MP) 868/2018, que atualizava o marco legal do saneamento básico e altera diversas normas relacionadas ao tema. As alterações, segundo o partido, representariam uma “revolução” no atual sistema brasileiro de saneamento básico e possibilitariam a privatização do sistema de saneamento básico brasileiro sem a participação plena do Congresso Nacional no processo.

Portanto, em virtude do término legislativo da época e também da ausência de acordo político, ambas as medidas provisórias não foram votadas pelo Congresso Nacional.

5. Do novo Marco Legal Do Saneamento Básico (LEI Nº 14.026/2020)

Após profundos debates provocados pelas duas medidas provisórias editadas, finalmente, houve um projeto de lei encaminhado e debatido pelo Congresso Nacional que acarretou na edição da Lei nº 14.026 de 15 de julho de 2020.

Essa lei reestruturou de modo amplo o setor de saneamento básico tendo privilegiado a concessão, em suas diferentes formas, da prestação dos serviços para iniciativa privada, por meio de licitação, inclusive podendo participar as empresas estaduais de saneamento básico.

O artigo 10 do novo marco impôs que a prestação dos serviços públicos de saneamento básico se dê por contrato de concessão, exceto quando a prestação for feita por entidade que integre a administração do titular.

Além do mais previu-se três formas de prestação regionalizada: (i)das regiões metropolitanas, aglomerações urbanas ou microrregiões;(ii) unidade regional de saneamento básico, instituída pelos estados, mediante lei ordinária, e composta por municípios não necessariamente limítrofes para atender às exigências de higiene e saúde pública, ou para dar viabilidade econômica e técnica aos municípios menos favorecidos; e (iii) dos blocos de referência estabelecido pela União, subsidiariamente aos estados, e formalmente criado por meio de gestão associada voluntária dos municípios titulares dos serviços, sendo que somente será exercida caso as unidades regionais de saneamento básico não sejam estabelecidas pelo Estado no prazo de 1 (um) ano da publicação a Lei nº 14.026/2020.

O novo marco legal pretende que até 31 de dezembro de 2033 haja universalização dos serviços de saneamento, fazendo com que 99%da população tenha acesso à água potável e ao tratamento e à coleta de esgoto, podendo tal prazo ser estendido até 2040.

Quanto à regulação o novo marco, na mesma linha das medidas provisórias, determina que a Agência Nacional de Águas e Saneamento (ANA) passa a "*instituir normas de referência para a regulação dos serviços públicos de saneamento básico*". Tais normas deverão versar sobre: tarifas, relação com os usuários,governança regulatória, metas, padronização de instrumentos contratuais,metodologias de cálculo de indenizações, entre outros.

Muito se questionou acerca da competência constitucional da União para fixar regras gerais e normas de referência sobre o setor de saneamento básico, entretanto em recente decisão na ADI nº 2.337, a relatora Ministra Cármen Lúcia assentou a competência da União para tanto:

> A fixação de regras gerais de saneamento é competência da União, cabendo aos municípios definir se o serviço será prestado de forma direta ou por delegação. O entendimento é do Supremo Tribunal Federal ao declarar a inconstitucionalidade de trecho da Constituição do Paraná.
>
> O julgamento, em Plenário Virtual, se encerrou na última terça-feira (4/8), com nove ministros acompanhando o voto da relatora, ministra Cármen Lúcia.
>
> A ação foi ajuizada pelo Partido Humanista em 2010 para contestar o parágrafo 3º do artigo 210-A da Constituição do Paraná, que vedava a prestação do serviço de saneamento por empresas privadas. A legenda alegou que a proibição de concessão dos serviços à iniciativa privada viola os princípios da livre concorrência e livre iniciativa.
>
> De acordo com a relatora, houve a usurpação da competência do município para decidir sobre a forma de prestação do serviço de saneamento básico.
>
> Cármen apontou precedentes no qual a corte entendeu que "os Estados-membros – que não podem interferir na esfera das relações jurídico-contratuais estabelecidas entre o poder concedente (quando este for a União ou o município) e as empresas concessionárias" (ADI 2.337).
>
> Da mesma forma, o tribunal já entendeu que os Estado não têm competência para mudar as condições, "que, previstas na licitação, acham-se formalmente estipuladas no contrato de concessão celebrado pela União e pelo Município, de um lado, com as concessionárias, de outro, notadamente se essa ingerência normativa, ao determinar a suspensão temporária do pagamento das tarifas devidas pela prestação dos serviços concedidos (serviços de energia elétrica, sob regime de concessão federal, e serviços de esgoto e abastecimento de água, sob regime de concessão".

Ainda é importante trazer à baila que o novo marco legal ao extinguir por completo com a lógica do Planasa de realizar por meio das CESBsa prestação dos serviços, fez com que essas tenham que repensar seus modelos de negócios, já que agora irão participar.

A Lei Estadual do Paraná nº 20.266/2020 autoriza a Companhia de Saneamento do Paraná (Sanepar) a atuar, inclusive no exterior, na exploração de serviços públicos e sistemas privados de abastecimento de água, coleta, remoção e destinação de efluentes, resíduos sólidos domésticos e industriais, drenagem urbana, além de proteção do meio ambiente e seus recursos hídricos.

Ademais a nova lei permite que a estatal participe majoritária ou minoritariamente de consórcios, fundos de investimento ou sociedades com empresas públicas e privadas. A operação desses negócios poderá ser por meio de sociedades de propósito específico (SEP), modelo em que se constitui uma nova empresa para atuar exclusivamente em determinados empreendimentos, ou outras espécies jurídicas aprovadas pela Assembleia Geral de Acionistas.

Essa mudança legislativa demonstra que o setor irá sofrer uma grande reorganização nos próximos anos, inclusive havendo diversas modalidades de concessão dos serviços em todo o país, nas quais empresas públicas e privadas disputarão as novas concessões.

Contudo, o novo marco legal do saneamento já fora objeto de questionamentos judiciais, tendo sido ajuizada a ADI nº 6492 pelo Partido Democrático Trabalhista (PDT) para questionar a validade de dispositivos do Novo Marco Legal do Saneamento Básico (Lei 14.026/2020) e a ADI nº 6536 Partido Comunista do Brasil (PCdoB),Partido Socialismo e Liberdade(PSOL), Partido Socialista Brasileiro (PSB) e o Partido dos Trabalhadores(PT).

Contudo na ADI nº 6492 o Ministro Luiz Fux, do Supremo Tribunal Federal (STF), indeferiu pedido de liminar pois não verificou, no exame preliminar da ação, perigo da demora ou plausibilidade do direito que justifiquem a concessão de liminar por decisão individual.

Além dessas ações questionando, ainda existem alguns vetos, em especial ao artigo 16 do novo marco legal do saneamento básico, que previa uma transição mais gradual do setor que ainda pende de votação no Congresso Nacional.

Conclusões

Percebe-se que o setor de saneamento básico sofre historicamente com dois problemas fundamentais, sendo o primeiro acerca da titularidade para planejamento e execução dos planos, já que historicamente houve uma briga entre Estados e Municípios para determinar que era o titular pela prestação dos serviços.

Esse grande imbróglio somente fora resolvido com o julgamento da ADI nº 1842/RJ ao estabelecer a competência municipal, em regra, mas determinar a compulsoriedade de compor as regiões metropolitanas e microrregiões quando houver o interesse comum na prestação dos serviços públicos de saneamento básico.

O segundo grande problema diz respeito ao financiamento do setor, que sempre dependeu de recursos federais, já que em grande parte dos Estados e municípios haviam dificuldades financeiras para garantir o equilíbrio econômico financeiro das concessões dos serviços de saneamento.

A tentativa do novo marco legal, através de uma maior participação da iniciativa privada, é de possibilitar a injeção de recursos privados para suprir todos os investimentos necessários para atingir a tão sonhada universalização.

Por fim, como visto, o setor de saneamento básico sofre com grandes mudanças e intensa judicialização, de modo que se espera que o setor possa finalmente ter segurança jurídica para a realização das obras necessárias para que finalmente no ano de 2033 possa finalmente superar o déficit histórico nos serviços de abastecimento de água e esgotamento sanitário.

Referências

ABASTECIMENTO DE ÁGUA À POPULAÇÃO URBANA: uma avaliação do Planasa por Wanderly J. Manso de Almeida. Rio de Janeiro, IPEA/INPES, 1977

ASSOCIAÇÃO BRASILEIRA DE ENGENHARIA SANITÁRIA, História, Disponível em:http://abes-dn.org.br/?page_id=730. Acesso em 28/03/2020

BRASIL. Decreto-Lei nº 949, de 13 de outubro de 1949. Disponível em: http://www.planalto.gov.br/ccivil_03/decreto-lei/1965-1988/Del0949.htm. Acesso em 25.06.2020

BRASIL. Lei nº 6.528, de 11 de maio de 1978. Disponível em: http://www.planalto.gov.br/ccivil_03/LEIS/L6528.htm. Acesso em 25.06.2020

BRASIL. Decreto nº 82.587 de 6 de novembro de 1978. Disponível em: https://www.planalto.gov.br/ccivil_03/decreto/D82587impressao.htm. Acesso em 25.06.2020

BRASIL. Decreto s/nº de 5 de setembro de 1991. Disponível em: https://www.planalto.gov.br/ccivil_03/DNN/Anterior%20a%202000/Dnn7-05-09-91.htm. Acesso em 23.07.2020

BRASIL. Constituição da República de 1967. Disponivel em: http://www.planalto.gov.br/ccivil_03/constituicao/constituicao67.htm. Acesso em 25.06.2020.

CÂMARA DOS DEPUTADOS.Lei federal nº 819 de 19 de setembro de 1949. Disponível em: https://www2.camara.leg.br/legin/fed/lei/1940-1949/lei-819-19-setembro-1949-364082-publicacaooriginal-1-pl.html. Acesso em: 04/05/2020.

MANUAL DE ATUAÇÃO DO MINISTÉRIO PÚBLICO DO ESTADO DO RIO DE JANEIRO NA TEMÁTICA DO SANEAMENTO BÁSICO / Ministério Público do Estado do Rio de Janeiro, CAO Meio Ambiente e Patrimônio Cultural. – Rio de Janeiro, RJ: MPRJ, 2019.

ORDEM DOS ADVOGADOS DO BRASIL. Novo Marco Legal do Saneamento Básico. Disponível em: https://www.oab.org.br/Content/pdf/cartilhasaneamento5.pdf. Acesso em 14.08.2020

TRATADO SOBRE O MARCO REGULATÓRIO DO SANEAMENTO BÁSICO NO DIREITO BRASILEIRO, Augusto Neves Dal Pozzo; José Roberto Pimenta Oliveira; Rodrigo de Pinho Bertoccelli (coordenadores)- São Paulo: Editora Contracorrente, 2017.